A inteligência dos animais

FUNDAÇÃO EDITORA DA UNESP

Presidente do Conselho Curador
Mário Sérgio Vasconcelos

Diretor-Presidente / Publisher
Jézio Hernani Bomfim Gutierre

Superintendente Administrativo e Financeiro
William de Souza Agostinho

Conselho Editorial Acadêmico
Divino José da Silva
Luís Antônio Francisco de Souza
Marcelo dos Santos Pereira
Patricia Porchat Pereira da Silva Knudsen
Paulo Celso Moura
Ricardo D'Elia Matheus
Sandra Aparecida Ferreira
Tatiana Noronha de Souza
Trajano Sardenberg
Valéria dos Santos Guimarães

Editores-Adjuntos
Anderson Nobara
Leandro Rodrigues

A inteligência dos animais

ÉTIENNE BONNOT DE CONDILLAC
Tratado dos animais

CHARLES-GEORGES LE ROY
Sobre a inteligência dos animais

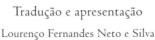

Tradução e apresentação
Lourenço Fernandes Neto e Silva
Dario Galvão

Título original: *Traité des animaux / Sur l'intelligence des animaux*

© 2022 Editora Unesp

Direitos de publicação reservados à:
Fundação Editora da Unesp (FEU)
Praça da Sé, 108
01001-900 – São Paulo – SP
Tel.: (0xx11) 3242-7171
Fax: (0xx11) 3242-7172
www.editoraunesp.com.br
www.livrariaunesp.com.br
atendimento.editora@unesp.br

Dados Internacionais de Catalogação na Publicação (CIP) de acordo com ISBD
Elaborado por Vagner Rodolfo da Silva – CRB-8/9410

C745s
Condillac, Étienne Bonnot de
  A inteligência dos animais: Tratado dos animais, de Étienne Bonnot de Condillac, e Sobre a inteligência dos animais, de Charles-Georges Le Roy / Étienne Bonnot de Condillac, Charles-Georges Le Roy; traduzido por Lourenço Fernandes Neto e Silva, Dario Galvão. – São Paulo: Editora Unesp, 2022.

  Tradução de: *Traité des animaux / Sur l'intelligence des animaux*
  Inclui bibliografia.
  ISBN: 978-65-5711-094-2

  1. Filosofia. 2. Animais. 3. Étienne Bonnot de Condillac. 4. Charles-Georges Le Roy. I. Le Roy, Charles-Georges. II. Silva, Lourenço Fernandes Neto. III. Galvão, Dario. IV. Título.

2021-3478   CDD 100
                                                       CDU 1

Editora afiliada:

Sumário

Apresentação – Condillac e Le Roy: as origens sensualistas
da etologia contemporânea . 9
Dario Galvão e Lourenço Fernandes Neto e Silva

Tratado dos animais
No qual, após observações críticas sobre as opiniões
de Descartes e do sr. de Buffon, busca-se explicar
as principais faculdades dos animais . 57
de Étienne Bonnot de Condillac
Tradução de Lourenço Fernandes Neto e Silva

Introdução . 59

Primeira parte: Do sistema de Descartes e da hipótese
do sr. de Buffon . 63
Capítulo primeiro – Que os animais não são puros
autômatos, e por que se é levado a imaginar sistemas
que não têm fundamento . 63

Capítulo II – Que, se os animais sentem, sentem como
nós . *67*

Capítulo III – Que, na hipótese em que os animais seriam
seres puramente materiais, o sr. de Buffon não pode dar
conta do sentimento que lhes atribui . *71*

Capítulo IV – Que, na suposição em que os animais seriam
ao mesmo tempo materiais e sensíveis, eles não saberiam
velar por sua conservação se não fossem também capazes
de conhecimento . *73*

Capítulo V – Que os animais comparam, julgam, têm ideias
e memória . *80*

Capítulo VI – Exame das observações que o sr. de Buffon
fez sobre os sentidos . *84*

Conclusão da primeira parte . *95*

Segunda parte: Sistema das faculdades dos animais . *105*

Capítulo primeiro – Da geração dos hábitos comuns
a todos os animais . *106*

Capítulo II – Sistema dos conhecimentos nos animais . *108*

Capítulo III – Que os indivíduos de uma mesma espécie
agem de maneira tão mais uniforme quanto menos
busquem se copiar; e que, por conseguinte, os homens
são tão diferentes uns dos outros apenas porque, de
todos os animais, são os mais inclinados à imitação . *112*

Capítulo IV – Da linguagem dos animais . *115*

Capítulo V – Do instinto e da razão . *121*

Capítulo VI – Como o homem adquire o conhecimento
de Deus . *129*

Capítulo VII – Como o homem adquire o conhecimento
dos princípios da moral . *142*

Capítulo VIII – Em que as paixões do homem diferem
das dos outros animais . *145*
Capítulo IX – Sistema dos hábitos em todos os animais:
como ele pode ser vicioso; que o homem tem
a vantagem de poder corrigir seus maus hábitos . *151*
Capítulo X – Do entendimento e da vontade, seja
no homem, seja nos outros animais . *160*
Conclusão da segunda parte . *164*

Sobre a inteligência dos animais . *167*
de *Charles-Georges Le Roy*
Tradução de *Dario Galvão*

1. Introdução . *169*
2. Método para o estudo dos animais . *171*
3. Vida dos carnívoros . *176*
4. Vida dos herbívoros . *193*
5. Condições e limites da perfectibilidade
dos animais . *207*
6. Efeitos do amor e da ternura familiar sobre
a perfectibilidade dos animais . *215*
7. Efeitos da linguagem sobre a perfectibilidade
dos animais . *221*
8. Meios e efeitos da domesticação dos animais
pelo homem . *225*
9. Resposta aos partidários do automatismo . *231*
10. Resposta a um crítico . *242*
11. Sobre o *instinto* dos animais . *251*
12. Sobre a migração das aves . *266*

13. Perfectibilidade dos indivíduos e perfectibilidade das espécies . 272

14. Refutação de Buffon . 280

Nota do editor [1794] . 294

Apresentação
Condillac e Le Roy: as origens sensualistas da etologia contemporânea

Dario Galvão
Lourenço Fernandes Neto e Silva

A opinião corrente hoje tende a supor que a imagem dos animais na modernidade e na revolução científica se identifique à ideia de Descartes dos animais autômatos. Esta ideia é a de que, desnudados os animais de qualquer intencionalidade ou interioridade, eles devam ser entendidos como máquinas complexas que se movem por si mesmas *exclusivamente por meio das leis da mecânica*, isto é, do movimento, do choque e do impulso. Embora essa concepção seja central na história do cartesianismo, não se segue, todavia, que seja a doutrina hegemônica em todos os contextos da modernidade. Influentes autores desde o século XVII já buscavam qualificar essa compreensão cartesiana hipermecanicista. Os dois textos que trazemos neste volume são testemunhos eloquentes da presença de, ao menos, outra corrente de compreensão dos animais durante o período iluminista, que se apoiava ademais em pesquisas da época nos campos da fisiologia e de outras ciências.

Isso significa que não é preciso esperar a noção romântica de organismo para fazer frente ao império do mecânico. Ao fugir de uma explicação de causas determinadas a efeitos inescapáveis para o comportamento animal, os autores aqui reunidos esboçam uma filosofia que mantém semelhanças notáveis com desenvolvimentos mais recentes, como os trazidos pela chamada etologia filosófica nas últimas décadas. Na França, autores como Dominique Lestel, Vinciane Despret e Baptiste Morizot convidam-nos a reconhecer a legitimidade do uso científico da analogia entre interioridade humana e animal. Eles dão a entender que, sem referência alguma ao ser humano, não há conhecimento possível acerca do comportamento dos outros animais. Sim, o antropomorfismo é tomado como parte do método: não um antropomorfismo ingênuo, espontâneo, este sim a ser expurgado da prática científica, mas outro que, ao contrário, constituiria uma etapa heurística do método e se fundaria sobre o raciocínio analógico.[1] Assim, o antropomorfismo balanceado por um zoomorfismo igualmente heurístico tornam-se aspectos necessários do conhecimento. Os textos traduzidos neste volume mostram que esse tipo de reflexão é tudo menos estrangeira ao século XVIII. Por ora, todavia, apenas anunciamos uma afinidade que será mostrada com o devido vagar nas páginas a seguir.

As obras de Condillac e Le Roy podem ser lidas como germinais na história da ciência do comportamento animal. Ambas serão úteis, portanto, para os interessados na história das ideias relativas à animalidade, às ciências da vida e, ainda, à antropologia e às ciências humanas. A obra de Condillac discute os fundamentos metafísicos e metodológicos desse projeto, limpando o terreno para uma observação fecunda do comportamento animal. A obra de Le Roy, mediante a inusitada convergência entre filosofia e caça, leva a cabo observações inéditas a respeito

---

1 Ver Morizot, *Les Diplomates: cohabiter avec les loups sur une autre carte du vivant*, p.163.

do funcionamento da "inteligência dos animais". Ao lermos Le Roy, não podemos deixar de pensar no nascimento desta ciência que hoje entendemos por etologia, embora o sentido atual do termo date apenas do século seguinte. O quadro conceitual de ambos deve ser entendido como um empirismo radical, e podemos dizer, portanto, que as *observações* de Le Roy são tão relevantes para as origens dessa ciência quanto os *princípios* metodológicos de Condillac que as amparam.

O Tratado dos animais *de Condillac: teologia, metafísica, antropologia*

O próprio Condillac preparou, no fim de sua vida, novas versões de suas obras publicadas. O *Tratado dos animais*, cuja primeira edição data de 1755, tem nesta última versão modificações de pouca importância, que consistem majoritariamente em reformulações de desprezível impacto conceitual e na mudança das referências a obras do próprio autor, as quais deixam de se referir a seu *Ensaio* de 1746 para dar lugar, na versão de 1798, aos tratados do *Curso de estudos* de 1775.[2]

A obra se divide em duas partes. A primeira confronta a doutrina dos animais autômatos, visando principalmente dois autores: René Descartes e Georges Leclerc, conde de Buffon, autor da monumental *História Natural*.[3] A segunda parte se propõe a

---

2 Condillac, *Œuvres de Condillac: revues, corrigées par l'auteur, imprimées sur ses manuscrits autographes, et augmentées de La Langue des Calculs, ouvrage posthume.* 21 vol. Paris: Ch. Houel, An VI – 1798. A primeira edição das obras completas de Condillac data do Ano VI da Revolução, ou 1798.

3 Cf. Buffon, *História Natural*. Organização e tradução de Isabel Coelho Fragelli, Ana Carolina Soliva Soria, Pedro Paulo Pimenta. São Paulo: Editora Unesp, 2021.

Étienne Bonnot de Condillac • Charles-Georges Le Roy

constituir uma doutrina positiva acerca das faculdades dos animais. O tema da animalidade nessa obra inclui o da definição do que é próprio do humano: homem e animal deverão se esclarecer mutuamente. O problema metodológico dessa etologia futura, o de *o que é um animal e como se pode conhecê-lo*, só pode ser abordado como parte subalterna de dois problemas mais amplos: *como o homem vem a conhecer o que quer que seja*; e *que lugar ele ocupa em meio à natureza*. O terreno em que se move a argumentação, portanto, é metafísico, e se dedica a problemas teológicos e principalmente epistemológicos.

A motivação imediata da escrita do *Tratado dos animais* é o rumor, nos salões de Paris à época, de que a obra anterior de Condillac, o *Tratado das Sensações* (1754), teria sido pouco mais que um plágio de Buffon. Segundo as más-línguas, a descrição por Condillac de um homem que acorda no mundo teria sido apenas uma cópia mal-acabada do que foi proposto por Buffon no terceiro volume da *História Natural* ("Dos sentidos em geral", 1749).[4] O abade relata, em carta, que Buffon chegara a lhe fazer essa acusação pessoalmente, e que em resposta escrevera este segundo *Tratado*, irmão do primeiro, buscando com ele escancarar suas divergências teóricas com o autor da *História Natural* e trazer à frente sua própria originalidade, calando assim os acusadores.[5] Isso pode explicar o tom por vezes amargo das críticas presentes na obra, que são as mais incisivas já publicadas pelo, geralmente, circunspecto abade.

O *Tratado dos animais* não deve ser lido, entretanto, como mera obra de ocasião, pois Condillac toma a oportunidade para

---

4 Ibid.
5 Carta a Formey, 25 de fevereiro de 1756. In: Condillac, *Œuvres philosophiques*, p.539-541.

A inteligência dos animais

inserir outras reflexões, às quais o autor acena em uma discreta nota que havia permanecido inexplorada até a década de 1980.[6] Trata-se da dissertação intitulada *As mônadas*, submetida como resposta à primeira questão pública de "filosofia especulativa" proposta pela Academia de Berlim, em 1747.[7] A questão propunha que se refutasse "a doutrina das mônadas", ou, se a provasse, explicando a partir dela "os principais fenômenos do universo". A resposta de Condillac não levou o prêmio, mas foi publicada anonimamente na edição das melhores respostas enviadas ao concurso. Esta dissertação também tem duas partes, em que a primeira critica a doutrina de Leibniz e do "leibniziano" Wolff, enquanto a segunda a reforma, produzindo uma monadologia própria.[8] O filósofo já incluíra trechos da dissertação no *Tratado das Sensações*, mas buscaria ainda outros para demarcar claramente sua oposição à metafísica materialista. A partir de um fundamento metafísico leibniziano, entretanto criticado e reformado, funda-se uma teoria do devir do conhecimento humano baseada nas sensações contidas na alma mônada.

A segunda parte do *Tratado* lida com questões de ordem teológica, pois trata da *alma* dos animais. Não é tarefa fácil, entretanto, assegurar espaço para um conhecimento metódico sobre o comportamento animal que não entre em franco conflito com o catolicismo de meados do século XVIII.

---

6 Neste volume, p.129, nota 18.

7 Condillac, *Les Monades. Édition établie et présentée par Laurence Bongie.*

8 "Demonstrei que as mônadas existem, que são necessariamente diferentes entre si, e que produzem os fenômenos da extensão e dos corpos, que são apenas agregados delas." Condillac, *Les Monades*, Parte II, cap. 9, p.235.

A solução buscada pelo autor é enganosamente pacífica, e não deve ser compreendida como adesão irrestrita à autoridade da religião. Um dos aspectos mais interessantes da obra é exatamente a argumentação necessária para atribuir percepção aos animais sem que isso contrarie as teses religiosas vigentes. O resultado, longe de uma obra propriamente ortodoxa, é testemunha de um movimento histórico mais amplo, consumado no período iluminista, de isolamento do discurso teológico pelas demais ciências nascentes, e resultará numa espécie de animismo mitigado.[9] A situação da teologia nessa obra é bastante desconcertante para um leitor contemporâneo. Não podemos nos dedicar aqui a esclarecê-la com o vagar necessário. Cabe, todavia, apontar que, em suas considerações sobre a história do conhecimento na modernidade, o autor enfatiza os *efeitos* que o discurso de um filósofo pode ter sobre a sociedade.[10] Se bem pesado este objetivo, reflete o autor, distinguiremos circunstâncias históricas em que há sucesso em se combater abertamente uma doutrina aceita pelo vulgo, enquanto outras demandam intervenções diversas. A própria filosofia do abade foi aprovada num primeiro momento até mesmo pelos jesuítas, mas chegou a ser censurada décadas depois, dita portadora de um "veneno escondido".[11] Autores mais recentes descreveram-na como uma

---

9 Referimo-nos com este termo simplesmente à concepção de que o universo é composto primariamente pelo conjunto das almas que habitam nele.

10 História Moderna, Livro XX, cap. 6, Condillac, *Oeuvres philosophiques*, v.II, p.197, p.47-57.

11 O *Ensaio* de 1746 teve, em geral, recepção positiva, inclusive do jesuíta *Journal de Trévoux* em 1747; já em 1775, o *Curso de estudos* foi

A inteligência dos animais

"bomba envolta em calma".[12] O leitor fará bem em se resguardar, portanto, de assentir integralmente aos acenos ao poder instituído que o texto do abade traz.

***

A tese central da obra é a de que os animais têm alma. Este termo se refere na filosofia de Condillac à substância metafísica de onde surgiria a percepção: a alma verifica-se experimentalmente na capacidade de sentir. O problema central surge da decisão de considerar que só quem sente tem pleno acesso ao que está sentindo. Na impossibilidade de acessar diretamente os sentimentos e pensamentos das outras pessoas ou dos outros animais, só seria possível estender-lhes com segurança esta faculdade quando houvesse analogia forte o suficiente entre mim e eles. Isso não consiste, todavia, num solipsismo: na filosofia de Condillac, partir da receptividade sensorial subjetiva e individual é apenas uma decisão metodológica, não uma tese positiva. Não se colocará em dúvida a existência das percepções de outros seres. Ao contrário, parte-se da introspecção particular com a tranquilidade de quem já sabe, pela experiência mesma, que as outras pessoas têm percepção como eu, e que pelo menos alguns animais também a têm. O problema aqui é epistêmico: como, havendo

---

censurado pela corte parmesã nos termos citados. Ver Ricken, *Linguistics, Anthropology, and Philosophy in the French Enlightenment*. Oxford: Routledge, p.100.

12 Delesalle e Chevalier, *La Linguistique, la grammaire et l'école, 1750-1914*, p.80.

nascido encerrado em minhas próprias vivências e representações, venho a compreender a existência de outras almas de forma justificada? E como se assegurar então da existência da alma, isto é, de percepção, nos animais? Esses são problemas centrais ao empirismo. Se as ideias não são inatas, se não provêm de algum tipo de participação direta no intelecto divino e eterno, se devem partir apenas das experiências que estão ao alcance de todos, então *em que ordem* as noções devem ter sido adquiridas para que chegássemos à compreensão de uma alma alheia à nossa? Estamos metodologicamente limitados ao conhecimento perceptivo como ponto de partida, mas note-se que esta situação se acorda ao tema teológico da Queda. Nosso conhecimento imperfeito das coisas padeceria de uma limitação intrínseca ao intelecto humano, incapaz de atingir as verdades eternas. Nisso, segue-se a teologia, mas dela o autor busca extrair conclusões que contribuam para o avanço das ciências, pois a ignorância por parte de todos os membros da espécie humana, aliada ao princípio metodológico que interdita ultrapassar esses limites, fecha qualquer possibilidade de recorrer a teses *reveladas* nas ciências experimentais. Ou, antes, são as teses advogadas pela própria Revelação que hão de se acordar às observações empíricas.

O anterior *Tratado das Sensações* estabelecia a percepção contínua do corpo próprio como experiência fundante do método. Sentir que se tem um corpo é o que o autor chama de "sentimento fundamental", condição humana após o exílio do Éden. Condillac defende a existência de uma alma imaterial e eterna no homem; mas ao dispô-la face aos conhecimentos das ciências de seu tempo, abre espaço para investigações experimentais sem conflito com a religião, pois a interdependência da alma e do

A inteligência dos animais

corpo após a queda será confirmada pela mais nova fisiologia experimental iluminista.

O filósofo entende a alma como distinta do corpo pela capacidade de união do diverso que ela perfaz sensorialmente. Segundo o filósofo, as coisas materiais existiriam *umas fora das outras*, ou seja, não se integram propriamente umas às outras, não fazem parte umas das outras. A percepção, ao contrário, é uma atividade que reúne propriamente as diferentes sensações, estabelecendo entre elas relações de *simultaneidade* (constituindo assim um espaço) e de *sucessividade* (constituindo um tempo). Enquanto relativas, as sensações fazem parte umas das outras e compõem um todo único. A integração dos objetos no espaço e no tempo é, portanto, um fato *da percepção*. Condillac dispensa questões sobre o que seriam o espaço ou o tempo fora da percepção, no que segue Leibniz, pois essa unificação contínua produzida pela percepção seria a condição inescapável que constitui todas as ideias, sensíveis ou intelectuais.[13] Para um método sóbrio, não haveria sentido buscar o que houvesse além da percepção, e é por isso que a teologia – é justamente a disciplina que trata do que está além disso – não tem como prover teses positivas às investigações experimentais. Tudo o que podemos conhecer começa pela percepção e se encerra nela. A alma após a queda é, então, apenas aquilo que reúne as experiên-

---

13 Condillac, *Tratado das Sensações*, IV, cap.5: "Não digo que a extensão não existe, digo que só a percebemos em nossas próprias sensações. Donde se segue que não vemos os corpos em si mesmos. Talvez eles sejam extensos, e mesmo saborosos, sonoros, coloridos, odoríferos; talvez não sejam nada disso. Não sustento nem um nem outro, e aguardo quando se tiver provado que os corpos são o que nos parecem, ou que são algo totalmente outro".

cias num mesmo todo, permitindo tanto abarcar numa só visão dois eventos diferentes que ocorrem simultaneamente quanto comparar o que acontece agora e o que aconteceu ontem. Esse "princípio de ligação das ideias" é a alma mesma, pois é seu expediente único de atividade e torna mutuamente permeáveis tanto as sensações presentes na percepção quanto aquelas armazenadas na memória. O que chamamos *eu* é, assim, apenas o *resultado* de uma organização promovida por uma união metafísica preliminar cujo nome permanece "alma".

Uma tal união é condição do devir da consciência, uma vez que as diferentes sensações só vão se ajustando reciprocamente à medida que se apresentam, constituindo assim um sistema no tempo. A alma reúne e organiza as sensações a partir de sua própria força interna, como a mônada. Seriam dois os resultados dessa organização espontânea: o "eu de hábito" e o "eu de reflexão", isto é, consciente (cf. Parte II, cap. I). Vemos que Condillac, contemporâneo de Hume e herdeiro de Locke e Leibniz, trabalha para escavar e questionar a possibilidade do eu, entendendo-o como fato *posterior* às experiências primevas. Essa posição entende, portanto, ao menos uma parcela da alma como opaca a si mesma. Para o abade, o que há de crucial nessa constatação é a necessidade *lógica e metafísica* de admitir um campo aberto em que as experiências possam se reunir; reunião que, ao não se localizar nem no tempo nem no espaço (pois estes são apenas relações *entre* sensações), exige como ponto de partida um fato primitivo de ordem transcendente. Esse fato original não pode ser deduzido pela razão humana, apenas constatado por introspecção.

Quando trata de fisiologia, Condillac não se pretende um especialista, mas chama em seu socorro as opiniões de dois ou-

A inteligência dos animais

tros autores que contradizem Buffon. O primeiro é François Quesnay, que na segunda edição de seu *Ensaio sobre a economia animal* (1747) trata de uma "força vital" que seria a suposta causa responsável por integrar o ser vivo num todo único.[14] Encontramos aqui a mesma função lógica de reunião presente na metafísica de Condillac. Ambas têm como antecedentes conceituais a força gravitacional newtoniana, que integra o sistema solar, bem como a compreensão por Locke da consciência como a unidade da memória.[15] Condillac associa essa noção ainda à mônada de Leibniz, exigindo, a partir da concorrência de todas essas teses, uma integração primitiva que forneça um campo, agora perceptivo, dentro do qual interagem as diferentes partes da alma, as sensações. Entretanto, Condillac dá cidadania às "pequenas percepções" de Leibniz, e com isso entende a reunião de sensações como algo que excede a consciência estrita como a compreendia por Locke.

O segundo autor é o fisiologista suíço Albrecht von Haller, cujas investigações sobre a sensibilidade e a irritabilidade acabavam de ser publicadas.[16] Haller admite no ser vivo integral uma correspondência incontornável entre a sensibilidade de algumas fibras do organismo e a irritabilidade de outras. Os nervos seriam a sede principal da sensibilidade, enquanto os músculos, além de sensíveis, seriam também "irritáveis", isto é, capazes de contrair-se. Chamamos hoje de "arco reflexo" esta

---

14 Quesnay, *Essai physique sur l'oeconomie animale*, 2ªed., 1747, tomo III, cap.13. Cf. neste volume, p.72, nota 6.

15 *Ensaio sobre o Entendimento Humano*, II, 27. Cf. também Balibar, *John Locke, identité et différence: l'invention de la conscience*.

16 Haller, *Dissertation sur les parties irritables et sensibles des animaux*. Cf., neste volume, p.79, nota 11.

19

correspondência entre a sensação e o movimento. Condillac usa a correspondência estrita entre sensação e movimento advinda da fisiologia experimental como subsídio à sua filosofia da coerência contínua entre o que se passa no plano metafísico da alma (a sensibilidade) e o que se passa no plano físico do corpo (os movimentos), harmonizando-a com sua descrição da situação humana após a queda. De toda essa configuração, derivam algumas dúbias interpretações da metafísica de Condillac, que por vezes é classificado como materialista. Podemos concordar que, para todos os efeitos, essa metafísica funciona em acordo com as teses de um materialismo. Porém, pelo requisito lógico-metafísico de uma *causa una* que garanta e funde esse funcionamento, a qual os materialistas desprezam, seria mais preciso apresentar seu pensamento como uma espécie de animismo. Cremos que esse ponto crucial deva ser considerado uma tomada de posição sincera do filósofo, mas é importante considerar que essa tese resulta necessariamente apenas num deísmo de sabor voltairiano, uma "teologia natural",[17] e não exigiria por princípio trazer a reboque toda a carga doutrinária do catolicismo.

Tradicionalmente, a diferença entre uma máquina e um ser vivo se encontraria na fonte de seus movimentos: eles vêm de fora para as máquinas, e de dentro para os vivos. Leibniz, por sua vez, polemizava em favor de uma dinâmica que desse legitimidade a uma força "inerente" às coisas, em que os entes físicos também pudessem ser considerados a fonte de seus próprios movimentos.[18] Ambas as instâncias conflitam com o mecanismo

---

17 Ver Blair e Greyerz (eds.), *Physico-theology: Religion and Science in Europe, 1650-1750*.

18 Leibniz, "Da Natureza Ela Mesma" [*De Ipsa Natura*]. *Cadernos Espinosanos*, 43, 2020.

A inteligência dos animais

em sentido cartesiano: vemos, portanto, em que pé se encontra, em meados do século XVIII, o pretenso domínio da mecânica. Há ali posições que exigem forças físicas suplementares ao movimento meramente "mecânico" gerado por contato e por impulso, reabilitadas sob égide da atração newtoniana.[19] As investigações sobre a gravitação, a química, a vida, a eletricidade e o magnetismo apontam para a existência de outras causas possíveis para os movimentos do universo. Essas causas não são consideradas transcendentes, mas entendidas como parte integral e imanente do próprio curso da natureza. Portanto, na obra de Condillac se trata de importar da fisiologia a refutação da causalidade estritamente mecânica, seja como explicação do funcionamento fisiológico dos nervos, seja como explicação da sensibilidade, cuja disciplina própria aliás não seria a física, mas a metafísica.

Se as sensações de todos os sentidos se interferem mutuamente no campo aberto que constitui a alma, e se estas sensações estão sempre correlacionadas às condições fisiológicas do ser vivo, segue-se então que diferentes corpos estão abertos a diferentes sensações. No *Dicionário de sinônimos* de Condillac, o verbete "Organização" é explicado como "a forma ou a construção das partes que tornam o animal capaz de funções necessárias à sua conservação", enquanto "Natureza", reconduzido etimologicamente a "nascer", se compreende como "uma certa disposição das partes que formam um todo a partir do qual nascem os efeitos".[20] Não podemos constatar experi-

---

19 Newton, "Questão nº 31", in: *Opticks*. 3ª edição, 1721, p.350-82.

20 Verbetes "Organização" e "Natureza", *Dicionário de sinônimos*, in: Condillac, *Lógica e outros escritos*, p.285 e 284, respectivamente. Para

mentalmente a alma dos animais, apenas seus movimentos ou efeitos, mas é possível remontar a partir deles, por analogia, à sua causa metafísica. Se houver comportamentos nos animais que, para ser compreensíveis, *exijam* pressupor intenções e memória, e não meramente um espasmo resultante do arco reflexo, então será incontornável admitir neles a única causa que podemos humanamente conceber para tais funções: a reunião metafísica da alma.

A filosofia apresentada desde o *Tratado das Sensações* distingue três fatos necessários para o desenvolvimento da interioridade da alma: sensação, carência e ligação de ideias. A dependência mútua entre a fisiologia do indivíduo e sua interioridade anímica se traduz na requisição de certas ações: para que sobreviva, a natureza exige movimentos da parte do animal, como alimentar-se ou buscar abrigo. Do lado metafísico, isto se manifesta como *desejos* cuja causa o indivíduo desconhece. Seria a perfeição da natureza, indiciária da sabedoria divina, que estabeleceria certa proporcionalidade entre as carências de um animal e os meios que ele tem para saná-las. O fato original metafísico é que as sensações se ligam num todo único; o animal pode assim se lembrar das carências que sentiu e constituir hábitos para si.

Se num primeiro momento o apoio exclusivo sobre a introspecção parecia oferecer dificuldades intransponíveis, o quadro final montado pelo método faz irromper o maravilhoso. O percurso metódico parte da perspectiva individualista lockeana para chegar à harmonia universal de Leibniz por meio

---

a compreensão por Condillac da relação entre os movimentos do cérebro e as sensações, cf. *Lógica*, I, 9, in: Condillac, 2017, p.66-7.

A inteligência dos animais

da descoberta da mediação cósmica das leis naturais.[21] Quando se nota que a percepção é apenas a reunião das sensações, e ademais que essas sensações estão em relação de interdependência com a fisiologia, o que se tem é a compreensão de um todo harmônico que ultrapassa o indivíduo, todo que se revela condição preliminar, a princípio insuspeita, de sua própria existência. Se se trata de admitir um autêntico devir na geração das faculdades da alma, então, os fatos descobertos apenas no fim do percurso devem ser projetados sobre seu começo, e descobrimos que a aparência de solipsismo ou individualidade ilhada da reconstituição metodológica só fora possível diante de um sistema anterior que a antecedia, a englobava e, vemos agora, a engendrou. A afirmação de uma tal harmonia cósmica derivada do projeto divino se alia à religião, e neste momento o texto busca chocar, antes, os autores materialistas que o acusaram de plágio! Essa posição mantém semelhanças importantes com os animismos contemporâneos.[22] Deixamos porém ao leitor julgar por si mesmo até onde vai a pertinência da afirmação. Como quer que seja, o *Tratado dos animais* traz importantes dissonâncias à pretensa monolítica "tradição ocidental" e revela potenciais aliados insuspeitos, soterrados pela história canônica da filosofia, para nossa compreensão dos problemas

---

21 Quanto a isso se fazia referência em *As Mônadas* I, cap.4, p.159 a Wolff, *Cosmologia generalis*, seção I, cap. 1: "De Nexu Rerum et quomodo inde resultet universum" (*Sobre a conexão das coisas e como a partir dela resulta o universo*). Newton e Leibniz são tão incontornáveis para Wolff como para Condillac.

22 Ver, por exemplo, Stengers, "Reativar o animismo", in: *Caderno de Leituras*, 62, 2017, p.1-15.

A imitação como princípio antropológico

No terceiro capítulo da segunda parte, os homens são apresentados como os animais mais inclinados à imitação. No *Tratado das Sensações*, a reconstituição da experiência não tangia diretamente o problema da sociedade humana, pois reconstituía apenas o devir do sistema perceptivo de um ser vivo *isolado*. O "animal político" de Aristóteles implicava viver em grupo e ser capaz de falar. Locke também apontava a linguagem como "laço comum da sociedade", entretanto fornecido diretamente por Deus. Da parte de Condillac, trata-se de tentar reconstituir o advento da sociedade, em franca conjectura, a partir de um princípio antropológico único e constantemente verificável, encontrado precisamente na imitação que os seres humanos fazem espontaneamente uns dos outros.

Em seu primeiro livro, o *Ensaio sobre a origem dos conhecimentos humanos*, Condillac reconstituía a situação a partir de duas crianças isoladas após o dilúvio e que não sabem falar.[23] O filósofo apresenta um quadro em que uma delas, tentando alcançar o fruto de uma árvore, é flagrada pela segunda. Aqui, o surgimento da sociedade se dá por uma transferência, por analogia, do sofrimento da primeira criança à representação da segunda. O primeiro passo do surgimento da sociedade cabe, portanto, ao *espectador*, e não ao ator, pois a própria natureza é que dispõe o controle que podemos ter de nossos corpos, en-

---

23 Condillac, *Ensaio sobre a Origem dos Conhecimentos Humanos*, p.171-9.

A inteligência dos animais

quanto todos que pertencemos à mesma espécie temos corpos suficientemente semelhantes para agir de forma quase idêntica, como é o caso com os animais. A capacidade própria do ser humano seria, então, a facilidade espontânea de se projetar na situação do outro. O polo do espectador está associado, na tradição retórica, ao convencimento proveniente do *pathos*, das paixões. No século XVIII, ele se associa também à receptividade sensorial. Na cena das duas crianças, a *atriz* apenas obedece a suas vontades fisiológicas tentando alcançar uma fruta, sem pensar no olhar vindo de fora; é a segunda, enquanto espectadora, que sofre ao ver o sofrimento da primeira. O filósofo propõe a seguir que o ciclo possa se fechar em reciprocidade, e que a espectadora se torne *atriz*, imitando os gestos da primeira quando quiser exprimir o sofrimento que testemunhou. Nesse circuito, surge uma linguagem de gestos que foi sugerida pela própria natureza, isto é, pela conformação dos órgãos físicos dos indivíduos. É a chamada "linguagem de ação".

O tema da imitação não é de forma alguma novo. A importância de Condillac consiste em organizar todos os atributos reputados específicos ao homem em torno desse princípio. Textos atuais que reconstituem a história da noção de neurônios-espelho, descobertos na década de 1990, identificam Condillac como seu precursor.[24] A avaliação nos parece exata. Segundo o método do abade, deve-se reconhecer uma causa

---

24 Cf. por exemplo Corballis, "Mirror Neurons and the Evolution of Language", *Brain and Language*, 112, 2010, p.25-35. Neste artigo, como em outros que tratam do tema e se lembram de Condillac, refere-se ao *Ensaio*, não ao *Tratado dos animais*. É apenas neste último, entretanto, que se desenvolve plenamente a imitação como princípio antropológico. Cf. uma discussão em português do assunto em

pelos seus efeitos; o efeito constatado da imitação humana deve ter, portanto, alguma raiz fisiológica, mesmo que desconhecida. Se o efeito estiver bem estabelecido experimentalmente, importa pouco se sua causa foi ou não identificada. A imitação adquire uma potência imprevista quando disposta face ao funcionamento da alma humana. O sensualismo de Condillac deve ser compreendido como uma semiótica generalizada, em que as conexões entre as sensações constituem um mundo por meio dos reenvios que se estabelecem entre as diferentes experiências. Ora, um signo só se constitui através da estabilização de uma sensação no campo metafísico da memória para que possa daí ser reativada e despertar outra ideia que se liga a ela. Esse recurso é usado para explicar *todas* as atividades da alma, das primeiras sensações às abstrações matemáticas. Porém, a raiz desse funcionamento é fisiológica, mas também social: é o princípio de imitação, conferido pela natureza aos humanos para que pudessem "prestar-se socorro mútuo", que engendraria todas as línguas a partir da linguagem de ação. De derivação em derivação, a fala surgiria da imitação, e para o autor é só através da fala que o ser humano pode pensar como pensa agora. Os sistemas de signos se derivariam uns dos outros ao se imitarem parcialmente: dos gestos e gritos inarticulados à fala, à escrita e à álgebra.

A tendência à imitação é também tendência à representação em geral, pois Condillac entende que, para constituir uma língua, é preciso partilhar dos mesmos gestos, das mesmas palavras, dos mesmos hábitos, do mesmo mundo que os outros.

Lameira, Gawryszewski e Pereira Jr., Neurônios espelho, *Psicologia USP*, 17(4), 2006, p.123-133.

A inteligência dos animais

A imitação seria o expediente operativo tanto da tendência à sociedade quanto da tendência à fala. Assim assimiladas, elas se simplificam, constituem sistema, explicam-se mutuamente. O que é próprio do homem seria, então, uma diferença de *organização*, constatável apenas em seus efeitos, que o torna mais propenso a imitar seus semelhantes. Esta é a origem da qual se extraem as demais distinções tradicionalmente ligadas ao humano. Embora o *Tratado dos animais* não trate em pormenor da concepção da linguagem humana, é preciso resumir a questão. A reflexão, para Condillac, é possível pela cópia de uma sensação na memória. Um sistema de signos artificiais, como a fala, provê o aumento da capacidade de reflexão por meio da sobreposição de um segundo sistema de sensações em correlação ao sistema das sensações fundantes das primeiras experiências. Com a língua, a relação passa a ser entre dois sistemas, o das sensações e o das sensações de sensações (signos artificiais). Uma vez de posse deste segundo sistema, é possível distanciar-se reflexivamente do primeiro, ganhando, assim, maior autonomia em relação às sensações imediatas. Mas se, como Condillac propõe, não é possível refletir sem signos artificiais, vemos o parcial despropósito daquele início metodológico solipsista, pois não há reflexão sem linguagem, nem linguagem sem sociedade. Como venho a compreender de forma justificada, então, a existência de outras almas? A pergunta perde o sentido quando se percebe que, não fosse este o caso, a própria pergunta sequer teria sido formulada, pois não teria havido linguagem para tanto. Os pensamentos, como os sentimentos, estão imbricados na constituição da língua e dos demais sistemas sociais e morais a partir dos quais surgiu o meu eu, e, portanto, nós aprendemos até mesmo a *sentir* pela convivência com os outros. Esse argumento contribui para neutralizar, enfim, a acusação de plágio, pois não haveria atividade humana que não fosse fruto de um arranjo de imitações fortuitas.

Porém, se a moral depende de uma língua convencional que só surge com a sociedade, os animais não parecem capazes de alçar a um tal pensamento. Este seria o segundo exemplo de distinção fundamental entre os humanos e os outros animais, acrescido ao da ideia de Deus. Embora a diferença seja vista experimentalmente como uma diferença apenas de grau (o ser humano é *mais* propenso à imitação), do ponto de vista teológico ela deve ser interpretada como uma diferença essencial, pois a moralidade incorre no problema teológico da justiça divina no juízo final. Em acordo com a religião, Condillac decreta a moralidade como uma distinção *de essência* entre os homens e os animais: a alma animal é temporária, e apenas a alma humana estaria destinada à vida eterna. O leitor há de perceber que, cedendo completamente o terreno aos guardiães da religião, o filósofo não perdeu um centímetro sequer no que diz respeito ao campo experimental. Por outro lado, esse uso da teologia reabilita toda a Criação como objeto legítimo de estudo, pois se Deus não tivesse se preocupado com a forma pela qual batem as asas do besouro, como seria possível a ele voar? Tudo o que existe estaria infundido com as leis naturais que Deus dispôs na Criação, e por isso todo estudo atento ao funcionamento da natureza é um meio indireto de devoção. Este aspecto maravilhoso de tudo o que existe é um argumento comum aos "observadores de insetos" de meados do século XVIII. É uma estratégia que visa legitimar algo como um "sen-

A inteligência dos animais

timento cósmico", e que conclama globalmente os naturalistas às observações.

Com a distinção de grau estabelecida experimentalmente, as múltiplas organizações dos diferentes animais acarretam múltiplos comportamentos próprios a cada uma das espécies. Embora por nominalismo cada indivíduo seja singular, todos os membros de uma espécie são suficientemente semelhantes para ser seguramente assimilados por este viés. Porém, o que é próprio à espécie humana não se limita ao fisiológico, mas leva em conta irrevogavelmente os arranjos históricos contingentes da sociedade em que um indivíduo nasce, bem como sua posição nela. O sistema que descobrimos ter engendrado o indivíduo não é apenas físico, atinente ao conjunto das leis da natureza, mas também metafísico, atinente às línguas, às leis e aos costumes próprios às circunstâncias em que nasceu. Ao levar em consideração o devir do sistema social de representações a que um indivíduo está exposto em seu desenvolvimento ontogenético, Condillac delineia um protoconstrutivismo de vocações antropológicas, pedagógicas, psicológicas e sociológicas, reunindo essas disciplinas humanas num "vir a ser" autêntico. É possível então, tanto ao indivíduo como à sociedade, aprender coisas genuinamente novas. Não se trata apenas da lembrança de ideias eternas já pré-existentes, nem do desenrolar inexorável de cadeias de causas a efeitos: este é o significado filosófico, no período iluminista, da questão mitopoética da origem da linguagem.

A "mola propulsora" (termo de uma época anterior à popularização do "motor") deste devir humano é a *analogia*, operação que unifica o diverso. Na suposição das duas crianças, essa assimilação se enunciaria impropriamente na forma "você sou eu" e em sua antístrofe, "eu sou você". Essas proposições, que seriam sem dúvida rechaçadas pelos lógicos mais conservadores, são encontradas por Condillac na semiótica das representações humanas. A analogia é entendida como uma "identidade parcial", noção discretamente subversiva que reabilita a metáfora como expediente lógico legítimo. Essa ideia, contudo, haveria de ser eliminada pelos herdeiros de Condillac, ao menos desde Destutt de Tracy.[25] Ela era também o núcleo da defesa metodológica da alma dos animais, pois o meio adequado para conceber que um animal seja dotado de percepção seria assimilá-lo por analogia a mim mesmo: *minha* percepção é o único modelo diretamente acessível de uma percepção qualquer. Uma analogia, porém, não tem polo único, não consiste em dobrar o animal unilateralmente à minha imagem e semelhança; ao contrário, esta relação também me assimila ao animal. Eu sou como este animal, este animal é como eu. Não há outro recurso possível à compreensão da experiência animal: "Esta solução é vulgar, dirá o sr. de Buffon, hei de convir, mas ela tem ao menos uma vantagem, a de que se pode compreendê-la".[26]

Porém, para quantos e quais dos animais é possível fazer razoavelmente um tal juízo? Aqui entra o problema da parcimônia do método, consoante à "navalha dos nominalistas", hoje chamada de Ockham: não se devem multiplicar os entes. Não se trata, então, de estender de pronto a percepção a todos os animais, tampouco a todo o universo, como outros filósofos

---

25 Como o mostrava Nuchelmans, *Judgment and Proposition: from Descartes to Kant*, cap.9.
26 Ver "Primeira parte", Capítulo 4, p.78.

A inteligência dos animais

propuseram.[27] Como se trata de tentar estabelecer um método seguro, a lenta extensão desses atributos aos demais animais requererá um pouco mais de cuidado: a analogia deve ser temperada pela análise. Àqueles cuja organização tem forte analogia com a nossa própria, a atribuição é fácil; mas aproxima-se gradualmente um limite em que ela perde força de garantia. Não surpreende, portanto, a iniciativa adotada por Le Roy, no início do verbete ora publicado, de concentrar seus esforços sobre as espécies que "por sua organização e seus costumes, tenham conosco alguma analogia".[28] O pensamento de Condillac não constrói um sistema acabado, antes delineia um programa gradual de pesquisa, que só poderia ser realizado pelos esforços conjuntos de toda uma república das letras e das ciências.

As Cartas de Le Roy, o filósofo caçador

Foi Isidore Geoffroy-Saint-Hilaire, em 1859, quem empregou pela primeira vez o termo etologia no sentido que conhecemos hoje, isto é, para se referir ao estudo do comportamento dos animais em seu meio natural. Dessa maneira, batizava-se um âmbito da zoologia que se contrapunha à incipiente psicologia comparada, que despontava na década de 1840 com os estudos de Pierre Flourens sobre a estrutura do cérebro. Flourens foi o responsável pelo famoso experimento no qual retira os lóbulos cerebrais de um pombo, que permanece vivo, porém sem sinal de faculdades intelectuais como vontade ou

---

27 Em *Histoire moderne*, t.14, livro XX, cap. III, p.426, Condillac criticava Giordano Bruno por ter "posto almas até mesmo nas pedras".
28 Neste volume, p.170.

31

percepção. Uma vez referida a partes específicas do cérebro do pombo, a inteligência animal era então estudada a partir da analogia entre o cérebro do animal e o do humano – assim como se fazia quanto à estrutura geral do corpo na anatomia comparada, vertente predominante nos estudos zoológicos desde o início do século devido à influência de Georges Cuvier.

À época, cientificidade era sinônimo de laboratório, e os experimentos aí realizados contavam com muito mais respaldo no meio científico do que as observações de campo dos naturalistas. A esse respeito, Julian Jaynes, ao remontar a divergência atual entre etologia e psicologia comparada ao século XIX, observa que toda vez "que um zoólogo via uma criatura nova, ficava ansioso para cortá-la e colocá-la sob o microscópio".[29] Ao menos no que se refere ao estudo das faculdades intelectuais dos animais, essa perspectiva encontra uma alternativa na recém-batizada etologia.

Embora Isidore Geoffroy-Saint-Hilaire seja considerado o fundador terminológico da disciplina, encontrar um fundador propriamente dito não é uma tarefa simples. Certo é que precisamos recuar ao menos até o século XVIII, quando muitos observaram traços do pensamento etológico nos escritos zoológicos de Buffon e entomológicos de Réaumur.[30] Esse é o caso do já citado Flourens em meados do século XIX e, mais recentemente, Jean-Luc Guichet e Jacques Roger. Este último explica que, no caso de Buffon, os traços etológicos exprimem

---

29 Jaynes, "The Historical Origins of 'Ethology' and 'Comparative Psychology'", *Animal Behaviour*, 17, 1969, 601-606; Lorenz, *Os fundamentos da etologia.*

30 Réaumur, *Mémoires pour servir à l'Histoire des Insectes.*

A inteligência dos animais

uma das facetas de seu rompimento com os ditos classificadores, concentrados nos detalhes da morfologia externa e interna, por exemplo, Lineu, John Ray e Tournefort. Segundo Roger, Buffon teria introduzido na história natural setecentista o estudo das inclinações naturais dos animais e seus costumes enquanto seres livres na natureza.[31] Mas o leitor de Buffon e Réaumur saberá apreciar a originalidade das *Cartas sobre os animais* de Charles-Georges Le Roy, publicadas entre 1762 e 1768 nos diferentes números dos *Journal Étranger, Gazette Littéraire de l'Europe* e *Variétés Littéraires*. Reimpresso diversas vezes até o final do século XIX, o conjunto de cartas foi lido com aprovação por diversas figuras, como Cabanis, Dupont de Nemours, Frédéric e Georges Cuvier e Pierre Flourens. Auguste Comte inclui Le Roy no calendário positivista, substituindo o dia Cabanis no ano bissexto. Do outro lado da Mancha, Darwin reconhece o valor dos escritos de Le Roy e recorre a suas observações realizadas em mais de uma ocasião.[32] Nas *Cartas*, Le Roy anuncia um campo de estudo dos animais que considera inexplorado por seus contemporâneos. Ele afirma que, quando tivermos conhecido as diferentes espécies por suas inclinações naturais, formas internas e externas, "o

---

31 Cf. Roger, *Buffon, un philosophe au Jardin du Roi* (Paris: Fayard, 1989), p.106. Ver também Guichet, *Rousseau, l'animal et l'homme: l'animalité dans l'horizon anthropologique des Lumières*, p.402.

32 Ver, por exemplo, Cabanis, *Rapports du physique et du moral de l'homme* (1802), IV, 147; Cuvier, "Instinct" (1822), in: *Dictionnaire des sciences naturelles*, XXIII, 535; e Darwin, *A origem das espécies por meio de seleção natural ou A preservação das raças favorecidas na luta pela vida*, cap. 7.

Étienne Bonnot de Condillac • Charles-Georges Le Roy

filósofo ainda tem muito trabalho pela frente".[33] Refere-se à investigação da inteligência animal através da observação cotidiana dos animais na natureza. Nesse sentido, sua obra contém a formulação de um programa em larga medida etológico, cuja inspiração deriva de uma inusitada conjunção entre filosofia e caça. Quanto à primeira, a leitura de Condillac fornece a Le Roy o sistema de geração das faculdades dos animais. Embora Condillac esteja mais preocupado com questões metafísicas, ao formular esse sistema, acaba contribuindo com uma espécie de metaetologia. Sua crítica à doutrina do animal autômato conduz à abertura de um campo de estudo sobre a inteligência animal que se estende da mais simples sensação à mais complexa das inteligências. Toda inteligência no reino animal poderá ser estudada por meio destes três princípios gerais: *sensação, carência* e *ligação de ideias*. Vale notar que Le Roy e Condillac se conheciam provavelmente desde jovens, pois ambos frequentavam os salões da Madame de Vassé.

Quanto à caça, ela proporciona um saber a respeito da inteligência animal ignorado pela filosofia e pelas ciências naturais da época. Esse saber, intimamente ligado ao modo de relação entre homem e animal, inspira a formulação de um método de observação etológico, que alavanca a posição filosófica da paridade entre racionalidade humana e animal. O filósofo terá que se tornar, à sua maneira, um caçador, pois Le Roy entende que este último é o único capaz de se colocar no lugar do animal, permear seus pensamentos e apreender o que se passa em sua cabeça.

É verdade que a caça é uma prática exaltada pela aristocracia francesa em geral, mas Le Roy possuía um apreço peculiar. Por

---

33 Neste volume, p.172.

A inteligência dos animais

incrível que pareça, a paixão pela caça e a afeição pelos animais andavam juntos – uma estranha disposição a amar, admirar e matar os animais.[34] A relação de Le Roy com a caça é um assunto de família, pois ele herda de seu pai o cargo de superintendente dos parques reais. Além de funções em matéria de águas e florestas, Le Roy era encarregado de gerir as presas ou o *gibier*, o que incluía a eliminação de animais nocivos, bem como a multiplicação e o cuidado daqueles que comporão um bom parque de caça. A natureza dessas funções é refletida na escrita de uma série de verbetes da *Enciclopédia* de Diderot e D'Alembert, antes de publicar as *Cartas*, como "Adubo", "Fazenda", "Floresta", "Guarda de caça" e "Presa". Quanto aos animais em particular, as atividades de Le Roy relacionadas à gestão das presas colaboram para "transformar seu olhar e sua atenção, tornando-os mais sensíveis às diferenças e às variações nas ações dos animais".[35]

Em suma, não é absurdo considerar o *Tratado dos animais* como uma espécie de *Discurso do método* das *Cartas* de Le Roy. Munido do sistema filosófico condillaquiano, o filósofo caçador incorpora à filosofia, de maneira inédita, um saber ine-

---

34 Fontenay, *Le Silence des bêtes*, p.653. Nessa obra, Elisabeth de Fontenay dedica um capítulo a Le Roy.

35 Bourdin, "L'Anthropomorphisme de Charles-Georges Le Roy. Chasseur et philosophe", *Dix-huitième siècle* 2010/1, n. 42, p.360. Para maiores detalhes a respeito da função que ocupava Le Roy nos parques e jardins reais, ver a abertura da introdução de Elisabeth Anderson em sua reedição das *Cartas* de Le Roy, bem como o livro de Quenet, *Versailles, une histoire naturelle*. Ver também a comunicação de Maroteaux, "Gardes forestiers et gardes-chasse du roi à Versailles: approche d'un milieu social", *Revue forestière française*, XXXVIII, 6-1986.

rente ao ofício do caçador. Ao conectar esses dois domínios, algo de singular ocorre: é como se Le Roy levasse o filósofo para caçar e convidasse o caçador para filosofar. O resultado é surpreendente: além de conferir novo vigor às teses sensualistas de Condillac, essas teses são estendidas e a analogia entre homens e animais torna-se ainda mais profícua.

***

Condillac e Le Roy estão de acordo ao pensar que o erro dos defensores do automatismo repousa na falta de observação: afirma-se "com convicção aquilo que não é verdade, resultado de não terem observado o suficiente".[36] Mas como proceder quando o objeto de conhecimento é a inteligência animal? A originalidade de Le Roy está na resposta a essa pergunta. Condillac entende ser importante voltar-se às ações animais e, a partir delas apenas, livrando-se de preconceitos, concluir a respeito de suas faculdades por meio da analogia com relação às ações humanas. Mas Le Roy chama a atenção para a importância de se realizar uma observação que seja capaz de apreender a conduta *cotidiana* dos animais, seus costumes, isto é, os procedimentos que empregam regularmente de acordo com as circunstâncias que se apresentam.

Tendo isso em vista, não parece difícil conceber a contribuição que o método de Le Roy representa para a tese de Condillac contra o automatismo dos animais. Mas Le Roy alcança um novo patamar. Seu projeto de observação da conduta diária dos animais traz a dimensão etológica que não podemos encontrar

---

36 Neste volume, p.231.

A inteligência dos animais

em Condillac. Le Roy entende que, para conhecer realmente a inteligência dos animais, é preciso viver em sociedade com eles.[37] Como dito, ele não ignora a novidade de sua proposta, e afirma estar diante de um novo campo de estudo; o já citado Flourens chama de "estudo positivo do instinto e da inteligência animal". Flourens observa que esse estudo teria sido iniciado por Buffon e Réaumur, mas apenas com Le Roy teria sido "pela primeira vez indicado como uma ciência própria".[38] Le Roy escreve:

> A forma, tanto interna quanto externa, a duração do crescimento e da vida, o modo de se alimentar, as inclinações predominantes, o modo e a época de acasalamento, de gestação etc., são objetos que estão à nossa vista, e basta ter os olhos abertos para não ignorar; mas seguir o animal em todas as suas operações, penetrar nos motivos mais secretos de suas determinações, ver como as sensações, as carências, os obstáculos e as mais diversas impressões a que um ser sensível está exposto multiplicam seus movimentos, modificam suas ações, ampliam seus conhecimentos; é isso o que me parece ser, em especial, do domínio da filosofia.[39]

Nasce então um pensamento etológico afirmando sua identidade frente às outras ciências naturais da época. A influência dos princípios de Condillac nessa passagem é evidente, mas a postura de "embrenhar-se nas florestas" e "viver em sociedade com os animais" jamais foi importante para ele ou qualquer outro filósofo que tenha pretendido julgar a respeito da inte-

---

37 Neste volume, p.169.
38 Flourens, *De l'instinct et de l'intelligence des animaux*, p.11.
39 Neste volume, p.173-4.

Étienne Bonnot de Condillac • Charles-Georges Le Roy

ligência dos animais. Se era comum referir-se às ações animais para provar sua inteligência, esta é a primeira vez que essa prova conta com um método especificamente formulado para acompanhar a sua conduta diária e todos os seus procedimentos. Em Le Roy, as considerações teóricas ligadas ao empirismo revezam-se com "a observação das performances"[40] dos animais.

Não é possível dizer que é na filosofia que Le Roy encontra a inspiração e a metodologia para realizar a observação das performances, mas no ofício do caçador. Tratados de caça são produzidos desde a antiguidade, e basta abrirmos um deles para sermos inundados de fatos a respeito da conduta dos cervos, lebres, javalis, cães e muitos outros. Le Roy tem grande apreço pelos tratados de *Vénerie*, modalidade tradicional que consiste em perseguir a presa até a exaustão com matilhas de cão, sem o uso de armas de fogo.[41] Dois exemplos importantes são os clássicos *La Vénerie Royale* de Robert de Salnove (1665) e *Vénerie* de Jacques Du Fouilloux (1561), ambos mencionados no verbete "Vénerie" da *Enciclopédia,* escrito pelo próprio Le Roy. Como observa Elisabeth Anderson, uma série de fatos mencionada nas *Cartas* pode ser encontrada nesses dois tratados. Isso não quer dizer, no entanto, que Le Roy não tenha observado esses fatos por conta própria. A autora entende que, se muitos fatos são semelhantes, não é porque Le Roy "os adotava

---

40 Guichet, "Âme des bêtes et matérialisme au XVIIIe siècle", in: Guichet, J.-L. (dir.), *De L'Animal-machine à l'âme des machines. Querelles biomécaniques de l'âme (XVIIe XXIe siècle)*, p.140.

41 Sobre a *Vénerie*, ver o verbete "O cervo" da *História Natural*, de Buffon. No início do verbete, vemos um elogio à caça que contrasta com posições contrárias como a de Grimm, em *Correspondance littéraire, philosophique et critique*, 16 vol., 1877-1882, t. III, p.303.

A *inteligência dos animais*

servilmente, mas porque os seus fatos confirmavam" os que encontrava nos tratados.[42] Para defender seu ponto, Anderson lembra quanto detalhe encontramos nos fatos descritos por Le Roy, vivazes demais para não ser coisas que foram vistas por ele próprio.[43]

Tratados como os de Salnove e Du Fouilloux têm o objetivo de instruir os homens na arte da caça. Mas para dominar essa arte é evidente que não basta ler tratados: o caçador precisa viver em sociedade com os animais. Sim, a caça proporciona o tipo de sociedade entre homem e animal que Le Roy considera crucial para estudar a geração de suas faculdades. Essa relação entre caça e sociedade foi observada por Diderot no verbete "Caça" da *Enciclopédia*: o "ardor da caça estabelece entre o cão, o homem, o cavalo e o abutre uma espécie de sociedade, que começou muito cedo, que jamais acabou e que durará para sempre". Mais recentemente, o mencionado artigo de Bourdin chama a atenção para o fato de que, além dos cúmplices, a sociedade é feita também com os rivais.[44] E sabemos que os rivais não são poucos: cervos, gamos, lebres, javalis e outros.

Assim, uma familiaridade extraordinária é adquirida a respeito dos costumes e dos procedimentos dos animais. Para termos noção dessa familiaridade, nada melhor do que abrir os tratados e ler suas longas seções a respeito do "natural" de cada espécie. Encontramos todo tipo de informação, como o regime de reprodução e alimentação, o período em que se reproduzem

---

42 Anderson, "Introduction", in: Le Roy, *Lettres sur les animaux*, p.44.
43 Ibid., p.45.
44 Bourdin, "L'Anthropomorphisme de Charles-Georges Le Roy. Chasseur et philosophe", *Dix-huitième siècle*, 2010/1, n. 42, p.360.

e como seus hábitos alteram-se em função disso, as artimanhas que empregam quando são caçados (os rivais) ou quando caçam (os cúmplices). Como cada espécie tem seus hábitos, cada uma precisa ser considerada separadamente, apesar de possuírem uma estrutura comum. No caso das presas, tendo abordado o natural da espécie, há uma seção a respeito de onde encontrá--las a depender da época do ano, e outra a respeito das astúcias que são empregadas. Vê-se que os textos trazem informações orientadas à utilidade que podem ter para a arte da caça.

É preciso ser um caçador instruído e astuto para realizar esses raciocínios com justiça, pois a vida selvagem frequentemente encontra seus meios de furtar-se e guardar seus mistérios. Dentre todos os temas dos tratados de caça, um merece atenção especial de Le Roy: a astúcia dos animais. Não basta saber o que comem e quais são suas carências em cada estação, como se comportam em consequência disso e, enfim, onde se localizam; é preciso também conhecer os inúmeros recursos que empregarão para furtar-se ao caçador uma vez farejados pelos cães. A esse respeito, temos uma série de casos que os caçadores já estão acostumados a vivenciar e que se mostram extremamente interessantes para o leigo.

As astúcias variam entre as espécies e as circunstâncias. Espécies parecidas, como o cervo e o gamo, compartilham uma série de procedimentos; enquanto espécies tão distintas, como o javali e a lebre, agirão das formas mais diversas possíveis na hora do perigo. Por exemplo, quando consegue ganhar distância dos cães, o cervo tenta confundi-los.

Mesmo que não escute mais os cães, sabe que logo se aproximarão; portanto, longe de entregar-se a uma falsa segurança,

A inteligência dos animais

aproveita esse breve intervalo para imaginar as possíveis maneiras de despistar seus inimigos. Percebeu que foi traído pelos rastros de suas pegadas e que os cães as seguiram sem interrupção; para despistá-los, corre em linha reta, retorna sobre seus passos e, retirando-se do solo com uma série de saltos consecutivos, põe em xeque a sagacidade dos cães, confunde a visão do caçador e, no mínimo, ganha tempo.[45]

No vocabulário da *Vénerie* – largamente empregado por Le Roy –, a astúcia descrita na passagem acima se chama *retour*. O caso a seguir é o da *change*,[46] quando o cervo tenta despistar os cães fazendo-se passar pelo seu semelhante.

Muitas vezes procura a companhia de outros animais de sua espécie. Poderíamos pensar que este é o efeito de um sentimento natural que leva o animal a procurar companhia para se sentir seguro, porém, uma prova de que essa associação ocorre por outro motivo, é que ela dura tanto tempo quanto dura o perigo. Logo que sua companhia estiver aquecida o suficiente para compartilhar o perigo e que possam ser confundidos pelo ardor dos cães, o cervo deixa sua companhia exposta e parte numa fuga veloz. Os cães tomam um pelo outro com frequência, essa é uma das astúcias cujo sucesso é mais garantido.[47]

Neste caso, o caçador precisa saber em quais cães pode confiar. Enquanto os mais novos fornecem um "espetáculo de

---

45 Neste volume, p.199-200.
46 Buffon fornece a explicação para a maior parte desses termos nas notas de seu verbete sobre o cervo na *História Natural*.
47 Neste volume, p.200.

incerteza"[48] – detalhadamente descrito por Le Roy –, os mais velhos e experientes, chamados *hardis dans la change* [intrépidos na *change*], empregam todos os recursos possíveis para recuperar a trilha correta. "A indústria do caçador não pode ir além, e, quanto a isso, o cão experiente parece saber tudo o que é possível saber".[49] Guiado pela inteligência desses cães, o caçador dá o comando para os mais novos, livrando-os da situação embaraçosa de hesitação. Como se pode notar, a instrução que o caçador deve adquirir não se restringe aos costumes de suas presas, mas inclui também o de seus cúmplices, dos quais o mais significativo na *Vénerie* é o cão. Daí a importância deste último nos tratados de caça – primeiro animal a ser abordado na obra de Du Fouilloux.

O caçador sabe muito bem quais espécies são mais astutas e quais são mais brutas. Sabe que o lobo, cujo fôlego e força são excepcionais, emprega ao fugir uma única astúcia: correr com o nariz em direção ao vento, a fim de antecipar possíveis perigos pelo caminho – o olfato é o principal sentido pelo qual se informa dos objetos, assim como a visão para os humanos. O javali, bem armado com seus caninos, tampouco manifesta muita astúcia em sua defesa: assim que se sente "em desvantagem na fuga, interrompe-a e parte para o combate".[50] Ainda assim, escolhe os arbustos mais espessos e "posiciona-se de tal maneira que só pode ser abordado frontalmente".[51] Quanto ao cervo, o caçador conhece bem a que grau sua astúcia pode se manifestar, e ainda mais quanto à lebre, haja vista sua organi-

---

48 Neste volume, p.229.
49 Neste volume, p.229.
50 Neste volume, p.259.
51 Neste volume, p.260.

zação desfavorável. Enfim, aquele que caça não tem dificuldade para descobrir que, quanto mais fraco é o animal, maior é o recurso a essas artimanhas a fim de se proteger.

Em suma, a inteligência animal que se manifesta aos caçadores é da ordem da astúcia. Entre caçador e presa há uma disputa que será vencida por aquele que fizer prova de maior astúcia.[52]

***

Le Roy entende que os caçadores são os únicos capazes de apreender a inteligência dos animais, graças à familiaridade extraordinária que adquirem ao viver em sociedade com eles. Mas o caçador não está interessado em fazer filosofia. Para ele, a investigação acerca da inteligência animal se interrompe com a captura da presa. Definir o que é instinto e o que é inteligência, estabelecer qual é a extensão de faculdades como a memória e a linguagem na caça, nada disso é objeto de uma reflexão que visa o conhecimento pelo conhecimento, ou de preocupação para dar conta de problemas que pertencem ao domínio da filosofia.

Frente à investigação proposta por Le Roy, pode-se dizer que o conhecimento dos costumes animais que encontramos nos tratados de caça é da ordem da descrição, aproximando-se, nesse sentido, às histórias dos animais na *História Natural* de Buffon. Sob essa perspectiva, a caça se destaca na medida em que propicia uma familiaridade superior com relação aos costumes animais, de modo que suas motivações secretas poderão ser descritas com maior riqueza e profundidade. No entanto,

---

52 Ver Détienne e Vernant, *Métis. As astúcias da inteligência*, p.49.

Étienne Bonnot de Condillac • Charles-Georges Le Roy

trata-se ainda de uma descrição – o que fica claro nos tratados de caça. Diferentemente da *História Natural*, ou desses tratados, a primeira intenção de Le Roy não é apenas descrever, mas investigar e refletir, conhecer e sistematizar. Le Roy está preocupado com um objeto específico, a inteligência dos animais, que dita a ordem de seu trabalho de observação e descrição. Como escreve, tudo é dito quando o exame é realizado "num pequeno número de espécies, organizações, costumes e inclinações é suficiente para que se saiba tudo o que interessa a seu respeito".[53]

Vê-se nas *Cartas* que não se trata de conhecer o maior número de espécies possível, mas de se debruçar sobre aquelas que estão mais próximas dos seres humanos.[54] Isso porque o objetivo é entender como se dá a geração de faculdades intelectuais nos animais, o que só pode ser feito por meio da analogia com relação àquilo que conhecemos a respeito do ser humano – aqui ele segue à risca Condillac. Antropomorfismo? É necessário separar um antropomorfismo ingênuo de outro que desponta como procedimento legítimo de produção de conhecimento, que, como Condillac, Le Roy encontra entre os anatomistas, que estudavam a estrutura orgânica dos outros animais para explicar a estrutura do corpo humano. Bourdin destaca esse ponto com clareza em seu artigo sobre Le Roy, ao considerar que o uso da analogia por esse filósofo seria "inevitável e justificado", e nos permite ver como é possível "ao mesmo tempo ser antropomórfico e se situar do ponto de vista do animal".[55]

---

53 Neste volume, p.169-70.

54 Neste volume, p.170.

55 Bourdin, "L'Anthropomorphisme de Charles-Georges Le Roy. Chasseur et philosophe", *Dix-huitième siècle*, 2010/1, n. 42, p.357.

A inteligência dos animais

Na passagem a seguir, vemos a abertura do terreno para o exercício do pensamento filosófico, que se distingue do conhecimento puramente pragmático do caçador.

> O caçador, seguindo os passos do animal, não pretende nada mais do que descobrir seu esconderijo; já o filósofo lê nesses passos a história de seus pensamentos; identifica suas inquietudes, seus pavores, suas esperanças; enxerga os motivos que tornaram o passo do animal mais precavido, que o interromperam, que o aceleraram; e esses motivos decerto existem ou, como já mencionei, seríamos obrigados a pressupor efeitos sem causa.[56]

O filósofo caçador reúne a capacidade de penetrar, o interesse de refletir, e mais: ele vem armado de um sistema filosófico. Não basta embrenhar-se na floresta e querer fazer filosofia, é preciso ter conceitos, os quais, como vimos, Le Roy encontra em Condillac. Assim, a história dos pensamentos dos animais na passagem anterior é traduzida, em termos condillaquianos, enquanto desdobramento da sensação, ou efeito da faculdade de sentir. Trata-se de referir tudo a sensação, carência e ligação de ideias. Mas, ainda, trata-se também de, na esteira de Condillac, considerar o mundo intelectual animal como análogo ao mundo intelectual humano, dotado de inquietudes, pavores e esperanças.

Ecos na contemporaneidade

O historiador das ideias Georges Canguilhem indicava a origem da noção contemporânea de "meio ambiente" [*milieu*]

---

56 Neste volume, p.184-5.

45

Étienne Bonnot de Condillac • Charles-Georges Le Roy

nas reflexões de Newton em que o éter é um "Medium" que integra o universo através da transmissão das forças cósmicas, gravitação à frente.[57] A composição deste meio, ou *campo* (gravitacional), e a visada científica como o ponto de vista *do meio como um todo* mais que de cada um de seus componentes estão presentes na filosofia de Condillac sob a noção de "circunstâncias". Essa noção é levada a bom uso por Le Roy e permanece ao longo de autores e épocas, numa linha que cremos estender--se até o celebrado *Umwelt* de Uexküll, que estabelece todo ser vivo com um ser semiótico.[58]

Em outra via, Canguilhem dedica um artigo a mostrar que nem mesmo Darwin estaria livre de antropomorfismo. Segundo o autor, na medida em que Darwin confere aos animais "atenção, curiosidade, memória, imaginação, linguagem, raciocínio e razão, senso moral e senso religioso",[59] não teria realizado uma "psicologia animal sem referência à psicologia humana".[60] *Descendência do homem* (1871) seria a primeira "antropologia sistematicamente purgada de antropocentrismo", mas não de antropomorfismo.[61] Quanto ao que chama de uma "psicologia animal independente", Canguilhem tem em mente autores como Uexküll e Lorenz, considerados os fundadores da etologia moderna na primeira metade do século XX.

---

57 Canguilhem, "O Vivente e seu Meio", in: *O Conhecimento da Vida*.

58 Uexküll, "The Theory of Meaning". *Semiotica*, 42(1), p.25-79.

59 Canguilhem, "L'homme et l'animal du point de vue psychologique selon Charles Darwin", in: *Œuvres complètes Tome III : Écrits d'histoire des sciences et d'épistémologie*, p.400.

60 Canguilhem, op. cit., p.407.

61 Canguilhem, op. cit., p.392-3.

A inteligência dos animais

A história da etologia apresenta importantes desdobramentos a respeito dessa questão. Ao final do século XX, seus fundadores terão passado por um longo processo de revisão. Em linhas gerais, isso é impulsionado por uma geração de primatólogas – como Goodall, Fossey e Galdikas –, cujos trabalhos, nos anos 1970, revelaram pela primeira vez longas séries de observações a respeito dos costumes de grandes primatas da África e da Ásia. Em sua monografia, Goodall atribui nome a cada um dos chimpanzés que estuda, fornece uma foto e descreve seus traços psicológicos individuais. Trabalhos de campo dessa natureza conduzem a uma reformulação teórica na etologia, como é o caso dos autores da já citada etologia filosófica. Sem questionar os méritos dos fundadores da disciplina, trata-se de observar os limites de seus preceitos "objetivistas" na medida em que podem conduzir a disciplina a um automatismo *à la* Descartes. Tendo isso em vista, Morizot distingue um "antropomorfismo espontâneo", a ser expurgado da prática científica, de outro, ao contrário, que constituiria uma "fase heurística metodológica, fundada sobre o raciocínio analógico".[62]

A recuperação da analogia entre homens e animais enquanto um procedimento científico legítimo leva a pensar que o problema a respeito da integração do homem no mundo natural ocupa os pensadores atuais tanto quanto no século XVIII. Vemos ainda em voga a discussão em torno da legitimidade de se pensar os animais por meio do recurso ao ser humano, e

---

62 Morizot, *Les Diplomates. Cohabiter avec les loups sur une autre carte du vivant*, p.163. Sobre a referida reformulação teórica ver Morizot, ibid., p.52.

vice-versa. Seria possível pensar numa psicologia animal que prescinda de todo e qualquer recurso ao humano? Ou, inversamente, uma psicologia humana que prescinda do recurso aos animais? Qual seria o preço a pagar por essa independência? É intrigante constatar que essas questões não são estrangeiras aos autores do século XVIII.

O programa sensualista, formulado principalmente por Condillac, tem como horizonte o desenvolvimento futuro dos conhecimentos humanos. Nele está prevista, portanto, a possibilidade de estender indefinidamente as observações a todos os campos, mesmo os menos previsíveis. Que a parcimônia na busca por conhecimentos seguros tenha impedido estender a percepção a todos os animais, ou a todos os seres vivos, não deve, entretanto, ser tomado como uma diferença tão pujante entre a filosofia setecentista e a nossa. Se o universo é compreendido como uma república de mônadas, trata--se de povoá-lo estendendo cidadania a mais e mais seres, mas por observações regradas que levem em conta uma analogia "razoável". O método não se estende, portanto, apenas aos animais, mas também aos "selvagens", aos loucos, às crianças, às classes desfavorecidas, e convida, por princípio epistêmico, a aprender a ouvi-los.

Para Condillac, entretanto, as circunstâncias eram incontornáveis: a busca do conhecimento não se distingue dos meios que temos para adquiri-lo. Em seus capítulos sobre a história da ciência moderna, o filósofo dá máxima importância à descoberta de instrumentos ópticos que alcançam novos objetos, muito pequenos no caso do microscópio, ou muito distantes no do telescópio. O desenvolvimento desses instrumentos

A inteligência dos animais

nos deu *novos olhos.*[63] Mas se todo o conhecimento se constitui pelos arranjos de sensações que acessamos, a ciência de uma época está então atrelada aos meios disponíveis para obtê-las. Em nossos dias, dispomos de microscópios eletrônicos, observatórios de tecnologias impensáveis aos iluministas, câmeras que dilatam para nossos lentos olhos fenômenos de frações de segundo, vídeos que inversamente comprimem um tempo gigantesco num menor, apreciável, e máquinas eletrônicas que constroem modelos anteriormente não computáveis na prática. A obtenção desses dados é algo gradativo e historicamente situado. Não devemos julgar as filosofias do século XVIII por meio dos conhecimentos que se tornaram óbvios depois de adquiridas as técnicas de registro e análise de que dispomos hoje. Aquela mesma sobriedade no juízo das atribuições dos animais serem sempre proporcionais às observações, nos permite estender atualmente até mesmo às plantas e aos micróbios analogias inegáveis com as funções de nossa percepção. Essa extensão dos conhecimentos se dá por um progresso da analogia que, embora inantecipável, se encaixa em retrospectiva no programa inicial. Nessa metodologia, o "antropomorfismo" não é um pecado contra o conhecimento, é antes seu atributo irrevogável. Nenhum conhecimento, enquanto humano, deve se livrar do ponto de vista humano que é o seu, sob pena de desnaturar-se. No iluminismo, os cuidados necessários para não abusar do antropocentrismo já estão estabelecidos e serão balanceados por um zoomorfismo igualmente irrevogável da compreensão que podemos ter da própria espécie humana.

---

63 Condillac, *Historie moderne*, Livro XX, cap.6, in: *Œuvres philosophiques*, v.II, p.197, p.47-57.

Merleau-Ponty retomou observações que mostraram intenção nas ações da estrela-do-mar.[64] Uexküll buscou pensar a experiência introspectiva do carrapato.[65] Outras pesquisas nos mostraram a língua dançante das abelhas, a interação entre as árvores e a relação simbiótica entre fungos e outros seres, às raias de uma denúncia geral, agora, de nosso "zoomorfismo" (!), juízo ao qual uma apreciação mais correta das interações evolutivas entre as bactérias nos levaria inevitavelmente.[66] Discussões antropológicas recentes sobre animismo e perspectivismo refletem acerca da filosofia de Leibniz, como já o faziam os autores do século XVIII.[67] As epistemologias feministas, como a de Haraway, buscaram resgatar outros pontos de vista considerados subalternos, como o dos animais.[68] A recente corrente filosófica enativista, que promove a cognição como algo "encarnado", também parece ressoar tais desenvolvimentos.[69] Essas iniciativas e tantas outras foram possíveis pelo acúmulo de esforços de pesquisadores atentos e dedicados por séculos. Poderíamos com justiça, por exemplo, voltar às objeções de Gassendi

---

64 Merleau-Ponty, *A estrutura do comportamento*.

65 Uexküll, *Umwelt und Innenwelt der Tiere*; Uexküll e Kriszat, *A Stroll through the Worlds of Animals and Men*, in: *Instinctive Behavior*.

66 Respectivamente, Benveniste, "Comunicação animal e linguagem humana", in: *Problemas de Linguística Geral*; Kohn, *How Forests Think: Toward an Anthropology beyond the Human*; Sheldrake, *A trama da vida: como os fungos constroem o mundo*; Contra o zoomorfismo, cf., p. ex., Margulis e Sagan, *Acquiring Genomes: a Theory of the Origin of Species*.

67 Carneiro da Cunha, "Xamanismo e tradução". *Arte Pensamento*.

68 Haraway, *O manifesto das espécies companheiras*.

69 Varela et al., *The Embodied Mind: Cognitive Science and Human Experience*. Cf. introdução recente em português ao enativismo em Rolla, *A Mente Enativa*.

A inteligência dos animais

contra as *Meditações* de Descartes no século XVII para expandir um mosaico cada vez mais amplo e denso da história dessas reflexões. Mas se todo relato parte de algum lugar, entendemos que o longo processo de reabilitar no quadro da ciência moderna a experiência interna e afetiva, dos humanos e dos outros animais, começava a surgir seriamente no contexto do iluminismo francês, cuja amostra este volume pretende prover.

Referências

ANDERSON, E. Introduction. In: LE ROY. *Lettres sur les animaux.* Oxford: Voltaire Foundation, 1994.

BALIBAR, E. *John Locke, identité et différence*: l'invention de la conscience. Paris: Seuil, 1998.

BENVENISTE, E. Comunicação animal e linguagem humana. In: *Problemas de linguística geral.* Tradução de Maria da Glória Novak, Luiza Neri. São Paulo: Companhia Editora Nacional, 1976.

BLAIR, A.; GREYERZ, K. (Ed.). *Physico-theology*: Religion and Science in Europe, 1650-1750. Baltimore: Johns Hopkins University Press, 2020.

BOURDIN, J.-C. L'anthropomorphisme de Charles-Georges Le Roy chasseur et philosophe. *Dix-huitième siècle*, n.42, p.353-66, 2010.

BUFFON, G.-L. L. *História Natural.* Tradução de Isabel Coelho Fragelli, Ana Carolina Soliva Soria, Pedro Paulo Pimenta. São Paulo: Editora Unesp, 2021.

CABANIS, P.-J. *Rapports du physique et du moral de l'homme.* Paris: Harmattan, 2006 [1802].

CANGUILHEM, G. L'homme et l'animal du point de vue psychologique selon Charles Darwin. In: _____. *OEuvres complètes*: écrits d'histoire des sciences et d'épistémologie, t.3. Paris: Vrin, 2019 [1960].

_____. O vivente e seu meio. In: _____. *O conhecimento da vida.* Rio de Janeiro: Forense Universitária, 2012.

CARNEIRO DA CUNHA, M. Xamanismo e tradução. *Arte Pensamento*, 1999. Disponível em: https://artepensamento.ims.com.br/item/xamanismo-e-traducao/. Acesso em: 31 maio 2022.

CONDILLAC, E. B. *Ensaio sobre a origem dos conhecimentos humanos*. Tradução de Pedro Paulo Pimenta. São Paulo: Editora Unesp, 2018.

_____. *Lógica e outros escritos*. Tradução de Fernão de Oliveira Salles, Lourenço Fernandes Neto e Silva, Pedro Paulo Pimenta. São Paulo: Editora Unesp, 2017.

_____. *Les Monades*. Edição e apresentação de Laurence Bongie. Grenoble: Jérôme Millon, 1994.

_____. *Tratado das Sensações*. Campinas: Editora da Unicamp, 1993.

_____. *OEuvres de Condillac*: revues, corrigées par l'Auteur, imprimées sur ses manuscrits autographes, et augmentées de La Langue des Calculs, ouvrage posthume. 21v. Paris: Ch. Houel, 1798.

_____. Carta a Formey, 25 de fevereiro de 1756. In: _____. *OEuvres philosophiques*. Paris: Presses Universitaires de France, 1947-1951. v.II, p.539-41.

CORBALLIS, M. Mirror Neurons and the Evolution of Language. *Brain and Language*, n.112, p.25-35, 2010.

CUVIER, F. Instinct. *Dictionnaire des sciences naturelles*. Paris: Le Normant, 1822.

DARWIN, C. *A origem das espécies por meio de seleção natural ou A preservação das raças favorecidas na luta pela vida*. Trad. Pedro Paulo Pimenta. São Paulo: Ubu, 2018.

DELESALLE, S.; CHEVALIER, J.-C. *La linguistique, la grammaire et l'école, 1750-1914*. Paris: Armand Collin, 1986.

DÉTIENNE, M.; VERNANT, J.-P. *Métis*: as astúcias da inteligência. Tradução de Filomena Hirata. São Paulo: Odysseus, 2008.

DIDEROT, D.; D'ALEMBERT, J. R. *Enciclopédia, ou Dicionário razoado das ciências, das artes e dos ofícios*. Volume 1: Discurso preliminar e outros textos. Org. Pedro Paulo Pimenta e Maria das Graças de Souza. São Paulo: Editora Unesp, 2015.

DIDEROT, D.; D'ALEMBERT, J. R. *Enciclopédia, ou Dicionário razoado das ciências, das artes e dos ofícios.* Volume 6: Metafísica. Org. Pedro Paulo Pimenta e Maria das Graças de Souza. São Paulo: Editora Unesp, 2017.

ENCYCLOPÉDIE MÉTHODIQUE: histoire naturelle des animaux. verbete. Paris: Panckoucke, 1794.

FLOURENS, P. *De l'instinct et de l'intelligence des animaux.* Paris: C. Pitois, 1841.

FONTENAY, E. *Le silence des bêtes.* Paris: Fayard, 1998.

GUICHET, J.-Luc. *Rousseau, l'animal et l'homme*: l'animalité dans l'horizon anthropologique des Lumières. Paris: Les Éditions du Cerf, 2006.

_____. Âme des bêtes et matérialisme au XVIIIe siècle. In: _____. (Dir.). *De 'animal-machine à l'âme des machines*: querelles biomécaniques de l'âme (XVIIe XXIe siècle). Paris: Éditions de la Sorbonne, 2010.

GRIMM, F. M. *Correspondance littéraire, philosophique et critique.* Paris: Garnier frères, 1877-1882. t.III.

HALLER, A. *Dissertation sur les parties irritables et sensibles des animaux.* Lausanne: M. M. Bosquet, 1755.

HARAWAY, D. *O manifesto das espécies companheiras.* Tradução de Pê Moreira. Rio de Janeiro: Bazar do Tempo, 2021.

JAYNES, J. The Historical Origins of "Ethology" and "Comparative Psychology". *Animal Behaviour*, n.17, p.601-6, 1969.

KOHN, E. *How Forests Think*: Toward an Anthropology beyond the Human. Berkeley: University of California Press, 2013.

LAMEIRA, A. P.; GAWRYSZEWSKI, L. G.; PEREIRA Jr., A. Neurônios espelho. *Psicologia USP*, v.17, n.4, 2006. Disponível em: https://www.scielo.br/j/pusp/a/LDNz5B6sgj84PT5PfhJJtmx/?lang=pt. Acesso em: 31 maio 2022.

LEIBNIZ, G. W. Da natureza ela mesma: tradução do "De Ipsa Natura", de G. W. Leibniz. Tradução de Sacha Kontic, Lourenço Silva. *Cadernos Espinosanos*, n.43, p.529-80, 2020.

LOCKE, John. *Ensaio sobre o entendimento humano*. São Paulo: Martins Fontes, 2012.

LORENZ, Konrad. *Os fundamentos da etologia*. Trad. Carlos C. Alberts, Pedro Mello Cruz. São Paulo: Editora Unesp, 1995.

MARGULIS, L.; SAGAN, D. *Acquiring Genomes*: a Theory of the Origin of Species. New York: Basic Books, 2002.

MAROTEAUX, V. Gardes forestiers et gardes-chasse du roi à Versailles. Approche d'un milieu social. *Revue forestière française*, n.6, 1986.

MERLEAU-PONTY, M. *A estrutura do comportamento*. São Paulo: Martins Fontes, 2006.

MORIZOT, B. *Les diplomates* cohabiter avec les loups sur une autre carte du vivant. Paris: Wildproject, 2016.

NEWTON, I. Questão nº 31. *Opticks*: or a Treatise of the Reflections, Refractions, Inflexions and Colours of Light. 3.ed. London: W. & J. Innys, 1721. [Ed. bras.: *Óptica*. São Paulo: Edusp, 1996.]

NUCHELMANS, G. *Judgment and Proposition*: from Descartes to Kant. Amsterdam: North Holland Publishing, 1984.

QUENET, G. *Versailles, une histoire naturelle*. Paris: La Découverte, 2015.

QUESNAY, François. *Essai physique sur l'oeconomie animale*. 2.ed. Paris: Guillaume Cavelier, 1747. t.III.

RÉAUMUR, René-Antoine Ferchault de. *Mémoires pour servir à l'histoire des insectes*. Paris: L'Imprimerie Royale, 1734-1742. 6v.

RICKEN, U. *Linguistics, Anthropology, and Philosophy in the French Enlightenment*. Oxford: Routledge, 1994.

ROGER, J. *Buffon, un philosophe au Jardin du Roi*. Paris: Fayard, 1989.

ROLLA, G. *A mente enativa*. Porto Alegre: Fi, 2021. Disponível em: https://www.editorafi.org/334mente. Acesso em: 31 maio 2022.

SHELDRAKE, M. *A trama da vida*: como os fungos constroem o mundo. Tradução de Gilberto Stam. São Paulo: Ubu, 2021;

STENGERS, I. Reativar o animismo. *Caderno de Leituras*, n.62, p.1-15, 2017.

A inteligência dos animais

UEXKÜLL, J. von. The Theory of Meaning. *Semiotica*, v.42, n.1, p.25-79, 1982.

_____. *Umwelt und Innenwelt der Tiere*. Berlin: Springer, 1921.

_____; KRISZAT, G. *A Stroll through the Worlds of Animals and Men*. In: SCHILLER, C. (Ed.). *Instinctive Behavior: The Development of Modern Concept*. Tradução para o inglês de Clair Schiller. New York: International Universities Press, 1957 [1934].

VARELA, F. et al. *The Embodied Mind*: cognitive Science and Human Experience. Cambridge: The MIT Press, 2017 [1991].

VOLTAIRE, F.-M. A. *Elementos da filosofia de Newton*. Tradução de Maria das Graças de Souza. Campinas: Editora da Unicamp, 2015 [1738].

WOLFF, C. *Cosmologia generalis*. Frankfurt: Nova Priori Emendatior, 1737.

Tratado dos animais

No qual, após observações críticas sobre as opiniões de Descartes e do sr. de Buffon, busca-se explicar as principais faculdades dos animais

Étienne Bonnot de Condillac

Tradução de Lourenço Fernandes Neto e Silva

Introdução

Seria pouco curioso saber o que são os animais se não fosse este um meio de conhecer melhor o que somos nós. É sob esse ponto de vista que se permite fazer conjecturas sobre tal assunto. *Se não existissem animais*, diz o sr. de Buffon, *a natureza do homem seria ainda mais incompreensível.* Entretanto, não devemos imaginar que, ao nos compararmos com eles, poderíamos algum dia compreender a natureza de nosso ser; podemos apenas descobrir suas faculdades, e a via da comparação pode ser um artifício para submetê-las à nossa observação.

O projeto desta obra foi concebido após a publicação do *Tratado das Sensações*, e confesso que provavelmente jamais teria pensado nisso se o sr. de Buffon não tivesse escrito sobre o mesmo assunto. Mas ele[1] decidiu espalhar que havia encerrado o tema do *Tratado das Sensações*, e que eu fizera mal em não o ter citado.

Para me justificar de uma censura que certamente não me pode ser feita pelos que tiverem lido o que escrevemos um e

---

1 Edição de 1755: "Mas algumas pessoas quiseram…". (N. T.)

outro, basta expor suas opiniões sobre a *natureza* dos animais e sobre os sentidos.[2] Esse é praticamente o único objeto da primeira parte desta obra.

Na segunda, faço um sistema que evitei intitular *Da Natureza dos Animais*. Confesso a este respeito toda minha ignorância, e me contento em observar as faculdades do homem segundo o que sinto e em julgar as dos animais por analogia.

---

2 Hei de convir que há coisas no *Tratado das Sensações* que puderam servir de pretexto a essa censura. A primeira é que o sr. de B. diz, como eu, que o tato só dá ideias porque é formado de órgãos móveis e flexíveis: mas o citei, já que combati uma consequência que ele tira desse princípio. A segunda e última é que ele crê que a visão precisa das lições do tato (pensamento que Molineux, Locke e Berkeley tiveram antes dele). Ora, eu não tinha a obrigação de falar de todos os que repetiram o que foi dito por esses três. O único mal que fiz foi não citar o sr. Voltaire, pois ele fez mais que repetir; repararei esse esquecimento. Ademais, o sr. de B. não julgou conveniente adotar inteiramente o sentimento de Berkeley. Ele não diz, como este inglês, que o tato nos é necessário para aprender a ver as grandezas, as figuras, ou, numa palavra, os objetos. Assegura, ao contrário, que o olho vê naturalmente e por si mesmo os objetos, e que consulta o tato apenas para corrigir dois erros: ver os objetos duplos e invertidos. Ele não conheceu tão bem quanto Berkeley a extensão da ajuda que o tato presta aos olhos. Era uma razão a mais para que não falasse dele; poderia apenas criticá-lo, como farei em breve. Enfim, ele não viu que o tato vela pela instrução de cada sentido; descoberta que é devida ao *Tratado das Sensações*. Ele não duvida, por exemplo, que nos animais o olfato mostra por si mesmo, e desde o primeiro instante, os objetos e o lugar em que estão. Está persuadido de que esse sentido, quando estivesse só, poderia ter o lugar de todos os outros. Estabeleço precisamente o contrário, mas a leitura desta obra demonstrará que não é possível que eu tenha tomado coisa alguma das obras do sr. de B.

Tratado dos animais

Esse objeto é muito diferente do que vimos no *Tratado das Sensações*. Pode-se ler este tratado que apresento hoje, indistintamente, antes ou depois daquele, e as duas obras se esclarecerão mutuamente.[3]

---

3 (Leroy) A edição de 1755 terminava o parágrafo com a seguinte frase, suprimida nas edições seguintes: "Acrescento um extrato razoado da *estátua animada*, quer para facilitar a comparação de meus princípios com os do sr. de Buffon, quer para colocá-los mais ao alcance das pessoas pouco acostumadas a apreender uma sequência de análises. Apresento neste extrato as principais verdades em separado; faço tão poucas abstrações quanto possível e reenvio àquela obra para os detalhes." O referido extrato se encontra traduzido no volume d'Os Pensadores da Editora Abril dedicado a Condillac, Helvétius e Degérando.

PRIMEIRA PARTE
Do Sistema de Descartes e da hipótese do sr. de Buffon

Capítulo primeiro
Que os animais não são puros autômatos, e por que se é levado a imaginar sistemas que não têm fundamento

A opinião de *Descartes* sobre os animais começa a ser tão velha que podemos presumir que não lhe restam partidários, pois as opiniões filosóficas seguem a sorte das coisas da moda: a novidade dá a voga, e o tempo joga no esquecimento; diríamos que a medida do grau de sua credibilidade vem de quão recente elas são.

A culpa é dos filósofos. Para quaisquer que fossem os caprichos do público, a verdade, caso bem apresentada, lhes colocaria limites; e tendo subjugado esses caprichos uma vez, os subjugaria todas as vezes que ela se apresentasse de novo.

Sem dúvida estamos bem distantes desse século esclarecido que poderia garantir toda a posteridade contra o erro. É muito provável que jamais chegaremos a ele: nos aproximaremos de época a época, mas ele sempre fugirá à nossa frente. O tempo é como uma vasta estrada que se abre aos filósofos. As verdades semeadas em intervalos se confundem entre uma infinidade de erros que ocupam todo o espaço. Os séculos passam, os erros se acumulam, a maior parte das verdades escapa e os atletas disputam prêmios que um espectador cego distribui. Era pouco para *Descartes* ter tentado explicar a formação e a conservação do universo apenas pelas leis do movimento; foi preciso ainda limitar ao puro mecanismo até mesmo os seres animados. Quanto mais um filósofo generaliza uma ideia, mais quer generalizá-la. Está interessado em estendê-la a tudo, porque pensa que seu espírito se estende com ela, e em sua imaginação ela logo se torna a primeira causa dos fenômenos.

É amiúde a vaidade que nutre esses sistemas, e a vaidade é sempre ignorante; ela é cega, quer sê-lo, e, entretanto, quer julgar. Os fantasmas que produz têm tanta realidade para ela que teme vê-los se dissipar.

Tal é o motivo secreto que leva os filósofos a explicar a natureza sem tê-la observado, ou ao menos depois de observações muito superficiais. Apresentam somente noções vagas, termos obscuros, suposições gratuitas, contradições sem número; mas este caos lhes é favorável – a luz destruiria a ilusão –, e, se não se desviassem, o que restaria a tantos deles? Por isso, sua confiança é grande, e lançam um olhar de desprezo aos sábios observadores que falam apenas do que veem, e não querem ver senão o que existe; estes são, aos olhos daqueles, espíritos pequenos que não sabem generalizar.

Seria assim tão difícil generalizar quando não se conhece nem a justeza nem a precisão? Seria tão difícil tomar uma ideia como que ao acaso, estendê-la e fazer dela um sistema?

Generalizar é algo que cabe unicamente aos filósofos que observam com escrúpulo. Consideram cada fenômeno sob

Tratado dos animais

todas as faces; comparam-nos e, se é possível descobrir um princípio comum a todos, não o deixam escapar. Logo, não se apressam em imaginar; ao contrário, só generalizam porque são forçados pela sequência das observações. Mas aqueles que culpo, menos circunspectos, constroem, com uma só ideia geral, os mais belos sistemas. Assim, apenas pelo movimento de uma varinha, o encantador eleva, destrói, muda tudo ao sabor de seus desejos, e crer-se-ia que foi para presidir a esses filósofos que se imaginaram as fadas.[1]

Esta crítica é exagerada se a aplicamos a *Descartes*; sem dúvida dirão que eu deveria ter escolhido outro exemplo. Com efeito, devemos tanto a esse gênio que não saberíamos falar de seus erros com cuidado suficiente. Ele só se enganou porque apressou-se demais em fazer sistemas, e pensei em aproveitar esta ocasião para mostrar o quanto abusam todos esses espíritos que desejam generalizar mais que observar.

A grande vantagem dos princípios que adotam é a impossibilidade em que nos encontramos, às vezes, de demonstrar com rigor sua falsidade. São leis às quais parece que Deus poderia ter dado preferência; *e se poderia, certamente deu*, conclui logo o filósofo que mede a sabedoria divina pela sua.

Com esses raciocínios vagos, prova-se tudo o que quer e, por consequência, não se prova nada. Quero que Deus tenha

---

1 Não é que não tenham talentos. Seria possível, às vezes, aplicar-lhes o que o sr. de Buffon diz de Burnet: "Seu livro é elegantemente escrito; ele sabe pintar, apresentar com força grandes imagens e pôr sob os olhos cenas magníficas. Seu plano é vasto, mas não há execução por falta de meios; seu raciocínio é pequeno, suas provas são fracas e sua confiança é tão grande que leva o leitor a perder a sua." Tomo I, p.180, in-4º. P.263, in-12.

reduzido os animais ao puro mecanismo. Mas ele o fez? Observemos e julguemos; é a isto que devemos nos limitar.

Vemos corpos cujo curso é constante e uniforme; não escolhem sua rota, obedecem a um impulso alheio; o sentimento lhes seria inútil e, ademais, não dão disso signo algum; estão, portanto, submetidos apenas às leis do movimento.

Outros corpos mantêm-se fixados no lugar em que nasceram; não têm nada a buscar, nada de que fugir. O calor da terra é suficiente para transmitir a todas as suas partes a seiva que os nutre; não têm órgãos para julgar o que lhes é próprio; não escolhem, vegetam.

Mas os outros animais velam eles mesmos por sua conservação; se movem por vontade própria, apreendem o que lhes é próprio, rejeitam, evitam o que lhes é contrário; os mesmos sentidos que regulam nossas ações parecem regular as deles. Sobre qual fundamento se poderia supor que seus olhos não veem, que suas orelhas não ouvem, em uma palavra, que eles não sentem?

A rigor, isso não é uma demonstração. Quando se trata de sentimento, não existe demonstração evidente para nós senão aquilo de que cada um tem consciência. Mas, porque o sentimento dos outros homens é apenas indicado a mim, seria esta uma razão para colocá-lo em dúvida? Bastaria dizer que Deus é capaz de formar autômatos que fariam, por um movimento maquinal, o que eu faço com reflexão?

O desprezo é a única resposta a dúvidas como essa. Buscar a evidência em todos os assuntos é extravagar; elevar sistemas sobre fundamentos puramente gratuitos é sonhar; encontrar o meio entre esses dois extremos é filosofar.

Há, portanto, outra coisa nos animais além do movimento. Não são puros autômatos, eles sentem.

Capítulo II
Que, se os animais sentem, sentem como nós

Se as ideias que o sr. de B. teve sobre a *natureza* dos animais, publicadas em sua *História Natural*,[2] formassem um todo cujas partes estivessem bem ligadas, seria fácil fornecer um extrato curto e preciso delas, mas ele adota, sobre esse objeto, princípios tão diferentes que, embora eu não queira encontrá-lo em contradição consigo mesmo, é-me impossível descobrir um ponto fixo ao qual eu possa referir todas as suas reflexões.

Confesso que logo sou constrangido a deter-me, pois não posso compreender o que ele entende pela faculdade de sentir que atribui aos animais, ele que pretende, como *Descartes*, explicar mecanicamente todas as suas ações.

Não é que não tenha tentado explicar seu pensamento. Depois de ter apontado que *esta palavra* sentir *encerra um número tão grande de ideias que não se deve pronunciá-la antes de ter feito sua análise*, acrescenta: "se por *sentir* entendemos somente fazer uma ação de movimento à ocasião de um choque ou de uma resistência, descobriremos que a planta chamada *sensitiva* é capaz dessa espécie de sentimento, como os animais. Se quisermos, ao contrário, que *sentir* signifique perceber e comparar percepções, não estamos certos de que os animais tenham essa espécie de sentimento" (in-4º, t.2, p.7; in-12, t.3, p.8-9); em breve ele negará isso aos animais.

Essa análise não oferece o grande número de ideias que parecia prometer; entretanto, dá à palavra *sentir* uma significação

---

2 Ver Buffon, *História Natural*. Organização e tradução de Isabel Coelho Fragelli, Ana Carolina Soliva Soria, Pedro Paulo Pimenta. São Paulo: Editora Unesp, 2021.

Étienne Bonnot de Condillac

que ela não me parece ter. *Sensação e ação de movimento à ocasião de um choque ou de uma resistência* são duas ideias que nunca se confundiram; e se não as distinguirmos, então a matéria mais bruta será sensível, algo que o sr. de B. está bem longe de pensar. *Sentir* significa propriamente isto que experimentamos quando nossos órgãos são movidos pela ação dos objetos, e essa impressão é anterior à ação de comparar. Se neste momento eu estivesse limitado a uma sensação, não a compararia, e, entretanto, sentiria. Esse sentimento não poderia ser analisado; podemos conhecê-lo unicamente pela consciência do que se passa em nós. Por conseguinte, ou estas proposições, *os outros animais sentem* e *o homem sente*, devem ser entendidas da mesma maneira, ou *sentir*, quando é dito dos outros animais [*bêtes*], é uma palavra à qual não se liga ideia alguma.

Mas o sr. de B. crê que os animais não têm sensações semelhantes às nossas, porque, segundo ele, são seres puramente materiais.[3] Recusa-lhes, ainda, o sentimento considerado como a ação de se aperceber e de comparar. Quando, portanto, supõe que os animais sentem, quer dizer somente que se movem à ocasião de um choque ou de uma resistência? A análise da palavra *sentir* parece levar a isso.

No sistema de *Descartes*, essa espécie de sentimento lhes seria concedida e se acreditaria conceder apenas a faculdade de se mover. Entretanto, é bem necessário que o sr. de B. não confunda *mover-se* com *sentir*. Ele reconhece que as sensações dos

---

3 Ele chama internas as sensações próprias ao homem, e diz que *os animais não têm sensações desta espécie, que elas não podem pertencer à matéria, nem depender por sua natureza dos órgãos corporais.* In-4º, t.2, p.442; in-12, t.4, p.170.

Tratado dos animais

animais são agradáveis ou desagradáveis. Ora, ter prazer e dor é, sem dúvida, diferente de se mover em resposta a um choque. Por mais atenção que tenha prestado ao ler as obras deste escritor, seu pensamento me escapou. Vejo que distingue sensações corporais e sensações espirituais,[4] que atribui ambas ao homem, e limita os outros animais às primeiras. Mas em vão reflito sobre o que experimento em mim mesmo, e não posso fazer com ele essa diferença. Não sinto de um lado meu corpo, e de outro, minha alma; sinto minha alma em meu corpo. Todas as minhas sensações me parecem apenas modificações de uma mesma substância, e não compreendo o que se poderia entender por *sensações corporais*.

Ademais, mesmo se admitíssemos essas duas espécies de sensações, parece-me que as do corpo nunca modificariam a alma, e que as da alma nunca modificariam o corpo. Haveria, portanto, em cada homem dois *eus*, duas pessoas que, não tendo nada de comum na maneira de sentir, não poderiam ter juntas nenhum tipo de comércio, e cada uma ignoraria absolutamente o que se passaria na outra.

A unidade da pessoa supõe necessariamente a unidade do ser que sente; supõe uma só substância simples, modificada diferentemente à ocasião das impressões que se produzem nas partes do corpo. Um só eu formado por dois princípios sen-

---

4 "Parece que a dor que a criança sente nos primeiros momentos, e que exprime por gemidos, não é senão uma sensação corporal, semelhante àquela dos animais que também gemem desde que nascem, e que as sensações da alma apenas começam a se manifestar ao final de quarenta dias, pois o riso e as lágrimas são produtos de duas sensações internas, e todas as duas dependem da ação da alma." In-4º, t.2, p.452; in-12, t.4, p.183.

cientes, um simples, outro extenso, é uma contradição manifesta; seria uma só pessoa na suposição, mas na verdade duas. Entretanto o sr. de B. crê que *o homem interior é duplo, que é composto de dois princípios diferentes por sua natureza e contrários por sua ação*, um espiritual, o outro material; *que é fácil, ao voltar-se para si mesmo, reconhecer a existência* de um e de outro, e que é dos combates entre eles que nascem todas as nossas contradições (in-4º, t.4, p.69, 71; in-12, t.7, p.98, 100).

Mas teremos bastante dificuldade em compreender que esses dois princípios possam algum dia combater-se, se, como o *pretende* ele mesmo (in-4º, t.4, p.33-4; in-12, t.7, p.46), aquele que é material *está infinitamente subordinado ao outro; se a substância espiritual o comanda; se ela destrói sua ação ou a faz nascer; se o sentido material, que faz tudo no animal, faz no homem apenas o que o sentido superior não impede; se ele é somente o meio ou a causa secundária de todas as ações.*

Felizmente para sua hipótese, o sr. de B. diz, algumas páginas depois (in-4º, p.73-4; in-12, p.104-5), que *durante a infância o princípio material domina sozinho e age quase continuamente, [...] que na juventude adquire um império absoluto e comanda imperiosamente todas as nossas faculdades, [...] que domina com mais vantagem que nunca.* Então, deixa de ser um meio, uma causa secundária; deixa de ser um princípio infinitamente subordinado, que faz apenas o que o princípio superior permite; e o *homem só tem tanta dificuldade em se conciliar consigo mesmo porque é composto de dois princípios opostos.*

Não seria mais natural explicar nossas contradições dizendo que, segundo a idade e as circunstâncias, contraímos vários hábitos, várias paixões que se combatem frequentemente, e dos quais alguns são condenados por nossa razão, que se forma tarde demais para vencê-las sem esforço? Eis ao menos o que vejo quando me volto a mim mesmo.[5]

Concluamos que, se os animais sentem, sentem como nós. Para combater essa proposição, seria preciso dizer o que é sentir diferentemente de como sentimos; seria preciso dar alguma ideia desses dois princípios do sentir que o *sr. de Buffon* supõe.

Capítulo III
Que, na hipótese em que os outros animais seriam seres puramente materiais, o sr. de Buffon não pode dar conta do sentimento que lhes atribui

O sr. de B. pensa que, no animal, a ação dos objetos sobre os sentidos externos produz outra ação sobre o sentido interno

---

5 Vários filósofos antigos recorreram a dois princípios, como o sr. de B. Os Pitagóricos admitiam no homem, além da alma racional, uma alma material semelhante àquela que atribuíam aos animais, e cujo próprio era sentir. Eles acreditavam, como ele, que os apetites e tudo o que temos de comum com os outros animais eram próprios dessa alma material, conhecida sob o nome de *alma sensitiva*, e que se pode chamar, com o autor da *História Natural*, de *sentido interno material*. Mas os antigos não acreditavam que esses dois princípios fossem de natureza completamente oposta. Em seu sistema, a alma racional não diferia da material senão do mais para o menos; era somente uma matéria mais espiritualizada. Também *Platão*, em vez de admitir várias almas, admite várias partes na alma; uma é a morada do sentimento, puramente material; a outra é o entendimento puro, morada da razão; a terceira é o espírito misto, imaginada para servir de ligação às duas outras. Esse sistema é falso, pois supõe que a matéria sente e pensa, mas não está exposto às dificuldades acima, a respeito dos *dois princípios diferentes por sua natureza*.

material, o cérebro; que nos sentidos externos as perturbações são muito pouco duráveis e, por assim dizer, instantâneas; mas que o sentido interno e material tem a vantagem de conservar por muito tempo as perturbações que recebeu e de agir, por sua vez, sobre os nervos. Eis em resumo as leis mecânicas que, segundo ele, fazem mover o animal e regulam todas as suas ações. A essas leis não se seguem outras; é um ser puramente material, e o sentido interno é o único princípio de todas as suas determinações (in-4º, t.4, p.23 etc.; in-12, t.7, p.31, *até a 50 ou adiante*).[6]

Quanto a mim, confesso que não concebo ponto de ligação entre as perturbações e o sentimento. Os nervos perturbados por um sentido interno, que é ele mesmo perturbado por sentidos externos, dão apenas uma ideia de movimento; e todo esse mecanismo oferece apenas uma máquina sem alma, quer dizer, uma matéria que esse escritor reconhece, numa passagem de

---

6 É, em outros termos, o mecanismo imaginado pelos Cartesianos. Mas essas perturbações são um velho erro que o *sr. Quesnay* destruiu (*Économie animale*, sec.3, cap.13). *Vários médicos, diz ele, pensaram que apenas a agitação dos nervos, causada pelos objetos que tocam os órgãos do corpo, é suficiente para ocasionar o movimento e o sentimento nas partes em que os nervos são perturbados. Eles representam os nervos como cordas muito tensas, que um fraco contato põe em vibração em toda sua extensão. Os filósofos, acrescenta, pouco instruídos em anatomia, puderam formar-se uma tal ideia [...] Mas essa tensão que se supõe nos nervos, e que os torna tão suscetíveis de perturbações e de vibração, é tão grosseiramente imaginada que seria ridículo ocupar-se seriamente em refutá-la.* Os grandes conhecimentos do sr. *Quesnay* sobre a economia animal e o espírito filosófico com o qual ele os expõe são uma autoridade que tem mais força que tudo o que eu poderia dizer contra o mecanismo das perturbações. É por isso que, em lugar de combater essa suposição, limitar-me-ei a mostrar que ela não explica nada.

suas obras, ser incapaz de sentimento (in-4º, t.I, p.3-4; in-12, t.3, p.4). Então, pergunto: como ele concebe em outra obra que um animal puramente material possa sentir? Em vão ele se funda (in-4º, t.4, p.41; in-12, t.7, p.57-8) sobre a repugnância invencível e natural dos animais por certas coisas, sobre seu apetite constante e decidido por outras, sobre essa faculdade de distinguir de pronto e sem hesitação o que lhes convém e o que lhes é prejudicial. Isso mostra que ele não pode recusar as razões que provam que eles são sensíveis, mas jamais poderá concluir que o sentimento seja unicamente o efeito de um movimento que se transmite dos órgãos ao sentido interno, e que se reflete do sentido interno aos órgãos. Não é suficiente provar, por um lado, que os animais são sensíveis, e supor, por outro, que são seres puramente materiais; é preciso explicar essas duas proposições uma pela outra. O sr. de B. não o fez, e sequer o tentou; além disso, a coisa é impossível. Entretanto, ele não admite que se possa ter dúvidas sobre sua hipótese. Quais são, então, as demonstrações capazes de destruí-la?

Capítulo IV
Que, na suposição em que os animais seriam ao mesmo tempo materiais e sensíveis, eles não saberiam velar por sua conservação se não fossem também capazes de conhecimento

É impossível conceber que o mecanismo possa regular sozinho as ações dos animais. Compreende-se que a perturbação dada aos sentidos externos passa ao sentido interno, que ali se conserva por mais ou menos tempo, que de lá se difunde no corpo do animal e lhe comunica movimento. Mas isso é apenas um movimento incerto, uma espécie de convulsão. Resta dar conta dos movimentos determinados do animal, daqueles movimentos que o levam a fugir com tanta segurança do que lhe é contrário, e buscar aquilo que lhe convém. É aqui que o conhecimento é absolutamente necessário para regular a própria ação do sentido interno, e para dar ao corpo movimentos diferentes segundo a diferença das circunstâncias.

O sr. de B. não crê nisso, e, *se sempre houve dúvida sobre este assunto, ele se gaba de fazê-la desaparecer, e mesmo de alcançar a convicção ao empregar os princípios que estabeleceu* (in-4º, t.4, p.35-6; in-12, t.7, p.48,49 etc.)

Distingue, então, duas espécies de sentidos: uns relativos ao conhecimento, isto é, o tato, a visão; e outros relativos ao instinto, ao apetite, isto é, o paladar e o olfato. Depois de ter retomado suas perturbações, reconhece que o movimento pode ser *incerto quando é produzido pelos sentidos que não são relativos ao apetite*, mas assegura, sem dar qualquer razão, que *o movimento será determinado se a impressão vem dos sentidos do apetite*. Ele assegura, por exemplo, que o animal, no momento do nascimento, *é advertido pelo olfato da presença da comida e do lugar em que é preciso procurá-la* quando esse sentido é *perturbado pelas emanações do leite*. É ao assegurar tudo isso que ele crê conduzir seu leitor à convicção.

É muito comum que os filósofos acreditem resolver as dificuldades quando podem responder com palavras que usualmente empregamos e tomamos como se fossem razões; tais são *instinto* e *apetite*. Se buscarmos como puderam se introduzir, reconheceremos a falta de solidez dos sistemas aos quais servem de princípios.

Porque não souberam observar nossos primeiros hábitos até a origem, os filósofos foram incapazes de dar conta da maior parte de nossos movimentos, e se disse: *Eles são naturais e mecânicos.* Esses hábitos escaparam às observações porque se formaram num período em que não éramos capazes de refletir sobre nós. Tais são os hábitos de tocar, ver, ouvir, sentir, evitar o que é prejudicial, encontrar o que é útil, nutrir-se: o que compreende os movimentos mais necessários à conservação do animal.

Nessa ignorância, acreditou-se que os desejos relativos às necessidades do corpo são diferentes dos outros por sua natureza, embora só difiram deles pelo objeto. Foi dado a eles o nome de *apetite*, e estabeleceu-se, como um princípio incontestável, que o homem que obedece a seus apetites não faz mais do que seguir o impulso do puro mecanismo ou, ao menos, de um sentimento privado de conhecimento; e é isso sem dúvida o que se chama agir por instinto.[7] Logo se infere que somos a esse respeito completamente materiais, e que, se somos capazes de nos conduzir com conhecimento, é porque, além do princípio material que apetece, há em nós um princípio superior que deseja e pensa.

Tudo isso suposto, é evidente que o homem velaria por sua conservação mesmo quando estivesse limitado apenas ao princípio que apetece. Por consequência, pode-se privar os animais de conhecimento e conceber, entretanto, que eles tenham movimentos determinados. Basta imaginar que *a impressão vem dos sentidos do apetite*, pois se o apetite regula com tanta frequência nossas ações, poderá sempre regular as dos outros animais.

---

7 *Instinto*, a consultar a etimologia, é o mesmo que *impulso*.

Caso se pergunte, então, por que a ação do olho sobre o sentido interno, dá ao animal apenas movimentos incertos, a razão disso é clara e convincente: *é que esse órgão não é relativo ao apetite*. E caso se pergunte por que a ação do olfato sobre o sentido interno, dá, ao contrário, movimentos determinados, tampouco há dificuldade: *é que este sentido é relativo ao apetite*.[8]

Eis, penso, como se estabelece esta linguagem filosófica; e é para confirmá-la que o sr. de B. diz que o olfato não tem necessidade de ser instruído, que esse sentido é o primeiro nos animais e que sozinho poderia substituir todos os outros (in-4º, t.4, p.31, 50; in-12, t.7, p.43, 70).

Parece-me que ele teria julgado tudo isso de forma completamente diversa se tivesse aplicado ao olfato os princípios que adota ao tratar da visão; era este o caso de generalizar.

O animal, seguindo esses princípios, vê no começo tudo em si mesmo, porque as imagens dos objetos estão em seus olhos.[9] Ora, sr. de B. concordará sem dúvida que as imagens traçadas pelos raios de luz são apenas perturbações produzidas no nervo óptico, como as sensações do olfato são apenas perturbações produzidas no nervo que é sede dos odores. Podemos, portanto, substituir as imagens às perturbações; e raciocinando sobre

---

8 O sr. de B. não dá outra razão para isso. Quanto a mim, creio que esses dois sentidos produzem, por si mesmos, apenas movimentos incertos. Os olhos não podem guiar o animal recém-nascido quando ainda não aprenderam a ver; e se o olfato começa a conduzi-lo desde cedo, é porque toma lições do tato com maior presteza.

9 "Sem o tato, todos os objetos nos pareceriam estar em nossos olhos, porque é ali efetivamente que estão as imagens desses objetos; e uma criança que ainda não tocou em nada deve ser afetada como se todos os objetos estivessem nela mesma." In-4º, t.3, p.312; in-12, t.6, p.11-2.

Tratado dos animais

o olfato como foi feito sobre a visão, diremos que as perturbações estão apenas no nariz, e que, por consequência, o animal sente apenas em si mesmo todos os objetos odoríferos.

Mas, dirão, nos animais o olfato é bem superior aos outros sentidos; é o menos *obtuso* de todos. Isso é mesmo verdade? A experiência confirma uma proposição tão geral? A visão não leva vantagem em alguns animais, o tato em outros etc.? Ademais, tudo o que se poderia concluir dessa suposição é que o olfato é, de todos os sentidos, aquele em que as perturbações se dão com maior facilidade e vivacidade. Mas, por serem mais fáceis e vivas, não vejo que essas perturbações indiquem melhor o lugar dos objetos. Os olhos que se abrissem pela primeira vez à luz não veriam ainda tudo em si, mesmo quando os supuséssemos bem menos *obtusos* que o mais fino olfato?[10]

Entretanto, desde o momento em que nos contentamos em repetir as palavras *instinto* e *apetite*, e adotamos sobre esse assunto os preconceitos de todo mundo, só nos resta encontrar no mecanismo a razão das ações dos animais. É também aí que o sr. de Buffon vai buscá-la, mas me parece que esses raciocínios demonstram a insuficiência desses princípios; darei dois exemplos disso.

Tendo suposto *um cão que, embora oprimido por um violento apetite, parece não ousar tocar, e com efeito não toca aquilo que poderia satisfazê-lo, mas ao mesmo tempo faz vários movimentos para obtê-lo da mão de seu dono*, o sr. de Buffon distingue três perturbações no sentido

---

10 Esta palavra *obtuso* explica por que o olfato não provoca movimentos determinados na criança recém-nascida; esse sentido, diz-se, *é mais obtuso no homem que no animal* (in-4º, t.4, p.35; in-12, t.7, p.48-9). Obtuso ou não, não há nada nesse sentido que possa conduzir à suspeita de que haja comida em algum lugar.

77

interno desse animal. Uma é causada pelo sentido do apetite, que, segundo ele, determinaria o cão a lançar-se sobre a presa; mas outra perturbação o detém, a da dor dos golpes que recebeu por ter tentado se apossar da presa anteriormente. Permanece, portanto, em equilíbrio, porque essas duas perturbações, diz-se, são duas potências iguais e contrárias, e se destroem mutuamente. Então, uma terceira perturbação se segue, aquela produzida quando o dono oferece ao cão o pedaço da presa que é objeto de seu apetite, *e como essa terceira perturbação não é contrabalançada por nada de contrário, se torna a causa determinante do movimento* (in-4º, t.4, p.38; in-12, t.7, p.53 etc.)

Em primeiro lugar, reparo que se isso é tudo o que se passa com o cão, como pretende o sr. de B., não há nele nem prazer, nem dor, nem sensação; há apenas um movimento que chamam de perturbação do sentido interno material, e do qual não se poderia ter ideia alguma. Ora, se o animal não sente, não está interessado nem em se lançar sobre a presa nem em se conter.

Penso, em segundo lugar, que se o cão fosse empurrado, como uma bola, por duas forças iguais e diretamente contrárias, ele permaneceria imóvel, e começaria a se mover quando uma das duas forças se tornasse maior. Mas, antes de supor que essas perturbações produzem determinações contrárias, seria necessário provar que cada uma delas produz certas determinações; precaução que o sr. de B. não tomou.

Enfim, parece-me que o prazer e a dor são as únicas coisas que podem se contrabalançar no caso, e que um animal apenas se detém ou se determina porque compara os sentimentos que experimenta e porque julga o que pode esperar e o que deve temer. Essa interpretação é vulgar, dirá o sr. de B.; hei de convir, mas tem ao menos uma vantagem, a de que se pode compreendê-la.

Tratado dos animais

Suas explicações das obras das abelhas nos fornecerão um segundo exemplo. Elas têm apenas um defeito, o de supor coisas completamente contrárias às observações. Concedo-lhe que as obras de dez mil autômatos seriam regulares, como supõe o sr. de B. (in-4º, t.4, p.41; in-12, t.7, p.57-8), dado que as condições seguintes sejam cumpridas; 1º que em todos os indivíduos a forma externa e interna seja exatamente a mesma; 2º que o movimento seja igual e conforme; 3º que ajam todos uns contra os outros com forças iguais; 4º que comecem todos a agir no mesmo instante; 5º que continuem sempre a agir juntos; 6º que estejam todos determinados a fazer apenas a mesma coisa, e a fazê-la apenas num lugar dado e circunscrito.

Mas é evidente que essas condições não serão cumpridas com exatidão ao substituirmos, a esses dez mil autômatos, dez mil abelhas; e não entendo como o sr. de B. não se deu conta disso. É assim tão difícil descobrir que a forma externa e interna não poderia ser perfeitamente a mesma em dez mil abelhas, que não poderia haver em cada uma um movimento igual e conforme, ou forças iguais, que, não tendo nascido e se metamorfoseado todas no mesmo instante, não agem sempre todas juntas, e que enfim, bem longe de estarem determinadas a agir apenas num lugar dado e circunscrito, se espalham frequentemente para lá e para cá?

Portanto, todo esse mecanismo do sr. de B. não explica nada;[11] ao contrário, supõe o que é preciso provar; trata apenas

---

11 Acabou-se de traduzir uma dissertação do sr. de Haller sobre a irritabilidade. Esse sábio observador da natureza, que sabe generalizar os princípios que descobre, e sabe sobretudo restringi-los, o que é mais raro e bem mais difícil, rejeita toda essa suposição das perturbações. Não crê que seja possível descobrir os princípios da

de ideias vagas de instinto, apetite, perturbação, e evidencia o quanto é necessário conceder aos outros animais um grau de conhecimento proporcional a suas necessidades. Há três opiniões sobre os animais. Acredita-se comumente que sentem e pensam; os Escolásticos pretendem que sentem e não pensam, e os Cartesianos os tomam por autômatos insensíveis. Parece que o sr. de B., considerando que não poderia se declarar a favor de uma dessas opiniões sem chocar os que defendem as duas outras, imaginou pegar um pouco de cada e dizer com todo mundo que os animais sentem, com os Escolásticos que eles não pensam, e com os Cartesianos que suas ações operam segundo leis puramente mecânicas.

Capítulo V
Que os animais comparam, julgam, têm ideias e memória

Não encontrarei dificuldade para provar que os animais são dotados de todas essas faculdades; basta raciocinar de acordo com os princípios do sr. de B.

---

sensibilidade. *Tudo o que se pode dizer sobre isso*, diz, *limita-se a conjecturas que não arriscarei; longe de mim querer ensinar o que quer que seja daquilo que ignoro, e a vaidade de querer guiar os outros por caminhos em que não se vê nada por si mesmo parece-me o último grau de ignorância.* Mas em vão, desde Bacon, anuncia-se que é preciso multiplicar as experiências, que é preciso temer generalizar demais os princípios, que é preciso evitar suposições gratuitas. Os Bacon e os Haller não impedirão os médicos modernos de fazer ou renovar maus sistemas. Apesar deles, este século esclarecido aplaudirá quimeras, e caberá à posteridade desprezar todos esses erros e julgar aqueles que os aprovaram. O sr. de Haller refutou solidamente o sistema do sr. de Buffon sobre a geração num Prefácio que foi traduzido em 1751.

Tratado dos animais

"A matéria inanimada", diz ele, "não tem nem sentimento, nem sensação, nem consciência de existência; e atribuir-lhe algumas dessas faculdades seria conceder-lhe a de pensar, de agir e de sentir quase na mesma ordem e da mesma maneira que nós pensamos, agimos e sentimos" (in-4º, t.2, p.3-4; in-12, t.3, p.4).

Ora, ele concede aos animais sentimento, sensação e consciência de existência (in-4º, t.4, p.41; in-12, t.7, p.69-70). Logo, pensam, agem e sentem quase na mesma ordem e da mesma maneira que nós pensamos, agimos e sentimos. Esta prova é forte; eis uma outra.

Segundo ele (in-4º, t.3, p.307; in-12, t.6, p.5), *a sensação pela qual vemos os objetos simples e diretos é apenas um juízo de nossa alma ocasionado pelo tato; e se fôssemos privados do tato, os olhos nos enganariam não apenas quanto à posição, mas também quanto ao número dos objetos.*

Acredita, ainda, que nossos olhos, quando se abrem à luz pela primeira vez, veem apenas em si mesmos. Não diz como aprendem a ver o que está fora; mas isso só pode ser, mesmo segundo seus princípios, *o efeito de um juízo da alma ocasionado pelo tato.*

Por conseguinte, supor que os animais não tenham alma, que não comparem, que não julguem, é supor que vejam neles mesmos todos os objetos, e que os veem duplos e invertidos.

O próprio sr. de B. é obrigado a reconhecer que os animais veem como nós, apenas porque, *por meio de atos repetidos, juntaram as impressões dos sentidos da visão àquelas do paladar, do olfato ou do tato* (in-4º, t.4, p.38; in-12, t.7, p.52).

Mas, em vão, evita dizer que eles fizeram comparações e formaram juízos, pois, ou a palavra *juntar* não significa nada, ou é aqui o mesmo que comparar e julgar.

A fim, portanto, de que um animal perceba as cores, os sons e os odores fora de si, é preciso três coisas: uma, que toque os objetos que lhe provocam essas sensações; outra, que compare as impressões da visão, da audição e do olfato com as do tato; a última, que julgue que as cores, os sons e os odores são objetos que ele apreende. Se tocasse sem fazer comparação alguma, sem formar juízo nenhum, continuaria então a ver, ouvir e sentir apenas em si mesmo. Ora, todo animal que faz essas operações tem ideias, pois, segundo sr. de B., *as ideias são apenas sensações comparadas, ou associações de sensações* (in-4º, t.4, p.41; in-12, t.7, p.57); ou, para falar mais claramente, ele tem ideias porque tem sensações que lhe representam os objetos externos e as relações que estes têm com ele.

Também tem memória: pois, para contrair o hábito de julgar pelo olfato, pela visão etc., com tanta precisão e segurança, é preciso que tenha comparado os juízos que formou numa circunstância com os que formou em outra. Um só juízo não lhe proporcionará toda a experiência de que é capaz; por consequência, o centésimo tampouco a proporcionará se não guardar lembrança alguma dos outros; e este juízo será para este animal como se fosse o único e o primeiro.[12]

---

12 "As paixões no animal são", diz sr. de B., "fundadas sobre a experiência do sentimento, isto é, sobre a repetição dos atos de dor e de prazer, e a renovação das sensações anteriores de mesmo gênero". *Confesso que tenho dificuldade em entender essa definição de experiência.* Mas acrescenta: "Constatamos a coragem natural nos animais que sentem suas forças, isto é, que as experimentaram, as mediram, e as descobriram ser superiores às dos outros." in-4º, t.4, p.80; in-12, t.7, p.114.

Tratado dos animais

Ademais, o sr. de B. admite nos animais uma espécie de memória. *Ela consiste apenas na renovação das sensações ou antes das perturbações que as causaram; é produzida apenas pela renovação do sentido interno material*: ele a chama *reminiscência* (in-4º, t.4, p.60; in-12, t.7, p.85).

Mas, se a reminiscência for apenas a renovação de certos movimentos, poderíamos dizer que um relógio tem reminiscência; e se ela for apenas a renovação das sensações, é inútil ao animal. O sr. de B. prova isso quando diz que, *se a memória consistisse apenas na renovação das sensações passadas, essas sensações seriam representadas a nosso sentido interno sem deixar nele uma impressão determinada; elas se apresentariam sem ordem nenhuma, sem ligação entre si* (in-4º, t.4, p.56; in-12, t.7, p.78). De que serviria então uma memória que retraçaria as sensações em desordem, sem ligação e sem deixar uma impressão determinada? Entretanto, esta é a única memória que ele concede aos outros animais.

Ele sequer concede outro tipo de memória ao homem adormecido. Pois, para obter *uma nova demonstração contra o entendimento e a memória dos animais*, ele gostaria de poder provar que os sonhos são completamente independentes da alma, que são unicamente o efeito da *reminiscência material* e *residem inteiramente no sentido interno material* (in-4º, t.4, p.61; in-12, t.7, p.86). Eis a prova fornecida.

"Os imbecis", diz, "cuja alma não tem ação, sonham como os outros homens; logo, os sonhos se produzem independentemente da alma, já que nos imbecis a alma não produz nada."

Quanto mais essas expressões forem ponderadas, mais se convencerá de que supõem juízos e memória, pois *medir* é julgar, e se os animais não se lembrassem de terem descoberto suas forças superiores, não teriam a coragem que se supõe terem.

Nos imbecis a alma não tem ação, não produz nada! Isso deve ter parecido muito evidente ao sr. de B., pois se satisfaz em supô-lo. É, entretanto, a alma deles que toca, que vê, que sente e que move seu corpo segundo suas necessidades. Mas, persuadido de já ter encontrado sonhos em que a alma não toma parte, logo considera demonstrado que não há sonhos que a alma produza e que, por conseguinte, todos *residem apenas no sentido interno material.* Seu princípio é que nenhum tipo de ideia entra nos sonhos, nenhuma comparação, nenhum juízo; e avança este princípio com confiança, porque sem dúvida não observa nada disso nos seus próprios sonhos. Mas isso prova apenas que ele não sonha como qualquer um. De toda forma, parece-me que o próprio sr. de B. demonstrou que os animais comparam, julgam, têm ideias e memória.

Capítulo VI
Exame das observações que o sr. de Buffon
fez sobre os sentidos

Os filósofos que acreditam que os outros animais pensam construíram muitos raciocínios para provar sua opinião, porém o mais sólido de todos lhes escapou. Porque assumiram que basta abrir os olhos para ver como vemos, não puderam deslindar as operações da alma no uso que cada animal faz de seus sentidos. Acreditaram que nós mesmos nos servimos dos nossos mecanicamente e por instinto, e deram fortes armas àqueles que pretendem que os animais são puros autômatos. Parece-me que, se sr. de B. tivesse aprofundado mais o que concerne aos sentidos, não teria se esforçado tanto para explicar mecanicamente as ações dos animais. A fim de afastar toda dúvida sobre o fundo de sua hipótese, é preciso, portanto,

Tratado dos animais

destruir todos os erros que o fizeram engajar-se nela, ou que, ao menos, fecharam-lhe os olhos para a verdade. Ademais, é segundo essa parte de sua obra que o *Tratado das Sensações* foi feito, se acreditarmos em certas pessoas. A visão é o primeiro sentido que ele observa. Depois de alguns detalhes anatômicos, inúteis ao objeto ao qual me proponho, diz que uma criança vê, no começo, todos os objetos duplos e invertidos (in-4º, t.3, p.307; in-12, t.6, p.4-5). Assim os olhos, segundo ele, veem por si mesmos os objetos; veem apenas a metade destes uma vez que tiverem recebido as lições do tato; percebem grandezas, figuras, situações; enganam-se apenas pelo número e pela posição das coisas; e se o tato é necessário à sua instrução, é menos para ensinar-lhes a ver do que para ensinar-lhes a evitar os erros em que caem. Berkeley pensou de forma diferente, e sr. de Voltaire acrescentou novas luzes à opinião deste inglês.[13] Eles bem mere-

---

13 "É preciso absolutamente concluir, diz, que as distâncias, as grandezas, as situações não são coisas sensíveis propriamente ditas, ou seja, não são objetos próprios e imediatos da visão. O objeto próprio e imediato da visão não é outro senão a luz colorida. Todo o resto nós sentimos só com o tempo e com a experiência. Aprendemos a ver exatamente como aprendemos a falar e ler. A diferença é que a arte de ver é mais fácil, e que a natureza é igualmente a mestra de todos nós.

"Os juízos rápidos, quase uniformes, que todos nós fazemos, numa certa idade, sobre as distâncias, grandezas e situações, fazem-nos pensar que basta abrir os olhos para ver da maneira como vemos.

"Enganamo-nos: precisamos, para ver, do auxílio de outros sentidos. Se os homens só tivessem o sentido da visão, não teriam nenhum meio para conhecer a extensão, o comprimento, a largura e a profundidade, e talvez um puro espírito não a conhecesse, a menos que Deus lhe revelasse. É muito difícil separar, em nosso entendimento, a extensão de um objeto de suas cores. Nunca vemos nada que não

ciam, um e outro, que o sr. De B. lhes fizesse ver em que se enganam, e que não se contentasse em supor que o olho vê naturalmente os objetos.

É verdade que essa suposição não precisa de provas para o comum dos leitores; ela é completamente conforme a nossos preconceitos. Teremos sempre bastante dificuldade em imaginar que os olhos possam ver as cores sem ver a extensão. Ora, se veem a extensão, veem grandezas, figuras e situações.

Mas não percebem por si mesmos nada de parecido e, por conseguinte, não estão expostos aos erros que sr. de B. lhes atribui. Além disso, o cego de Cheselden nunca disse que via os objetos duplos e numa situação diferente daquela em que os tocava.[14]

Mas, dirão (in-4º, t.3, p.308-9; in-12, t.6, p.67), as imagens que se pintam sobre a retina são invertidas, e cada uma se repete em cada olho. Respondo que não há imagem em parte alguma. Nós as vemos, responderão, e citarão a experiência da câmara escura. Tudo isso não prova nada, pois onde não há cor, não há imagem. Ora, não há mais cor sobre a retina e sobre a parede da câmara escura do que sobre os objetos. Estes não têm outra propriedade senão a de refletir os raios de luz e, segundo os

---

seja extenso, e a partir daí somos levados a crer que, de fato, vemos a extensão." *Physiq. Newt.*, cap. 7. [*Elementos da filosofia de Newton*, parte II, cap.7, trad. Maria das Graças de Souza, 2015, p.127. – N. T.]

14 Este trecho se refere ao problema de Molineux, publicizado por Locke, a respeito de um cego de nascença que adquirisse de repente o poder da visão. O caso foi realizado anos mais tarde pelo médico Cheselden, quando retirou as cataratas de um jovem, cego de nascença. Diz-se que o paciente não distinguia de pronto objetos diferentes à sua frente, e só conseguiu fazê-lo após algumas semanas da operação. (N. T.)

próprios princípios do sr. de B., há na retina apenas uma certa perturbação. Ora, uma perturbação não é uma cor; ela só pode ser a causa ocasional de uma modificação da alma.

Em vão se diz que a causa física da sensação é dupla e que os raios agem em ordem contrária à posição dos objetos. Essa não é uma razão para crer que haja na alma uma sensação dupla e invertida; só pode haver uma maneira de estar, que por si mesma não é suscetível de situação alguma. Cabe ao tato ensinar aos olhos a espalhar essa sensação sobre as superfícies que percorre; e quando estão instruídos não veem nem duplo nem invertido, percebem necessariamente as grandezas coloridas no mesmo número e na mesma posição que o tato percebe as grandezas palpáveis. É singular que se tenha acreditado que o tato é necessário para ensinar aos olhos a corrigir dois erros em que não podem cair.

Perguntarão, sem dúvida, como explicar segundo os meus princípios que, às vezes, se vejam as coisas duplas; é fácil dar conta disso.

Quando o tato instrui os olhos, ele os faz adquirir o hábito de dirigirem-se ambos ao mesmo objeto, de ver segundo linhas que se reúnem num mesmo lugar, de referir cada uma à mesma sensação e ao mesmo local; é por isso que veem as coisas como simples.

Mas se alguma causa venha impedir estas duas linhas de se reunirem, elas terminarão em lugares diferentes. Então, os olhos continuarão cada um a ver o mesmo objeto, porque contraíram um e outro o hábito de referir ao exterior a mesma sensação; mas verão as coisas duplas, porque não poderão referir esta sensação ao mesmo local, o que acontece, por exemplo, quando pressionamos o canto do olho.

Assim, quando os olhos veem as coisas duplas, é porque julgam de acordo com os próprios hábitos que o tato os fez contrair; e não se pode concordar com o sr. de B. quando afirma que a experiência de um homem vesgo que, depois de ter visto as coisas duplicadas, vê-as simples, *prova evidentemente que vemos com efeito os objetos duplos e que é apenas por hábito que os julgamos simples* (in-4º, t.3, p.311; in-12, t.6, p.10). Essa experiência prova somente que os olhos desse homem não são mais vesgos, ou que aprenderam a forjar uma maneira de ver conforme a sua situação.

Tais são os princípios do sr. de B. sobre a visão. Passo ao que ele diz sobre a audição.

Depois de ter observado que a audição não proporciona ideia alguma de distância, nota que, quando um corpo sonoro é percutido, o som se repete assim como as vibrações; isto não está em dúvida. Mas disso ele conclui que devemos ouvir naturalmente vários sons distintos, que é o hábito que nos faz crer que ouvimos apenas um som. Para prová-lo, narra algo que lhe aconteceu. *Quando estava em seu leito, quase adormecido,* ouviu seu relógio de pêndulo e contou cinco horas, embora fosse apenas uma hora e o relógio não tivesse soado mais vezes, pois o badalar não estava desregulado. Ora, foi-lhe necessário apenas *um momento de reflexão* para concluir que acabara de se encontrar *na situação em que estaria alguém que ouvisse pela primeira vez* e que, não sabendo que um golpe deve produzir apenas um som, *julgaria a sucessão dos diferentes sons sem preconceito, tanto quanto sem regra, somente pela impressão que eles fazem sobre o órgão; e, neste caso, ouvia com efeito tantos sons distintos quanto há vibrações sucessivas no corpo sonoro* (in-4º, t.3, p.336; in-12, t.6, p.47).

88

Tratado dos animais

Os sons se repetem como as vibrações, isto é, sem interrupção. Não há intervalo sensível entre as vibrações; não há silêncio entre os sons. Eis por que o som parece contínuo, e não vejo necessidade de tornar isso mais misterioso. O sr. de B. supôs que o olho vê naturalmente os objetos cujo conhecimento ele deve apenas aos hábitos que o tato lhe fez adquirir, e supõe aqui que a orelha deve ao hábito um sentimento que ela tem naturalmente. A experiência que traz não prova nada, porque estava quase adormecido quando a fez. Não vejo por que este meio-sono o teria colocado na situação de um homem que ouvisse pela primeira vez. Se fosse este um meio de nos despir de nossos hábitos e de descobrir aquilo de que éramos capazes antes de tê-los contraído, o defeito dos metafísicos até aqui seria o de se manterem acordados demais. Mas isso não os impediu de sonhar, e é nesses sonhos que se poderia dizer que frequentemente não entra nenhum tipo de ideia.

Um sono profundo é o repouso de todas as nossas faculdades, de todos os nossos hábitos. Um meio-sono é o meio-repouso de nossas faculdades, que não podem agir com toda sua força, e, assim como a vigília completa nos provê todos os nossos hábitos, uma meia-vigília nos provê parte deles. Portanto, não nos separamos deles quando estamos quase adormecidos.

Os outros detalhes do sr. de B. sobre a audição não têm nenhuma relação com o objeto de que trato. Resta-nos examinar o que ele diz sobre os sentidos em geral.

Depois de algumas observações sobre o que há de físico nas sensações e sobre o órgão do tato, que só proporciona ideias exatas da forma dos corpos porque é dividido em partes móveis e flexíveis, ele se propõe a dar conta dos *primeiros movimentos, das primeiras sensações* e dos *primeiros juízos de um homem cujos corpo e órgãos fossem perfeitamente formados, mas que despertaria completamente novo para si mesmo e para tudo o que lhe circunda* (in-4º, t.3, p.364; in-12, t.6, p.88). Esse homem, que veremos mais frequentemente no lugar do sr. de B. que o sr. de B. no dele, nos ensina que seu primeiro instante foi *pleno de alegria e agitação*. Mas devemos acreditar nisso? A alegria é o sentimento que experimentamos quando nos encontramos melhor do que estivemos antes, ou ao menos tão bem quanto, e quando estamos como podemos desejar estar. Portanto, ela só pode se encontrar naquele que viveu vários momentos e que comparou os estados pelos quais passou. A agitação é efeito do medo e da desconfiança; sentimentos que supõem conhecimentos que este homem certamente ainda não tinha.

Se ele se engana, não é que já não reflita sobre si mesmo. Repara que não sabia o que era, onde estava, de onde vinha. Eis aí reflexões bem prematuras; teria feito melhor em dizer que ainda não se ocupava de nada disso.

Abre os olhos, tão logo vê *a luz, a abóbada celeste, o verdejar da terra, o cristal das águas*, crê que todos esses objetos estão nele e fazem parte dele mesmo. Mas como seus olhos aprenderam a deslindar os objetos? E se os deslindam, como pode crer que fazem parte dele mesmo? Algumas pessoas tiveram dificuldade em compreender que a estátua, limitada à visão, acreditasse ser apenas luz e cor.[15] É bem mais difícil imaginar que esse homem, que distingue tão bem os objetos uns dos outros, não saiba distingui-los de si mesmo.

Entretanto, persuadido de que tudo está nele, isto é, segundo o sr. de B., sobre sua retina, pois é aí que estão as imagens, ele *vira seus olhos ao astro da luz*; mas isso é também muito difícil de

---

15 Referência ao *Tratado das Sensações*, em que se imagina uma estátua que gradualmente adquire sentidos. (N. T.)

Tratado dos animais

conceber. Virar os olhos a um objeto não é buscá-lo fora de si? Ele poderia saber o que é dirigir seus olhos de uma maneira mais do que de outra? Sente necessidade disso? Sequer sabe que tem olhos? Notai que esse homem se move sem ter qualquer razão para se mover. Não é assim que se fez agir a estátua.

O brilho da luz o lesa, ele fecha as pálpebras, e pensando ter perdido todo seu ser, aflige-se e é tomado por espanto. Essa aflição tem fundamento, mas prova que o primeiro instante não pôde ser *pleno de alegria*, pois se a aflição deve ser precedida de um sentimento agradável que se perdeu, a alegria deve ser um sentimento desagradável do qual ele se liberou.

Em meio a essa aflição, e com os olhos ainda fechados sem que se saiba por quê, ouve *o canto dos pássaros, o murmúrio dos ventos. Escuta por muito tempo*, e logo se persuade *de que essa harmonia é ele* (in-4º, t.3, p.365; in-12, t.6, p.89). Mas *escutar* não é exato; esta expressão supõe que ele não confunde os sons consigo mesmo. Parece, ademais, que ele hesita para se persuadir de que essa harmonia é ele, pois *escuta por muito tempo*. Devia crê-lo desde o começo, e sem buscar persuadir-se disso. Eu poderia perguntar de onde ele sabe que os primeiros sons que ouviu foram formados pelo canto dos pássaros e pelo murmúrio dos ares.

Abre os olhos e fixa seu olhar sobre mil objetos diversos. Vê, então, bem mais coisas que da primeira vez. Mas há contradição em fixar seu olhar sobre os objetos e crer, como o faz, que esses objetos estão todos nele, em seus olhos. Não pode saber o que é fixar seu olhar, abrir ou fechar a pálpebra. Sabe que é afetado de certa maneira, mas ainda não conhece o órgão ao qual deve essas sensações.

Entretanto, ele vai falar como um filósofo que já fez descobertas sobre a luz. Nos dirá que esses mil objetos, essa parte de si mesmo, parece-lhe imensa *em sua grandeza dada a quantidade de acidentes de luz e a variedade das cores.* É espantoso que a ideia de imensidão seja uma das primeiras que adquira.

Ele percebe que tem *o poder de destruir e de produzir à vontade essa bela parte de si mesmo,* e é então que *começa a ver sem emoção e a ouvir sem agitação.* Parece-me, ao contrário, que seria muito mais o caso de estar emocionado e perturbado.

Um ar sutil, cujo frescor ele sente, aproveita esse momento para trazer-lhe perfumes que lhe dão *um sentimento de amor por si mesmo.* Até aqui, ainda não se amava. Os objetos visíveis, os sons, essas belas partes de seu ser, ainda não lhe haviam propiciado esse sentimento. Seria o olfato o único princípio do amor-próprio?

Como ele sabe que há um *ar sutil?* Como sabe que os perfumes são trazidos de fora por esse ar *sutil,* ele que acredita que tudo está nele, que tudo é ele? Diríamos que já pesou o ar, não? Enfim, esses perfumes não lhe parecem partes de si mesmo? E, se parecem, por que julga que foram trazidos?

Apaixonado por si mesmo, empurrado pelos prazeres de sua *bela e grande existência, se levanta de uma vez e se sente transportado por uma força desconhecida.*

E transportado para onde? Para notar tal coisa, não é necessário conhecer um lugar fora de si? E por acaso ele pode ter esse conhecimento, ele que vê tudo em si?

Ainda não tocou seu corpo; se o conhece, é apenas pela visão. Mas onde o vê? Sobre sua retina, como todos os outros objetos. Seu corpo para ele existe apenas lá. Como então esse homem pode julgar que se levanta e que foi transportado?

Enfim, que motivo pode determiná-lo a se mover? É que ele é impelido pelos prazeres de sua *bela e grande existência.* Mas, para

Tratado dos animais

gozar desses prazeres, ele tem apenas que permanecer onde está, e é apenas para buscar outros que poderia pensar em se levantar, em se transportar. Portanto, ele não se determinará a mudar de lugar a não ser quando souber que há um espaço fora dele, que tem um corpo, e que este corpo, ao se transportar, pode lhe dar uma existência *maior e mais bela*. É preciso inclusive que ele tenha aprendido a regular seus movimentos. Ignora todas essas coisas, e, entretanto, vai caminhar e fazer observações sobre todas as situações em que se encontrar. Mal dá um passo, e todos os objetos se confundem, tudo está em desordem. Não vejo razão para isso. Os objetos que ele distinguiu tão bem no primeiro instante devem agora desaparecer, todos ou em parte, para dar lugar a outros que ele também distinguirá. Não pode haver mais confusão e desordem num momento que no outro.

Surpreso pela situação em que se encontra, acredita que sua existência lhe escapa, e fica imóvel, sem dúvida para detê-la. E, durante o repouso, diverte-se em colocar sobre seu corpo, que vimos existir para ele apenas em sua retina, uma mão que ele ainda não aprendeu a ver fora de seus olhos. Ele a conduz com tanta segurança quanto se tivesse aprendido a regular seus movimentos, e percorre as partes de seu corpo como se fossem conhecidas antes que as tivesse tocado.

Então, repara que tudo o que toca em seu corpo proporciona à sua mão sentimento por sentimento, e logo percebe que essa faculdade de sentir está disseminada em todas as partes de seu ser. Portanto, só sente todas as partes de seu ser quando descobre esta faculdade. Não as conhecia quando não as sentia. Elas existiam apenas em seus olhos; as que não via não existiam para ele. Nós o ouvimos dizer, entretanto, que se levanta, que se transporta e que percorre seu corpo com a mão.

Ele repara em seguida que, antes que tivesse sido tocado, seu corpo lhe parecia imenso, sem que se saiba onde conseguiu esta ideia de imensidão. Não pode ter originado da visão, pois quando via seu corpo, via também os objetos que o circundavam e que, por consequência, o limitavam. Assim, está muito equivocado em acrescentar que, em comparação, todos os outros objetos parecem apenas pontos luminosos. Aqueles que traçavam imagens mais extensas sobre sua retina deviam certamente parecer maiores.

Entretanto, continua a se tocar e a se olhar. Tem, como confessa, *as ideias mais estranhas. O movimento de sua mão lhe parece uma espécie de existência fugidia, uma sucessão de coisas parecidas.* Pode-se sem dúvida conceder que essas ideias são *estranhas.*

Mas o que me parece ainda mais estranho é a maneira pela qual ele descobre que há algo fora dele. É preciso que caminhe *com a cabeça erguida em direção ao céu,* que vá *se chocar contra uma palmeira,* que *leve a mão a esse corpo estranho,* e que *assim o julgue, porque não lhe fornece sentimento por sentimento* (in-4º, t.3, p.361; in-12, t.6, p.92).

O quê? Quando levava um pé à frente do outro não experimentava um sentimento que não lhe era restituído? Não podia reparar que o que seu pé tocava não era parte de si mesmo? Estava reservado apenas à mão fazer essa descoberta? E se até então ignorou que houvesse algo fora dele, como pôde sonhar em se mover, em caminhar, em manter a cabeça alta e erguida em direção ao céu?

Agitado por essa nova descoberta, ele tem dificuldade em se tranquilizar; quer tocar o sol e encontra apenas o vazio do ar. Cai de surpresa em surpresa, e é apenas depois de uma infinidade de tentativas que aprende a se servir de seus olhos para guiar sua mão, que deveria bem antes ensinar-lhe a conduzir seus olhos.

É só agora que se encontra suficientemente instruído. Tem o uso da visão, da audição, do olfato, do tato. Descansa à sombra de uma bela árvore; frutos de uma cor vermelha descem em forma de cachos ao alcance de sua mão; pega um deles, come, adormece, acorda, olha em torno de si, crê-se duplicado, isto é, encontra-se diante de uma mulher.

Tais são as observações do sr. de B. sobre a visão, a audição e os sentidos em geral. Se são verdadeiras, todo o *Tratado das Sensações* é falso.

Conclusão da primeira parte

Há poucos espíritos suficientemente fortes para se prevenirem das imaginações contagiosas. Somos corpos fracos cujas impressões derivam todas do ar que nos circunda, e nossas doenças dependem bem mais de nosso mau temperamento do que das causas externas que agem sobre nós. Logo, não devemos nos espantar com a facilidade com a qual o mundo abraça as opiniões menos fundadas; aqueles que as inventam ou as renovam têm muita confiança, e aqueles que estes pretendem instruir são, se é possível, ainda mais cegos. Como essas opiniões poderiam não se difundir?

Assim, que um filósofo que ambicione grandes sucessos exagere as dificuldades do assunto que se propõe a tratar; que trate cada questão como se fosse desenvolver os mecanismos mais secretos dos fenômenos; que não hesite em apresentar como novos os princípios mais repetidos, que os generalize tanto quanto lhe for possível; que afirme coisas de que seu leitor poderia duvidar e das quais ele mesmo deveria duvidar; e enfim, depois de muitos esforços, antes para fazer valer suas preocupações do que para estabelecer algo, ele não deixará de concluir que demonstrou o que pretendia provar. Importa-lhe pouco cumprir seu objetivo; cabe à sua confiança persuadir que tudo foi dito quando falou.

Ele não se preocupará em escrever bem enquanto raciocinar; e então, as construções longas e intrincadas escapam ao leitor, bem como os raciocínios. Reservará toda a arte de sua eloquência para lançar, de vez em quando, períodos feitos com arte, em que o leitor se entrega à sua imaginação sem se incomodar com o tom que acabou de abandonar e ao qual retornará em seguida, em que se substitui o termo próprio pelo que mais impressiona e em que se agrada em dizer mais do que se devia. Se algumas belas frases, que um escritor não poderia permitir-se, não fazem com que se leia um livro, elas o transformam em folhetim, e muito se fala delas. Se vós tratásseis dos assuntos mais graves, exclamariam: *Este filósofo é encantador.*

Então, considerando com complacência vossas hipóteses, direis: *Elas formam o sistema mais digno para o criador.* Sucesso que cabe apenas aos filósofos que, como vós, amam generalizar.

Mas não vos esqueçais de tratar com desprezo esses observadores que não seguem vossos princípios, porque são mais tímidos que vós quando se trata de raciocinar. Dizei *que eles admiram tanto mais quanto mais observam e menos raciocinam; que nos atordoam com maravilhas que não estão na natureza, como se o criador não fosse grande o suficiente para estas obras, e que acreditaríamos torná-lo maior por nossa imbecilidade.* Criticai-os, enfim, *pelos inumeráveis raciocínios monstruosos.*

Tratado dos animais

Queixai-vos sobretudo daqueles que se ocupam em observar os insetos, *pois uma mosca não deve ocupar na cabeça de um naturalista mais espaço que ocupa na natureza*, e uma república de abelhas *não será jamais aos olhos da razão senão uma turba de pequenos bichos que não têm outra relação conosco além de nos fornecer cera e mel.*

Assim, inteiramente dedicado a grandes objetos, vereis *Deus criar o universo, ordenar as existências, fundar a natureza sobre leis invariáveis e perpétuas*; e bem vos precavereis de *encontrá-lo atencioso em conduzir uma república de moscas e muito ocupado com a maneira pela qual se deve dobrar a asa de um besouro.* Fazei-o à vossa imagem, encarai-o como um grande Naturalista que desdenha os detalhes por medo de que um inseto tenha espaço demais em sua cabeça, pois dessa maneira vós *sobrecarregaríeis vossa vontade com tantas leis pequenas e derrogaríeis a nobre simplicidade de sua natureza se a importunasse com todos esses estados particulares, entre os quais um seria apenas para as moscas, outro para as corujas, outro para os ratos do campo* etc.

É assim que vos determinareis a admitir apenas os princípios que pudéreis generalizar. Não é, de resto, que não lhe seja permitido esquecê-los de vez em quando. Exatidão demais repele. Não gostamos de estudar um livro cujas diferentes partes não entendemos, a não ser que o compreendamos no todo. Se tiverdes gênio, conhecereis o alcance dos leitores, negligenciareis o método, e não vos incomodareis em aproximar vossas ideias. Com efeito, com princípios vagos, contradições, poucos raciocínios, ou com raciocínios pouco consequentes, é que se é compreendido por todo mundo.

"Mas, direis, cabe então a um naturalista julgar os animais pelo volume? Devem entrar em sua vasta cabeça apenas planetas, montanhas, mares? E é preciso que os menores objetos sejam homens, cavalos etc.? Quando todas essas coisas se arranjassem na ordem mais rigorosa e de uma maneira totalmente própria, quando o universo inteiro fosse engendrado em seu cérebro e saísse dali como do seio do caos, parece-me que o menor inseto pode ocupar a cabeça de um filósofo menos ambicioso. Sua organização, suas faculdades, seus movimentos oferecem um espetáculo que admiraremos tanto mais quanto mais observarmos, porque raciocinaremos melhor sobre ele. Ademais, a abelha tem muitas outras relações conosco além de fornecer cera e mel. Ela tem *um sentido material, sentidos externos, uma reminiscência material, sensações corporais, prazer, dor, necessidades, paixões, sensações combinadas, a experiência do sentimento*; ela tem, numa palavra, todas as faculdades que se explicam tão maravilhosamente pela perturbação dos nervos.

"Não vejo, acrescentareis, por que eu temeria sobrecarregar e importunar a vontade do criador, nem por que o cuidado de criar o universo lhe impediria de ocupar-se da maneira pela qual deve se dobrar a asa de um besouro. As leis, continuareis, multiplicam-se tanto quanto os seres. É verdade que o sistema do universo é uno, e que há por consequência uma lei geral que não conhecemos; mas essa lei age diferentemente segundo as circunstâncias, e daí nascem as leis particulares para cada espécie de coisas, e mesmo para cada indivíduo. Há não apenas *estatutos particulares* para as moscas, mas inclusive para cada mosca. Parecem-nos *pequenas leis*, porque julgamos seus objetos pelo volume, mas são grandes leis, pois entram no sistema do universo. Eu gostaria, então, de seguir vossos conselhos de forma bem vã; minhas hipóteses não elevariam a divindade, minhas críticas não rebaixariam os filósofos que observam e admiram. Eles conser-

Tratado dos animais

vam, sem dúvida, a consideração concedida pelo público; merecem-na porque é a eles que a filosofia deve seus progressos." Após essa digressão, não me resta mais que reunir as diferentes proposições que o sr. de B. avançou para estabelecer suas hipóteses. Convém expor em poucas palavras os diferentes princípios que adota, a conformidade que há entre eles e as consequências que deles se tira. Sobretudo, me deterei às coisas que não me parecem tão evidentes quanto parecem a ele, e sobre as quais ele me permitirá pedir esclarecimentos.

1. *Sentir* só pode ser tomado por mover-se à ocasião de um choque ou de uma resistência para perceber e comparar? E se os animais não percebem nem comparam, sua faculdade de sentir não é apenas a faculdade de se moverem?

2. Ou, se *sentir* é ter prazer ou dor, como conciliar estas duas proposições: *A matéria é incapaz de sentimento; os animais, embora puramente materiais, têm sentimento.*

3. O que se pode entender por sensações *corporais* se a matéria não sente?

4. Como uma única e mesma pessoa pode ser composta de dois princípios diferentes por sua natureza, contrários por sua ação e dotados cada um de uma maneira de sentir que lhe é própria?

5. Como esses dois princípios são a fonte das contradições do homem se um é infinitamente subordinado ao outro, se é apenas o meio, a causa secundária, e se faz somente o que lhe permite o princípio superior?

6. Como o princípio material é infinitamente subordinado se domina sozinho na infância, se comanda imperiosamente na juventude?

7. Para assegurar que o mecanismo faz tudo nos animais, bastaria supor por um lado que são seres puramente materiais e, por outro, provar, por fatos, que são seres sensíveis? Não seria preciso explicar como a faculdade de sentir é o efeito das leis puramente mecânicas?

8. Como podem os animais serem sensíveis e privados de toda espécie de conhecimento? De que lhes serve o sentimento se não os esclarece e se as leis mecânicas são suficientes para dar conta de todas suas ações?

9. Por que o sentido interno, perturbado pelos sentidos externos, não dá sempre ao animal um movimento incerto?

10. Por que apenas os sentidos relativos ao apetite têm a propriedade de determinar seus movimentos?

11. Que significam estas palavras *instinto* e *apetite*? É suficiente pronunciá-las para prover a razão das coisas?

12. Como o olfato, perturbado pelas emanações do leite, mostra o lugar da comida ao animal que acaba de nascer? Que relação há entre a agitação que está no animal e o lugar em que está a comida? Que guia o faz transpor essa passagem com tanta segurança?

13. Pode-se dizer que, porque nosso olfato é mais obtuso, ele não instrui da mesma forma a criança recém-nascida?

14. Segue-se outra coisa do fato de que os órgãos são menos obtusos, senão que as perturbações do sentido interno são mais vivas? E, porque são mais vivas, essa seria uma razão para que indiquem o lugar dos objetos?

15. Se as perturbações que se produzem no nervo que é a sede do olfato mostram tão bem os objetos e o lugar em que estão, por que as que se produzem no nervo ótico não têm a mesma propriedade?

Tratado dos animais

16. Olhos que fossem tão pouco obtusos quanto o mais fino olfato perceberiam desde o primeiro instante o lugar dos objetos?

17. Se não se pode conceder à matéria o sentimento, a sensação e a consciência de existência sem conceder-lhe a faculdade de pensar, de agir e de sentir quase como nós, como é possível que os animais sejam dotados de sentimento, de sensação, de consciência de existência, e que apesar disso não tenham a faculdade de pensar?

18. Se a sensação pela qual vemos os objetos simples e diretos é apenas um juízo de nossa alma ocasionado pelo tato, de que modo os animais, que não têm alma e não julgam, chegam a ver os objetos simples e diretos?

19. Não é necessário que eles formem juízos para perceber fora deles os odores, os sons e as cores?

20. Podem eles perceber os objetos externos e não ter ideias? Podem eles, sem memória, contrair hábitos e adquirir experiência?

21. O que é uma reminiscência material que consiste apenas na renovação das perturbações do sentido interno material?

22. De que serviria uma memória ou uma reminiscência que se lembrasse das sensações sem ordem, sem ligação e sem deixar uma impressão determinada?

23. Como os animais unem as sensações do olfato às dos outros sentidos, como combinam suas sensações, como se instruem, se não comparam, se não julgam?

24. Uma vez que o mecanismo bastaria para dar conta dos movimentos de dez mil autômatos que agissem todos com forças perfeitamente iguais, que tivessem precisa-

Étienne Bonnot de Condillac

mente a mesma forma interna e externa, nascessem e se metamorfoseassem todos no mesmo instante, e que estivessem determinados a agir apenas num lugar dado e circunscrito acaso é preciso concluir que o mecanismo seja também suficiente para dar conta das ações de dez mil abelhas que agem com forças desiguais, que não têm absolutamente a mesma forma interna e externa, que não nascem e não se metamorfoseiam no mesmo instante e que saem frequentemente do lugar em que trabalham?

25. Por que Deus não poderia se ocupar da maneira pela qual se deve dobrar a asa de um besouro? Como se dobraria essa asa se Deus não se ocupasse dela?

26. Como leis para cada espécie particular sobrecarregariam e importunariam Sua vontade? Poderiam as diferentes espécies se conservar se não tivessem cada uma as suas leis?

27. Do fato de que as imagens se pintam em cada olho e de que elas são invertidas, pode-se concluir que nossos olhos veem naturalmente os objetos duplos e invertidos? Sequer há imagens sobre a retina? Há outra coisa senão uma perturbação? Esta perturbação não se limita a ser a causa ocasional de uma modificação da alma? Pode uma tal modificação representar por si mesma a extensão e os objetos?

28. Aquele que, abrindo os olhos pela primeira vez, crê que tudo está nele discerniria a abóbada celeste, o verdejar da terra, o cristal das águas? Deslindaria mil objetos diversos?

29. Pensa ele em mover os olhos, fixar seu olhar sobre objetos que apenas percebe em si mesmo? Sequer sabe se tem olhos?

Tratado dos animais

30. Pensa ele em se transportar a um lugar que vê apenas sobre sua retina e que ainda não pode suspeitar estar fora dele?

31. Para descobrir um espaço externo, é preciso que passeie antes de conhecê-lo e que vá com a cabeça erguida e voltada ao céu chocar-se contra uma palmeira?

Negligencio várias questões que poderia ainda fazer, mas penso que estas bastam.

SEGUNDA PARTE
Sistema das faculdades dos animais

A primeira parte desta obra demonstra que os animais são capazes de alguns conhecimentos. Essa é a opinião do vulgo; ela é combatida apenas pelos filósofos, quer dizer, por homens que costumam preferir um absurdo que imaginam do que uma verdade que todo mundo adota. Podemos perdoá-los, pois se tivessem dito menos absurdos haveria entre eles menos escritores célebres.

Portanto, minha tarefa é iluminar uma verdade muito comum, e isso será sem dúvida um pretexto a muitos para sustentar que esta obra nada tem de novo. Mas, se até aqui acreditou-se nessa verdade sem tê-la concebido, se não se refletiu sobre ela senão para conceder demais aos animais, ou para não lhes conceder o suficiente, resta-me dizer muitas coisas que ainda não foram ditas.

Com efeito, qual escritor explicou a geração de suas faculdades, o sistema de seus conhecimentos, a uniformidade de suas operações, sua impotência para formar uma língua propriamente dita — mesmo quando podem articular —, sons; seu instinto, suas paixões e a superioridade que o homem tem sobre eles em todos os aspectos? Esses são os principais objetos que proponho explicar. O sistema que apresento não é arbitrário, não é de minha imaginação que o retiro, é da observação; e todo leitor inteligente que se voltar a si mesmo reconhecerá sua solidez.

Capítulo primeiro
Da geração dos hábitos comuns
a todos os animais

No primeiro instante de sua existência, um animal não pode formar o desígnio de se mover. Ele sequer sabe que tem um corpo, não o vê, ainda não o tocou.

Entretanto, os objetos provocam impressões nele, que experimenta sentimentos agradáveis e desagradáveis; daí nascem seus primeiros movimentos, mas são movimentos incertos, produzidos à revelia do animal, que ainda não sabe regrá-los.

Interessado pelo prazer e pela dor, compara os estados em que se encontra sucessivamente. Observa como passa de um a outro, e descobre seu corpo e os principais órgãos que o compõem.

Então sua alma aprende a relacionar a seu corpo as impressões que recebe. Ela sente nele os prazeres, as dores, as carências; e essa maneira de sentir basta para estabelecer entre uma e outra o comércio mais íntimo. Com efeito, uma vez que a alma não se sente senão em seu corpo, é para ele, tanto quanto para ela, que ela adquire o hábito de certas operações; e é para ela, tanto quanto para ele, que o corpo adquire o hábito de certos movimentos.

A princípio, o corpo se move com dificuldade, tateia, vacila; a alma encontra os mesmos obstáculos ao refletir, hesita, duvida.

Tratado dos animais

Em seguida, as mesmas carências determinam as mesmas operações, e estas são executadas pelas duas substâncias com menos incerteza e lentidão.

Enfim, as carências se renovam, e as operações se repetem com tanta frequência que não resta mais tateamento no corpo nem incerteza na alma; os hábitos de se mover e julgar foram contraídos.

É assim que as carências produzem, de um lado, uma sequência de ideias e, de outro, uma sequência de movimentos correspondentes.

Logo, os animais devem à experiência os hábitos que pensamos serem naturais. Para nos convencermos, basta considerar qualquer uma de suas ações.

Suponho, portanto, um animal que se vê pela primeira vez ameaçado pela queda de um corpo, e digo que não pensará em evitá-lo, pois ignora que possa ser ferido por isso. Mas, se é atingido, a ideia da dor se liga tão logo àquela de qualquer corpo prestes a cair sobre ele; uma ideia não se desperta mais sem a outra, e a reflexão logo lhe ensina como deve se mover para se precaver desses tipos de acidentes.

Então evitará inclusive a queda de uma folha. Entretanto, se a experiência lhe ensina que um corpo assim tão leve não pode feri-lo, irá esperá-lo sem se desviar e parecerá que sequer lhe dá atenção.

Ora, pode-se pensar que ele se conduz assim naturalmente? Recebe da natureza a diferença desses dois corpos ou a deve à experiência? As ideias são inatas ou adquiridas? Certamente, ele permanece imóvel à visão de uma folha que cai sobre ele somente porque aprendeu que não tem nada a temer dela, e se desvia de uma pedra somente porque aprende que esta pode feri-lo.

Portanto, a reflexão vela pelo nascimento dos hábitos, por seus progressos, mas, à medida que os forma, ela os abandona a si mesmos, e é então que o animal toca, vê, caminha etc., sem precisar refletir sobre aquilo que faz.

Por isso, todas as ações habituais são também coisas que foram subtraídas à reflexão; não resta exercício a esta senão em outras ocasiões, que também se furtarão a ela, caso se tornem habituais; e como os hábitos se apoderam da reflexão, a reflexão cede aos hábitos.

Essas observações são aplicáveis a todos os animais e mostram como todos aprendem a servir-se de seus órgãos, a fugir do que lhes é contrário, a buscar o que lhes é útil, a velar, numa palavra, por sua conservação.

Capítulo II
Sistema dos conhecimentos nos animais

Um animal só pode atender a suas carências se formar sem demora o hábito de observar os objetos que lhe importam reconhecer. Testa seus órgãos sobre cada um deles, seus primeiros momentos são dedicados ao estudo; quando pensamos que está apenas brincando, é propriamente a natureza que brinca com ele para instruí-lo.

Ele estuda, mas sem ter o desígnio de estudar: não se propõe a adquirir conhecimentos para fazer um sistema. Está todo ocupado com os prazeres que busca e as dores que evita, somente este interesse o conduz, ele avança sem prever o ponto ao qual deve chegar.

Por esse meio, é instruído, embora não faça esforço algum para sê-lo. Os objetos se distinguem aos seus olhos, se distri-

Tratado dos animais

buem com ordem; as ideias se multiplicam de acordo com as carências, ligam-se estreitamente umas às outras; o sistema de seus conhecimentos se formou.

Mas os mesmos prazeres não têm para ele sempre o mesmo atrativo, e o medo de uma mesma dor não é sempre igualmente vivo; a coisa deve variar de acordo com as circunstâncias. Seus estudos trocam, portanto, de objetos, e o sistema de seus conhecimentos se estende pouco a pouco a diferentes sequências de ideias.

Essas sequências não são independentes; estão, ao contrário, ligadas umas às outras, e este elo é formado pelas ideias que se encontram em cada uma. Como elas são e não podem ser senão diferentes combinações de um pequeno número de sensações, é preciso necessariamente que várias ideias sejam comuns a todas. Entende-se, então, que elas formam juntas uma só e mesma cadeia.

Essa ligação aumenta ainda pela necessidade em que se encontra o animal de retraçar por mil vezes estas diferentes sequências de ideias. Como cada uma deve seu nascimento a uma carência particular, as carências que se repetem e se sucedem alternadamente as mantêm ou as renovam sem interrupção; e o animal adquire um hábito tão grande de percorrer suas ideias que retraça uma longa sequência delas todas as vezes que experimenta uma carência que já sentiu antes.

Ele deve, portanto, a facilidade de percorrer suas ideias unicamente à grande ligação que existe entre elas. Mal uma carência determina sua atenção a um objeto, tão logo esta faculdade lança uma luz que se difunde ao longe; ela leva, de certa forma, a tocha à frente dela.

109

É assim que as ideias renascem pela ação mesma das carências que as produziram a princípio. Elas formam, por assim dizer, na memória, turbilhões que se multiplicam como as carências. Cada uma é um centro a partir do qual o movimento se comunica até a circunferência. Esses turbilhões são alternadamente superiores uns aos outros, segundo as carências que se tornam cada vez mais violentas. Todos fazem suas revoluções com uma variedade espantosa: pressionam-se, destroem-se, formam-se novos à medida que os sentimentos, aos quais esses turbilhões devem toda sua força, enfraquece-se, eclipsam-se, ou quando se produz algum sentimento que ainda não foi experimentado. De um instante ao outro, o turbilhão que encadeou vários outros é engolido por sua vez; e todos se confundem logo que as carências cessem; não se vê mais senão caos. As ideias passam e repassam sem ordem; são quadros móveis que oferecem apenas ideias bizarras e imperfeitas, e cabe às carências desenhá-las de novo e colocá-las em sua verdadeira face.

Tal é, em geral, o sistema dos conhecimentos nos animais. Nele, tudo depende de um mesmo princípio, a carência; tudo se executa pelo mesmo meio, a ligação das ideias.

Logo, os animais inventam, se *inventar* significa a mesma coisa que julgar, comparar, descobrir. Inventam, inclusive, se por isso entendermos representar-se com antecedência o que se vai fazer. O castor pinta para si a cabana que quer edificar; o pássaro, o ninho que quer construir. Esses animais não fariam estas obras se a imaginação não lhes desse o modelo.

Mas os animais têm infinitamente menos invenção que nós, seja porque são mais limitadas em suas carências, seja porque não têm os mesmos meios para multiplicar suas ideias e fazer com elas combinações de toda espécie.

Tratado dos animais

Pressionados por suas carências e não tendo senão poucas coisas a aprender, chegam quase imediatamente ao ponto de perfeição que podem esperar; logo se detêm, e sequer imaginam que possam ir além. Satisfeitas as carências, não há mais nada a desejar e, por consequência, nada a buscar. Não lhes resta senão lembrar-se daquilo que fizeram, e repeti-lo todas as vezes em que se encontram nas circunstâncias que o exigem. Se inventam menos que nós, se se aperfeiçoam menos, não é porque lhes falte completamente a inteligência, é porque sua inteligência é mais limitada.[16]

---

16 O sr. de B. pretende que a analogia não prove que a faculdade de pensar seja comum a todos os animais. "Para que esta analogia fosse bem fundada", diz ele (in-4º, t.4, p.39; in-12, t.7, p.54), "seria preciso ao menos que nada pudesse desmenti-lo; seria necessário que os animais pudessem fazer e fizessem em algumas ocasiões tudo o que fazemos. Ora, o contrário está evidentemente demonstrado; eles não inventam, não se aperfeiçoam em nada; não refletem por conseguinte sobre nada; fazem sempre as mesmas coisas da mesma maneira."

O contrário está evidentemente demonstrado! Quando vemos, quando caminhamos, quando nos desviamos de um precipício, quando evitamos a queda de um corpo e, em mil outras ocasiões, o que fazemos a mais do que eles? Digo, portanto, que eles inventam, que se aperfeiçoam; e o que é com efeito a invenção? É o resultado de várias descobertas e várias comparações. Quando Molière, por exemplo, inventou um personagem, encontrou traços dele em diferentes pessoas e comparou-as para reuni-las sob um certo ponto de vista. *Inventar* equivale, portanto, a *encontrar* e *comparar*.

Ora, os animais aprendem a tocar, a ver, a caminhar, a nutrir-se, a defender-se, a velar por sua conservação. Eles, então, fazem descobertas, mas só as fazem porque comparam, e, portanto, inventam. Eles inclusive se aperfeiçoam, pois, no início, não sabem todas estas coisas como as sabem quando têm mais experiência.

Capítulo III
Que os indivíduos de uma mesma espécie agem de maneira tão mais uniforme quanto menos busquem se copiar; e que, por conseguinte, os homens são tão diferentes uns dos outros apenas porque, de todos os animais, são os mais inclinados à imitação

Crê-se comumente que os animais de uma mesma espécie fazem todos as mesmas coisas apenas porque buscam copiar--se; e que os homens se copiam tanto menos quanto mais diferem suas ações. O título deste capítulo passará, então, por um paradoxo: é a sorte de toda verdade que choca os preconceitos aceitos, mas a demonstraremos, esta verdade, se considerarmos os hábitos em seu princípio.

Os hábitos nascem da necessidade de exercer as faculdades, por consequência, o número dos hábitos é proporcional ao número das carências.

Ora, os animais têm evidentemente menos carências que nós; assim que souberem se nutrir, pôr-se ao abrigo das injúrias do ar e defender-se ou fugir de seus inimigos, sabem tudo o que é necessário para sua conservação.

Os meios que empregam para velar por suas necessidades são simples, são os mesmos para todos os indivíduos de uma mesma espécie; a natureza parece ter provido tudo e lhes deixado apenas pouca coisa a fazer: a umas, deu a força; a outras, a agilidade; e a todas, alimentos que não requerem preparo.

Assim, se todos os indivíduos de uma mesma espécie são movidos pelo mesmo princípio, agem para os mesmos fins e empregam meios parecidos, é preciso que contraiam os mes-

Tratado dos animais

mos hábitos, façam as mesmas coisas e as façam da mesma maneira.

Se vivessem separados, sem qualquer tipo de comércio e, por conseguinte, sem poder copiar-se, haveria em suas operações a mesma uniformidade que notamos no princípio que as move e nos meios que empregam.

Ora, não há senão muito pouco comércio de ideia entre os animais, mesmo entre aqueles que formam uma espécie de sociedade. Cada um é, portanto, limitado apenas à sua própria experiência. Na impotência de comunicar suas descobertas e erros particulares, recomeçam a cada geração os mesmos estudos e se detêm depois de ter refeito o mesmo progresso; o corpo de sua sociedade se encontra na mesma ignorância que cada indivíduo, e suas operações oferecem sempre os mesmos resultados.

O mesmo valeria para os homens se vivessem separados e sem poder comunicar seus pensamentos uns com os outros. Limitados ao pequeno número de carências absolutamente necessárias à conservação, e não podendo satisfazer-se senão por meios semelhantes, agiriam todos uns como os outros e todas as gerações se assemelhariam. Além disso, vê-se que as operações, que são as mesmas em cada um deles são aquelas em que não pensam em copiar. Não é por imitação que as crianças aprendem a tocar, a ver etc., elas aprendem por si mesmas, e, entretanto, tocam e veem todas da mesma maneira.

Entretanto, se os homens vivessem separados, a diferença dos lugares e dos climas os colocaria necessariamente em circunstâncias diferentes; ela introduziria variedade em suas carências e, por consequência, em sua conduta. Cada um faria à parte as experiências às quais a situação o engajaria; cada um adquiriria conhecimentos particulares, mas seus progressos seriam bastante limitados e se diferenciariam pouco uns dos outros.

113

É na sociedade, portanto, que há uma diferença mais sensível de homem a homem. Nela, eles comunicam suas carências, suas experiências: copiam-se mutuamente, e forma-se uma massa de conhecimentos que cresce de uma geração a outra. Nem todos contribuem igualmente a esses progressos. A maioria é de imitadores servis; os inventores são extremamente raros, mas mesmo eles começaram por copiar, e cada um acrescenta bem pouco ao que encontra estabelecido.

Porém, uma vez aperfeiçoada a sociedade, ela distribui os cidadãos em diferentes classes e fornece diferentes modelos para imitar. Cada um, criado no estado ao qual seu nascimento o destina, faz o que vê fazer e como o vê fazer. Outros cuidam dos hábitos dele por muito tempo, refletem no seu lugar, e ele adquire os hábitos que lhe dão. Mas não se limita a copiar um único homem; copia todos que se aproximam, e é por isso que não se parece exatamente com nenhum deles.

Assim, os homens terminam por serem diferentes porque começaram por serem copistas, e porque continuam a sê-lo; e os animais de uma mesma espécie não agem todos da mesma maneira senão porque, não tendo o poder de se copiar ao mesmo ponto que nós, não poderiam fazer em sua sociedade esses progressos que variam ao mesmo tempo nosso estado e nossa conduta.[17]

---

17 Pergunto se é possível dizer com sr. de B.: "De onde pode vir esta uniformidade em todas as obras dos animais? Há prova mais forte de que suas operações são apenas resultados puramente mecânicos e materiais? Pois se tivessem a menor faísca da luz que nos esclarece, encontrar-se-ia ao menos variedade [...] em suas obras [...] mas não, todos trabalham sob o mesmo modelo, a ordem de suas

Tratado dos animais

Capítulo IV
Da linguagem dos animais[18]

Há animais que sentem como nós a carência de viver juntos, mas à sua sociedade falta esta mola propulsora que confere

ações está traçada na espécie inteira, não pertence ao indivíduo; e se
quiséssemos atribuir uma alma aos animais, estaríamos obrigados
a atribuir só uma para cada espécie, e na qual cada indivíduo parti-
ciparia igualmente." In-4º, t.2, p.440; in-12, t.4, p.167.
Isso seria perder-se numa opinião que não explica nada e que comporta dificuldades ainda maiores à medida que não se sabe muito
bem o que se quer dizer. Acabo de explicar, parece-me, de maneira
mais simples e mais natural, a uniformidade que se repara nas operações dos animais. Esta alma única para uma espécie inteira revela uma razão completamente nova da variedade que se encontra em nossas obras. É que
cada um de nós tem uma alma à parte e independente daquela de um
outro (in-4º, t.2, p.442; in-12, t.4, p.169). Mas, se essa razão for
boa, não seria preciso concluir que vários homens que se copiam têm
apenas uma alma para todos? Neste caso, haveria menos almas que
homens; haveria inclusive muito menos almas do que há escritores.
O sr. de B., bem persuadido de que os animais não têm alma, conclui
com razão que não poderiam ter a vontade de ser diferentes uns dos
outros, mas acrescentarei que, tampouco, poderiam ter a vontade
de se copiar. Entretanto, o sr. de B. crê que fazem as mesmas coisas
apenas porque se copiam. Segundo ele, a imitação é apenas um resultado da máquina, e os animais devem se copiar todas as vezes que se
assemelham pela organização. In-4º, t.4, p.86; in-12, t.7, p.122 etc.
É que *todo hábito comum, bem longe de ter por causa o princípio de uma inteli-*
gência esclarecida, supõe ao contrário somente o de uma cega imitação. In-4º, t.4,
p.95; in-12, t.7, p.136. Quanto a mim, não concebo que a imitação
possa acontecer entre seres sem inteligência.

18 O sr. de B. crê que a superioridade do homem sobre os outros
animais e a impotência em que estes estão de formar uma língua,

115

todos os dias novos movimentos à nossa e que a faz tender a uma maior perfeição.

Esta mola é a palavra. Mostrei alhures o quanto a linguagem contribui aos progressos do espírito humano, é ela que preside as sociedades e este grande número de hábitos que um homem que vivesse só não contrairia. Princípio admirável da comunicação das ideias, ela faz circular a seiva que dá às artes e às ciências o nascimento, o crescimento e os frutos.

Devemos tudo àqueles que têm o dom da palavra, isto é, àqueles que, falando para dizer algo e para fazer ouvir e sentir o que dizem, difundem em seus discursos a luz e o sentimento. Nos ensinam a copiá-los até na maneira de sentir; sua alma passa a nós com todos os seus hábitos; a eles devemos o pensamento.

Se, em vez de erigir sistemas sobre maus raciocínios, se considerasse por quais meios a palavra se torna o intérprete dos sentimentos da alma, seria fácil, parece-me, compreender

---

mesmo quando têm os órgãos próprios para articular, provam que não pensam. In-4º, t.2, p.438; in-12, t.4, p.164 etc. Este capítulo destruirá esse raciocínio, que já foi feito pelos Cartesianos, assim como todos os raciocínios que o sr. de B. emprega sobre este assunto. Todos! engano-me; eis uma exceção necessária.

"Sua amizade (a dos animais) é como a de uma mulher por seu canário, de uma criança por seu brinquedo etc.; ambas são tão pouco refletidas, são apenas um sentimento cego; a do animal é apenas mais natural, pois é fundada sobre a necessidade, enquanto a outra não tem por objeto senão um insípido divertimento no qual a alma não toma parte." In-4º, t.4, p.89; in-12, t.7, p.119.

Quer-se provar por isso que o apreço de um cão por seu dono, por exemplo, é apenas um efeito mecânico, que não supõe nem reflexão, nem pensamento, nem ideia.

por que os animais, mesmo os que podem articular, são impotentes para aprender a falar uma língua. Mas normalmente as coisas mais simples são aquelas que os filósofos descobrem por último.

Cinco animais não teriam nada em comum na sua maneira de sentir se um estivesse limitado à visão, o outro ao paladar, o terceiro à audição, o quarto ao olfato e o último ao tato. Ora, é evidente que, nesta suposição, seria impossível a eles comunicar seus pensamentos uns aos outros.

Um tal comércio supõe, então, como condição essencial, que todos os homens tenham em comum um mesmo fundo de ideias. Supõe que tenhamos os mesmos órgãos, que o hábito de fazer uso deles é adquirido da mesma maneira por todos os indivíduos, e que faça com que todos formem os mesmos juízos.

Este fundo depois varia, porque a diferença das condições, colocando-nos cada um em circunstâncias particulares, submete-nos a carências diferentes. Este germe dos nossos conhecimentos é mais ou menos cultivado, por conseguinte, ele se desenvolve mais ou menos. Às vezes é uma árvore que se eleva e lança seus galhos por toda parte para dar-nos abrigo; às vezes é apenas um tronco sob o qual selvagens se protegem.

Assim, o sistema geral dos conhecimentos humanos abraça vários sistemas particulares, e as circunstâncias em que nos encontramos nos encerram num só ou nos determinam a espalhar-nos por muitos.

Então, os homens podem conhecer os pensamentos uns dos outros apenas por meio das ideias que são comuns a todos. É por aí que cada um deve começar, e é aí, por conseguinte, que o douto deve ir buscar o ignorante para elevá-lo gradualmente até si.

Os animais que têm cinco sentidos participam mais que os outros em nossas ideias sensíveis. Mas como são, sob muitos aspectos, organizados diferentemente, têm também carências que são completamente diferentes. Cada espécie tem relações particulares com o que a circunda; o que é útil a uma é inútil ou mesmo prejudicial a outra; elas estão nos mesmos lugares sem estar sob as mesmas circunstâncias.

Assim, embora as principais ideias adquiridas pelo tato sejam comuns a todos os animais, as espécies formam para si, cada uma à parte, um sistema de conhecimentos.

Esses sistemas variam à proporção que variam as circunstâncias; e quanto menos relações as espécies tenham umas com as outras, mais difícil é haver algum comércio de pensamentos entre elas.

Mas, já que os indivíduos organizados da mesma maneira experimentam as mesmas necessidades, as satisfazem por meios parecidos e se encontram em circunstâncias semelhantes, é necessário que façam cada um os mesmos estudos e que tenham em comum o mesmo fundo de ideias. Podem, portanto, ter uma linguagem, e tudo prova que, com efeito, têm. Eles se requisitam e se ajudam; falam de suas carências, e essa linguagem é mais extensa quanto mais carências tiverem, e quanto mais possam se ajudar mutuamente.

Os gritos inarticulados e as ações do corpo são os signos de seus pensamentos, mas para isso é preciso que os mesmos sentimentos ocasionem, em cada um, os mesmos gritos e os mesmos movimentos. Por conseguinte, é preciso que se assemelhem até mesmo na organização externa. Aqueles que habitam os ares e aqueles que rastejam sobre a terra não poderiam comunicar sequer as ideias que têm em comum.

Tratado dos animais

A linguagem de ação prepara para a dos sons articulados. Também há animais domésticos capazes de adquirir alguma inteligência desta última. Na necessidade em que estão de conhecer o que queremos deles, julgam nosso pensamento por nossos movimentos todas as vezes que este se limita às ideias que temos em comum com eles, e que nossa ação é quase como seria a deles em caso semelhante. Ao mesmo tempo, eles criam um hábito de ligar esse pensamento ao som que fazemos acompanhá-lo constantemente, de sorte que, para fazer que nos entendam, basta falar com eles. É assim que o cão aprende a obedecer à nossa voz.

O mesmo não ocorre com os animais cuja conformação externa não se assemelha nem um pouco à nossa. Embora o papagaio, por exemplo, tenha a faculdade de articular, as palavras que ouve e pronuncia não lhe servem nem para descobrir nossos pensamentos nem para nos fazer conhecer os deles, seja porque o fundo comum de ideias que temos com ele não é tão extenso quanto o que temos com o cão, seja porque sua linguagem de ação difere infinitamente da nossa. Como temos mais inteligência, às vezes podemos, ao observar seus movimentos, adivinhar os sentimentos que experimenta. Quanto a ele, não saberia dar-se conta alguma do que significa a ação de nossos braços, a atitude de nosso corpo, a alteração de nosso rosto. Esses movimentos não têm relações suficientes com os seus e, ademais, exprimem frequentemente ideias que o papagaio não tem, e não pode ter. Acrescentai a isso que as circunstâncias não lhe fazem, como ao cão, sentir a necessidade de conhecer nossos pensamentos.

É, portanto, uma consequência da organização que os animais não estejam sujeitos às mesmas carências, que não se encontrem sob as mesmas circunstâncias mesmo quando estão nos mesmos lugares, que não adquiram as mesmas ideias, que não tenham a mesma linguagem de ação e que comuniquem mais ou menos seus sentimentos, à proporção que se diferenciem mais ou menos sob todos esses aspectos. Não é surpreendente que apenas o homem, tão superior pela organização quanto pela natureza do espírito que o anima, tenha o dom da palavra; mas, porque os animais não têm essa vantagem, seria preciso crer que são autômatos ou seres sensíveis privados de toda espécie de inteligência? Não, sem dúvida. Devemos apenas concluir que, porque eles só têm uma linguagem bastante imperfeita, estão quase que limitados aos conhecimentos que cada indivíduo pode adquirir por si mesmo. Vivem juntos, mas pensam quase sempre à parte. Como só podem comunicar um número bem pequeno de ideias, se copiam pouco; copiando-se pouco, quase não contribuem à perfeição recíproca e, por conseguinte, se fazem sempre as mesmas coisas e da mesma maneira, é, como mostrei, porque todos obedecem às mesmas carências.

Mas se os animais pensam, se fazem conhecer alguns de seus sentimentos, enfim, se há alguns que entendem um pouco nossa linguagem, em quê, portanto, diferem do homem? Não é apenas do mais para o menos?

Respondo que, na impotência em que nos encontramos de conhecer a natureza dos seres, não podemos julgar a respeito deles senão por suas operações. É por isso que em vão buscaríamos o meio de determinar os limites de cada um; jamais veremos entre eles senão o mais e o menos. É assim que o homem parece diferir do anjo, e o anjo de Deus mesmo. No entanto, do anjo a Deus a distância é infinita, enquanto do homem ao anjo ela é muito considerável e, sem dúvida, ainda maior que do homem à besta.

Entretanto, para marcar essas diferenças, temos apenas ideias vagas e expressões figuradas: *mais, menos, distância*. Também não tomo por tarefa explicar essas coisas. Não faço um sistema da natureza dos seres porque não a conheço; faço de suas operações porque creio conhecê-las. Ora, não é no princípio que constitui o que cada um é, mas unicamente em suas operações, que eles parecem diferir apenas do mais ao menos; e somente disso se deve concluir que diferem por essência. Aquele que tem o menos sem dúvida não tem em sua natureza como ter o mais. A besta não tem em sua natureza como tornar-se homem tanto quanto o anjo não tem em sua natureza como tornar--se Deus.

Entretanto, quando expomos as relações que existem entre nossas operações e as dos animais, há homens que se aterrorizam. Acreditam que assim nos confundimos com eles, e recusam-lhes o sentimento e a inteligência, embora não possam recusar-lhes nem os órgãos, que são seu princípio mecânico, nem as ações, que são seus efeitos. Crer-se-ia que depende deles fixar a essência de cada ser. Abandonados a seus preconceitos, receiam ver a natureza tal como ela é. São crianças que, no escuro, se assustam com fantasmas que a imaginação lhes apresenta.

Capítulo V
Do instinto e da razão

Diz-se comumente que os animais estão limitados ao instinto e que a razão é própria do homem. Estas duas palavras, *instinto e razão*, que não são explicadas, satisfazem todo mundo e passam por um sistema razoado.

Ou o instinto não é nada, ou é um começo de conhecimento, pois as ações dos animais só podem depender de três princípios: de um puro mecanismo, de um sentimento cego que não compara, que não julga, ou de um sentimento que compara, julga e conhece.[19] Ora, demonstrei que esses dois primeiros princípios são absolutamente insuficientes. Mas qual o grau de conhecimento que constitui o instinto? É algo que deve variar segundo a organização dos animais. Aqueles que têm um maior número de sentidos e carências contam com ocasiões mais frequentes para fazer comparações e formar juízos. Assim, seu instinto tem um grau maior de conhecimento. Não é possível determinar esse grau; ele pode ser maior ou menor inclusive de um indivíduo a outro numa mesma espécie. Não podemos, então, nos contentar em enxergar o instinto como um princípio que dirige o animal de uma maneira completamente oculta; não podemos nos contentar em comparar todas as ações dos outros animais aos movimentos que fazemos, diz-se, maquinalmente; como se esta palavra *maquinalmente* explicasse tudo. Investiguemos como são feitos esses movimentos e teremos uma ideia exata daquilo que chamamos de *instinto*.

Se quisermos ver e caminhar apenas para nos transportar de um lugar a outro, não nos é sempre necessário refletir sobre isso; frequentemente vemos e caminhamos apenas pelo hábito. Mas se quisermos deslindar mais coisas nos objetos, se quisermos caminhar com mais graça, é à reflexão que cabe nos instruir; e ela regulará nossas faculdades até que tenhamos

---

19 *Parece-me*, diz sr. de B., *que o princípio do conhecimento não é o do sentimento*. In-4º, t.4, p.78. Com efeito, é isso que ele supõe o tempo todo.

feito, desta nova maneira de ver e caminhar, um hábito. Só lhe restará, então, algum exercício na medida em que tivermos que fazer o que ainda não fizemos, na medida em que tivermos novas carências ou que queiramos empregar novos meios para satisfazer as que temos.

Assim, há de certa forma dois *eus* em cada homem: o eu de hábito e o eu de reflexão. É o primeiro que toca, que vê; é ele que dirige todas as nossas faculdades animais. Seu objeto é conduzir o corpo, precavê-lo de todo acidente e velar continuamente por sua conservação.

O segundo, abandonando ao primeiro todos estes detalhes, encarrega-se de outros objetos. Ocupa-se em aumentar nossa felicidade. Seus sucessos multiplicam seus desejos, seus erros os renovam com mais força; os obstáculos são como aguilhões que os fazem avançar; a curiosidade o move sem cessar; a indústria constitui seu caráter. Aquele é mantido em ação pelos objetos cujas impressões reproduzem na alma as ideias, as carências e os desejos que determinam nos corpos os movimentos correspondentes, necessários à conservação do animal. Este é excitado por todas as coisas que, ao nos atiçar a curiosidade, levam-nos a multiplicar nossas carências.

Mas, embora cada um deles tenda a um objetivo particular, agem frequentemente juntos. Quando um geômetra, por exemplo, está muito ocupado pela solução de um problema, os objetos ainda continuam a agir sobre seus sentidos. O eu de hábito obedece, então, a suas impressões; é ele que atravessa Paris, que evita os obstáculos, enquanto o eu de reflexão se encontra inteiramente em busca da solução.

Ora, retiremos de um homem feito o eu de reflexão e, apenas com o eu de hábito, ele não saberá mais se conduzir quando experimentar alguma das carências que demandam novas visadas e novas combinações. Mas ainda se conduzirá com perfeição todas as vezes que tiver apenas que repetir o que está acostumado a fazer. Logo, o eu de hábito é suficiente às carências que são absolutamente necessárias à conservação do animal. Ora, o instinto é apenas esse hábito privado de reflexão.

Na verdade, é ao refletir que os animais o adquirem, mas, como têm poucas carências, logo chega o momento em que fizeram tudo o que a reflexão poderia ensinar. Não lhes resta senão repetir todos os dias as mesmas coisas; ao final, tudo o que têm são hábitos e ficam limitados ao instinto. A medida de reflexão que temos além de nossos hábitos é o que constitui nossa razão. Os hábitos só são suficientes quando as circunstâncias são tais que basta repetir o que já foi aprendido. Mas se for preciso conduzir-se de uma maneira nova, a reflexão se torna necessária, como foi na origem dos hábitos, quando tudo o que fazíamos era novo para nós.

Estabelecidos esses princípios, é fácil ver por que o instinto dos animais é, às vezes, mais seguro que nossa razão, e até mesmo que nossos hábitos.

Com poucas carências, os animais contraem um pequeno número de hábitos; fazendo sempre as mesmas coisas, as fazem melhor.

Suas carências demandam apenas considerações que não são muito extensas, que são sempre as mesmas e sobre as quais eles têm uma larga experiência. A partir do momento que já refletiram sobre isso, não refletem mais; tudo o que devem fazer está determinado, e agem com segurança.

Nós, ao contrário, temos muitas carências, e é necessário que nos dediquemos a uma profusão de considerações que variam de acordo com as circunstâncias. Daí se segue: 1º que nos seja necessário um maior número de hábitos; 2º que esses hábitos não possam ser mantidos senão à custa uns dos outros; 3º que, quando não são proporcionais à variedade das circunstâncias, a razão deve vir em nosso socorro; 4º que, tendo a razão nos sido dada para corrigir nossos hábitos, estendê-los, aperfeiçoá-los, e para se ocupar não somente das coisas que têm relação às nossas carências mais prementes, mas frequentemente também daquelas pelas quais temos os mais fracos interesses, ela tem um objeto muito vasto e ao qual a curiosidade, esta carência insaciável de conhecimentos, não permite colocar limites.

O instinto é, portanto, mais proporcional às carências dos outros animais do que a razão é às nossas, e é por isso que normalmente parece tão seguro.

Mas não devemos pensar que é infalível. Ele não poderia ser formado por hábitos mais seguros do que os que temos para ver, ouvir etc.; hábitos que não são tão exatos senão porque as circunstâncias que os produzem são em número reduzido, sempre as mesmas, e que se repetem a todo instante. Entretanto, às vezes nos enganam. Logo, o instinto também engana os outros animais.

Ele é ademais infinitamente inferior à nossa razão. Nós o teríamos, este instinto, e teríamos apenas ele, se nossa reflexão fosse tão limitada quanto a dos animais. Julgaríamos de forma igualmente segura se julgássemos tão pouco quanto eles. Só caímos em mais erros porque adquirimos mais conhecimentos. De todos os seres criados, o menos feito para se enganar é aquele que tem a menor porção de inteligência.

Entretanto, temos um instinto, pois temos hábitos, e ele é o mais extenso de todos. O dos animais tem por objeto apenas os conhecimentos práticos; não chega à teoria, pois a teoria supõe um método, isto é, signos cômodos para determinar as ideias, para dispô-las com ordem e recolher os resultados.

O nosso instinto abraça a prática e a teoria; é o efeito de um método que se tornou familiar. Ora, todo homem que fala uma língua tem uma maneira de determinar suas ideias, de arranjá-las, de apreender seus resultados; ele conta com um método mais ou menos perfeito. Numa palavra, o instinto dos outros animais julga somente o que é bom para eles; é apenas prático. O nosso julga não apenas o que é bom para nós, mas ainda o que é verdadeiro e o que é belo; nós o devemos ao mesmo tempo à prática e à teoria.

Com efeito, à força de repetir os juízos dos que velam por nossa educação ou de refletir por nós mesmos sobre os conhecimentos que adquirimos, contraímos um hábito tão grande de apreender as relações das coisas que, às vezes, pressentimos a verdade antes de ter apreendido sua demonstração. Nós a discernimos por instinto.

Esse instinto caracteriza sobretudo os espíritos vivos, penetrantes e extensos. Ele lhes abre amiúde o caminho que devem tomar, mas é um guia pouco seguro se a razão não esclarecer todos os seus passos.

Entretanto, é tão natural ceder ao peso de nossos hábitos que raramente desconfiamos dos juízos que ele nos faz formar. Além disso, os falsos pressentimentos reinam em todos os povos; a imitação os consagra de geração em geração, e a própria história da filosofia é frequentemente apenas o tecido dos erros em que eles lançaram os filósofos.

Tratado dos animais

Esse instinto não é nada mais seguro quando julga sobre o belo; e a razão disso será evidente se fizermos duas observações.

A primeira é que ele é o resultado de certos juízos a que nos tornamos familiares e, que, por essa razão, se transformaram naquilo que chamamos de *sentimento, gosto*; de sorte que sentir e apreciar a beleza de um objeto não foi no começo senão julgar sobre ele por comparação com outros.

A segunda é que, abandonados desde a infância a mil preconceitos, educados em toda sorte de costumes e, por conseguinte, em muitos erros, o capricho – mais do que a razão – dirige os juízos aos quais se habituam os homens.

Esta última observação não precisa ser provada, mas para se convencer da primeira, basta considerar aqueles que se aplicam ao estudo de uma arte que ignoram. Quando um pintor, por exemplo, quer formar um aluno, ele o faz reparar a composição, o desenho, a expressão e o colorido dos quadros que lhe mostra. Compara os quadros sob cada uma destas relações: diz por que a composição deste é melhor ordenada e o desenho, mais exato; por que este outro é de uma expressão mais natural, de um colorido mais verdadeiro. O aluno pronuncia seus juízos a princípio com lentidão, e pouco a pouco adquire um hábito; enfim, à visão de um novo quadro, repete os juízos por si mesmo tão rapidamente que não parece julgar a beleza; ele a sente, a degusta.

Mas o gosto depende sobretudo das primeiras impressões que foram recebidas e muda de um homem ao outro, dado que as circunstâncias fazem contrair hábitos diferentes. Eis a única causa da variedade que reina sobre esse assunto. Entretanto, obedecemos tão naturalmente ao nosso instinto, repetimos tão naturalmente seus juízos, que não imaginamos que haja duas formas de sentir. Cada um parte do pressuposto de que seu próprio sentimento é a medida do dos outros. Não crê que seja possível obter prazer de uma coisa que não o agrade; pensa que todos levam vantagem sobre ele ao julgarem friamente que tal coisa é bela; e, ainda assim, está persuadido de que esse juízo é bem pouco fundado. Mas se soubéssemos que o sentimento não é em sua origem senão um juízo muito lento, reconheceríamos que aquilo que é para nós apenas juízo pode ter se tornado sentimento para os outros.

Essa é uma verdade que encontrará bastante dificuldade para ser adotada. Pensamos ter um gosto natural, inato, que nos torna juízes de tudo sem ter estudado nada. Este preconceito é geral, e deve sê-lo; há pessoas demais interessadas em defendê-lo. Mesmo os filósofos se acomodam a ele, porque responde a tudo e não demanda investigações. Mas, se aprendemos a ver, a ouvir etc. — como o gosto, que é apenas a arte de bem ver, de bem ouvir etc. —, não seria uma qualidade adquirida? Não nos enganemos a respeito; o gênio não é, em sua origem, senão uma grande disposição para aprender a sentir; o gosto é partilhado apenas pelos que fizeram das artes um estudo, e os grandes conhecedores são tão raros quanto os grandes artistas.

As reflexões que acabamos de fazer sobre o instinto e a razão demonstram o quanto o homem é a respeito de tudo isso superior aos outros animais. Vê-se que o instinto é seguro apenas na medida em que é limitado, e que se, sendo mais extenso, ocasiona erros, tem a vantagem de ser de maior ajuda, de conduzir a descobertas maiores e mais úteis, e de encontrar na razão um vigia que o adverte e o corrige.

O instinto dos animais só repara um reduzido número de propriedades nos objetos. Abarca apenas conhecimentos práticos; por conseguinte, não faz ou quase não faz abstrações. Para fugir do que lhe é contrário para buscar o que lhe é próprio, não é necessário que decomponham as coisas que temem

Tratado dos animais

ou desejam. Se têm fome, não consideram separadamente as qualidades e os alimentos; somente buscam a comida, esta ou aquela. Se não têm mais fome, não se ocupam mais dos alimentos nem das qualidades.

Como formam poucas abstrações, têm poucas ideias gerais; quase tudo é apenas indivíduo para eles. Pela natureza de suas carências, só os objetos externos podem lhes interessar. Seu instinto os conduz sempre ao que está fora, e não descobrimos nada que possa fazê-los refletir sobre si para observar o que são.

O homem, ao contrário, capaz de toda espécie de abstração, pode se comparar a tudo o que o circunda. Volta-se a si mesmo e de si mesmo sai, seu ser e a natureza inteira se tornam objetos de suas observações; seus conhecimentos se multiplicam, as artes e as ciências nascem, e nascem apenas para ele.

Eis um campo bem vasto, mas darei aqui apenas dois exemplos da superioridade do homem sobre os outros animais: um será tirado do conhecimento da divindade, o outro do conhecimento da moral.

Capítulo VI
Como o homem adquire o conhecimento de Deus[20]

A ideia de Deus é o grande argumento dos filósofos que creem nas ideias inatas. É na natureza deste ser que eles veem sua exis-

---

20 Este capítulo foi quase inteiramente tirado de uma dissertação que fiz há alguns anos, impressa numa coletânea da academia de Berlim, e na qual não pus meu nome. [Ver texto referido em Bongie, *Les Monades*, parte II, cap.9. – N. T.]

129

tência, pois a essência de todas as coisas se desvela sob seus olhos. Como haveria então homens tão cegos para conhecer os objetos apenas pelas relações que têm conosco? Como essas naturezas, essas essências, essas determinações primeiras, essas coisas, numa palavra, às quais se dão tantos nomes, nos escapariam se se pudesse apreendê-las com mãos tão seguras?

Ainda crianças, percebemos nos objetos somente qualidades relativas a nós; se nos for possível descobrir as essências, haveria de se convir ao menos que é preciso uma larga experiência sustentada por muita reflexão, e os filósofos reconhecerão que este não é um conhecimento próprio à criança, mas, porque tiveram infância, já foram ignorantes como nós. É preciso, portanto, observá-las, reparar nos auxílios que tiveram, ver como se elevaram de ideias em ideias e apreender como passaram do conhecimento daquilo que as coisas são com relação a nós para o conhecimento daquilo que são em si mesmas. Se eles fizeram essa passagem, poderemos segui-los, e nos tornaremos a este respeito adultos como eles; se não a fizeram, é preciso que voltem a ser crianças conosco.

Mas todos seus esforços são vãos, o *Tratado das Sensações* o demonstrou; e creio que em breve estaremos todos convencidos de que o conhecimento que temos da divindade não se estende à sua natureza. Se conhecêssemos a essência do Ser infinito, conheceríamos sem dúvida a essência de tudo o que existe. Mas se o conhecemos apenas pelas relações que tem conosco, estas relações provam definitivamente sua existência.

Quanto mais importante é uma verdade, mais se deve ter o cuidado de apoiá-la sobre razões sólidas. A existência de Deus é uma delas, contra a qual se debatem todos os tratados dos

Ateus. Mas se a estabelecermos sobre princípios fracos, não é de se temer que o incrédulo imagine ter, sobre a verdade mesma, uma vantagem que teria apenas sobre nossos raciocínios frívolos, e que esta falsa vitória o mantenha no erro? Não é de se temer que ele nos diga como aos Cartesianos: *A que servem estes princípios metafísicos, que tratam de hipóteses completamente gratuitas? Credes raciocinar de acordo com uma noção muito exata quando falais da ideia de um ser infinitamente perfeito, como de uma ideia que encerra uma infinitude de realidades? Não reconheceis o trabalho de vossa imaginação, e não vedes que supondes o que desejais provar?*

A noção mais perfeita que poderíamos ter da Divindade não é infinita. Ela encerra, como toda ideia complexa, apenas um certo número de ideias parciais. Para formarmos esta noção, e para demonstrar ao mesmo tempo a existência de Deus, parece-me haver um meio bem simples: buscar por quais progressos e por qual sequência de reflexões o espírito pode adquirir as ideias que a compõem, e sobre quais fundamentos ele pode reuni-las. Então, os Ateus não poderão contestar que raciocinamos de acordo com ideias imaginárias, e veremos o quanto seus esforços são vãos para sustentar hipóteses que caem por si mesmas. Comecemos.

Um concurso de causas me deu a vida; por um concurso semelhante, os momentos são para mim preciosos ou difíceis; por outro, ela me será levada. Eu não poderia duvidar nem de minha dependência nem de minha existência. As causas que agem imediatamente sobre mim seriam as únicas das quais dependo? Então não sou feliz ou infeliz senão por elas, e não tenho nada a esperar de alhures.

Tal poderia ter sido, ou quase, a primeira reflexão dos homens quando começaram a considerar as impressões agradáveis e desagradáveis que recebiam da parte dos objetos. Eles viram sua felicidade e infelicidade sob o poder de tudo o que agia sobre eles. Esse conhecimento os humilhou diante de tudo o que há, e os objetos cujas impressões eram mais sensíveis foram suas primeiras divindades. Aqueles que se detiveram sobre essa noção grosseira e não souberam remontar a uma primeira causa, incapazes de acordarem às sutilezas metafísicas dos Ateus, jamais pensaram em colocar em dúvida a potência, a inteligência e a liberdade de seus deuses. O culto de todos os idólatras é a prova disso. O homem só começou a combater a divindade quando estava melhor constituído para conhecê-la.

O politeísmo prova, então, o quanto estamos todos convencidos de nossa dependência; para destruí-lo, basta não se deter na primeira noção que foi seu princípio. Continuo, portanto. O quê? Eu dependeria unicamente dos objetos que agem imediatamente sobre mim! Não vejo então que estes, por sua vez, obedecem à ação de tudo que os circunda? O ar me é salutar ou prejudicial pelas exalações que recebe da terra. Mas que vapor ela faria sair de seu seio se não fosse aquecida pelo sol? Que causa fez, deste último, um corpo inteiro de fogo? Esta causa reconhecerá ainda uma outra? Ou, para não me deter em lugar algum, admitirei uma progressão de efeitos ao infinito sem uma primeira causa? Haveria, então, propriamente uma infinitude de efeitos sem causa. Evidente contradição!

Essas reflexões, ao dar a ideia de um primeiro princípio, demonstram ao mesmo tempo sua existência. Não é possível, portanto, suspeitar que essa ideia seja uma daquelas que têm realidade apenas na imaginação. Os filósofos que a rejeitaram foram o joguete da linguagem mais vã. O acaso é apenas uma palavra, e a necessidade que eles têm dela para construir seus

Tratado dos animais

sistemas prova o quanto é necessário reconhecer um primeiro princípio.

Quaisquer que sejam os efeitos que considero, todos me conduzem a uma primeira causa que os dispõe, ou que os arranja, quer imediatamente, quer por intermédio de algumas causas segundas. Mas sua ação teria por fim seres que existiriam por si mesmos, ou seres que ela teria tirado do nada? Esta questão parece pouco necessária se concedermos o ponto mais importante, o de que dependemos dela. Com efeito, se eu existisse por mim mesmo, e me sentisse apenas pelas percepções que esta causa me dá, ela não produziria minha felicidade ou infelicidade? Que importa que eu exista se for incapaz de sentir-me? E propriamente a existência daquilo que chamo *eu*, onde começa ela se não for no momento em que começo a tomar consciência dela? Mas suponhamos que o primeiro princípio apenas modifique os seres que já existem por si mesmos, e vejamos se essa hipótese pode se sustentar.

Um ser não pode existir sem que esteja modificado de uma certa maneira. Assim, na suposição em que todos os seres existem por si mesmos, eles têm também por si mesmos tal e tal modificação, de sorte que as modificações se seguem necessariamente da mesma natureza que causa, como supomos, sua existência.

Ora, se o primeiro princípio não pode nada sobre a existência dos seres, é contraditório que possa tirar-lhes modificações que são, junto a sua existência, efeitos necessários de uma mesma natureza. Que, por exemplo, A, B, C, que supomos existir por si mesmos, estejam em consequência sob certas relações; aquele que não tem poder sobre sua existência também não tem sobre estas relações, não pode mudá-las, pois um ser não pode nada sobre um efeito que depende de uma causa alheia à sua potência.

Se um corpo por sua natureza existe redondo, não se tornará quadrado senão quando sua natureza mesma o fizer existir quadrado; e aquele que não pode retirar-lhe a existência não pode retirar-lhe a redondeza para dar-lhe outra figura. Igualmente, se por minha natureza existo com uma sensação agradável, não provarei outra desagradável senão na medida em que minha natureza mudar minha maneira de existir. Numa palavra, modificar um ser é mudar sua maneira de existir. Ora, se ele é independente quanto à sua existência, também o é quanto à maneira pela qual existe.

Concluamos que o princípio que arranja todas as coisas é o mesmo que as faz existir. Eis a criação. Ela não é a nosso respeito senão a ação de um primeiro princípio pelo qual os seres se tornam, de não existentes, existentes. Não poderíamos formar uma ideia mais perfeita dela, mas esta não é uma razão para negá-la, como alguns filósofos pretenderam.

Um cego de nascença negava a possibilidade da luz porque não podia compreendê-la, e sustentava que, para conduzir-nos, podemos apenas ter recursos mais ou menos semelhantes aos dele. Vós me assegurais, dizia ele, que as trevas em que estou são apenas uma privação daquilo que chamais luz; convindes que não há quem não possa se encontrar sob as mesmas trevas. Suponhamos, portanto, acrescentava, que todo o mundo estivesse sob elas atualmente, e não será possível que a luz jamais se reproduza, pois o ser não saberia provir de sua privação ou não saberia tirar algo do nada.

Os ateus se encontram no caso deste cego. Eles veem os efeitos, mas não tendo ideia de uma ação criadora, negam-na

Tratado dos animais

para substituí-la por sistemas ridículos. Eles poderiam sustentar igualmente que é impossível que tenhamos sensações, pois acaso se concebe como um ser que não sentia começa a se sentir?

De resto, não é surpreendente que não concebamos a criação, pois não percebemos nada em nós que possa servir-nos de modelo para formar uma ideia dela. Concluir daí que ela é impossível é dizer que a primeira causa não pode criar porque nós mesmos não o podemos; é mais uma vez o caso daquele cego que nega a existência da luz.

Uma vez que está demonstrado que uma causa nada pode sobre um ser ao qual não deu a existência, o sistema de Epicuro se destrói, porque supõe que as substâncias que existem cada uma por si mesmas agem, entretanto, umas sobre as outras. Não resta recurso aos ateus senão dizer que todas as coisas emanam necessariamente de um primeiro princípio, como de uma causa cega e sem desígnio. Eis, com efeito, onde eles reúnem todos os seus esforços. É preciso, portanto, desenvolver as ideias de inteligência e liberdade e ver sobre qual fundamento elas podem se juntar às primeiras.

Tudo está presente ao primeiro princípio, pois na própria suposição dos ateus tudo está encerrado em sua essência. Se tudo é presente, ele está em todo lugar, existe em todos os tempos; é imenso, eterno. Logo, ele não imagina como nós, e toda sua inteligência, se ele a tem, consiste em conceber. Mas há ainda bastante diferença entre sua maneira de conceber e a nossa: 1º suas ideias não têm a mesma origem; 2º ele não as forma umas a partir das outras por uma espécie de geração; 3º ele não tem necessidade de signos para arranjá-las em sua memória, ele sequer tem memória, pois tudo lhe é presente;

4º ele não se eleva de conhecimentos em conhecimentos por diferentes progressos. Ele vê todos os seres de uma só vez, tanto os possíveis quanto os existentes; vê num mesmo instante a natureza, todas as propriedades, todas as combinações e todos os fenômenos que devem deles resultar. É desse modo que ele deve ser inteligente; mas como nos assegurarmos de que é? Há apenas um meio. Os mesmos efeitos que nos conduziram a esta primeira causa nos permitirão conhecer o que ela é quando refletirmos sobre o que eles mesmos são.

Consideremos os seres que ela arranjou. (Digo arranjou, pois não é necessário supor que os tenha criado para provar sua inteligência.) Seria possível ver a ordem das partes do universo, a subordinação que há entre elas e como tantas coisas diferentes formam um todo tão durável, e manter-se convencido de que o universo tem por causa um princípio que não tem conhecimento algum do que produz, que, sem desígnio, sem visão, relaciona, entretanto, cada ser a fins particulares subordinados a um fim geral? Se este objeto é vasto demais, que se lancem os olhos sobre o mais vil inseto. Quanta fineza! Quanta beleza! Quanta magnificência nos órgãos! Quantas precauções na escolha das armas, tanto ofensivas quanto defensivas! Quanta sabedoria nos meios de que foi provido para sua subsistência! Mas, para observar algo que nos é mais íntimo, não saiamos de nós mesmos. Que cada um considere com quanta ordem os sentidos concorrem à sua conservação, como cada um depende de tudo o que o circunda e como se liga a tudo por sentimentos de prazer ou dor. Que repare como seus órgãos são feitos para transmitir-lhe percepções, como sua sua alma é feita para operar essas percepções, formar novas ideias delas todos os dias e adquirir uma inteligência que ela ousa recusar ao primeiro

Tratado dos animais

ser. Ele concluirá, sem dúvida, que aquele que nos enriquece de tantas sensações diferentes conhece a dádiva com que nos presenteia; que ele não dá à alma a faculdade de operar sobre suas sensações sem saber o que lhe dá; que a alma não pode, pelo exercício de suas operações, adquirir inteligência sem que ele mesmo tenha uma ideia desta inteligência; que, numa palavra, ele conhece o sistema pelo qual todas as nossas faculdades nascem do sentimento; e que, por conseguinte, ele nos formou com conhecimento e com desígnio.

Mas sua inteligência deve ser tal como eu disse, isto é, deve abraçar tudo numa mesma visada. Se algo lhe escapasse, nem que seja por um instante, a desordem destruiria sua obra.

Nossa liberdade encerra três coisas: 1º algum conhecimento daquilo que devemos ou não devemos fazer; 2º a determinação da vontade, mas uma determinação que compete a nós e que não seja o efeito de uma causa mais potente; 3º o poder de fazer o que queremos.

Se nosso espírito fosse bastante extenso e vivo para abraçar, numa visão simples, as coisas segundo todas as relações que têm conosco, não perderíamos tempo em deliberar. Conhecer e se determinar supuriam um só e mesmo instante. A deliberação é, portanto, apenas uma consequência de nossa limitação e ignorância, e não é mais necessária à liberdade do que a ignorância mesma. A liberdade da primeira causa, se ela existe, encerra, portanto, como a nossa, conhecimento, determinação da vontade e poder de agir, mas difere dela no fato de que exclui qualquer deliberação.

Vários filósofos encararam a dependência em que estamos do primeiro ser como um obstáculo à nossa liberdade. Este não é o lugar de refutar este erro, mas, porque o primeiro ser é independente, nada impede que seja livre, pois encontramos nos atributos de potência e independência, que os ateus não lhe podem recusar, e no de inteligência, que nós provamos lhe convir, tudo o que constitui a liberdade. Com efeito, nele encontramos conhecimento, determinação e poder de agir. Isto é tão verdadeiro que os que quiseram negar a liberdade da primeira causa foram obrigados, para raciocinar consequentemente, a recusar-lhe inteligência.

Este ser, como é inteligente, discerne o bem e o mal, julga o mérito e o demérito, aprecia tudo; como é livre, determina-se e age em consequência daquilo que conhece. Assim, de sua inteligência e liberdade nascem sua bondade, justiça e misericórdia; sua providência, numa palavra.

O primeiro princípio conhece e age de maneira que não passa de pensamentos em pensamentos, de desígnios em desígnios. Tudo lhe é presente, como dissemos; e por conseguinte é num instante sem sucessão que ele goza de todas as suas ideias, que forma todas as suas obras. É permanentemente e ao mesmo tempo tudo o que pode ser, é imutável. Mas, se cria por uma ação que não tem começo nem fim, como começam as coisas? Como podem acabar?

É que as criaturas são necessariamente limitadas; elas não poderiam ser de uma vez tudo o que podem ser: é preciso que experimentem mudanças sucessivas, é preciso que durem, e, por conseguinte, que comecem e possam acabar.

Mas, se é necessário que todo ser limitado dure, não é necessário que a sucessão seja absolutamente a mesma em todos, de sorte que a duração de um corresponda à duração de outro, instante por instante. Embora o mundo e eu sejamos criados na mesma eternidade, temos cada um nossa própria duração. Ele dura pela sucessão de seus modos, eu duro pela sucessão dos meus; e, porque essas duas sucessões podem existir uma sem a outra, ele durou sem mim, eu poderia durar sem ele, e poderíamos acabar os dois.

Assim, basta refletir sobre a natureza da duração para perceber, tanto quanto nossa fraca visão pode permiti-lo, como o primeiro princípio, sem alterar sua imutabilidade, é livre para fazer nascer ou morrer as coisas mais cedo ou mais tarde. Isso vem unicamente do poder que ele tem de mudar a sucessão dos modos de cada substância. Se, por exemplo, a ordem do universo tivesse sido completamente outra; o mundo, como provou-se alhures,[21] contaria milhões de anos ou apenas alguns minutos, e é uma consequência da ordem estabelecida que cada coisa nasça e morra no tempo. A primeira causa é livre, porque produz nas criaturas a variação e a sucessão que lhe apraz, e é imutável, porque faz tudo isso num instante que coexiste com toda a duração das criaturas.

A limitação das criaturas nos leva a pensar que sempre se pode acrescentar-lhes algo. Poder-se-ia, por exemplo, aumentar a extensão de nosso espírito, de sorte que ele percebesse ao mesmo tempo cem ideias, mil ou mais, como percebe atualmente duas. Mas, pela noção que acabamos de formar do primeiro ser, não pensamos que se possa acrescentar-lhe nada. Sua inteligência, por exemplo, não poderia se estender a novas ideias; ela abraça tudo. O mesmo vale para seus outros atributos, cada um deles é infinito.

---

21 *Tratado das Sensações*, parte I, cap.4, §18. [Na versão original da mencionada dissertação *Les Monades*, esta nota remete a um capítulo anterior do mesmo texto; aqui, Condillac remete à mesma passagem, mas em sua transcrição no *Tratado das Sensações*. (N. T.)]

Há um primeiro princípio; mas há apenas um? Haveria dois, ou mesmo mais? Examinemos ainda estas hipóteses.

Se há vários primeiros princípios, eles são independentes pois aqueles que fossem subordinados não seriam os primeiros. Mas daí se segue: 1º que eles não podem agir uns sobre os outros, 2º que não pode haver comunicação alguma entre eles; 3º que cada um deles existe à parte, sem sequer saber que outros existem; 4º que o conhecimento e a ação de cada um se limita à sua própria obra; 5º que, enfim, se não houver subordinação entre eles, tampouco pode haver entre as coisas que eles produzem.

Todas estas são verdades incontestáveis, pois não pode haver comunicação entre dois seres a não ser na medida em que há alguma ação de um sobre o outro.

Ora, um ser só pode ver e agir sobre si mesmo, porque só pode realizar uma e outra coisa ali onde está. Sua visão e sua ação não podem ter outro fim além de sua própria substância e a obra que ela encerra. Mas a independência dos vários primeiros princípios colocaria necessariamente uns fora dos outros, pois um não poderia estar no outro, nem como parte nem como obra. Não haveria, então, entre eles nem conhecimento, nem ação recíproca; não poderiam nem concorrer nem se combater; enfim, cada um se acreditaria sozinho e não suspeitaria que tivesse semelhantes.

Só há, portanto, um primeiro princípio em relação a nós e a todas as coisas que conhecemos, pois elas formam conosco apenas um e mesmo todo. Concluamos, inclusive, que há apenas um em absoluto. O que seriam, com efeito, dois primeiros princípios, dentre os quais um estaria onde o outro não estivesse, veria e poderia aquilo de que o outro não teria conhecimento algum,

Tratado dos animais

e sobre o qual não teria nenhum poder? Mas é inútil deter-se numa suposição ridícula que ninguém defende. Jamais se admitiram vários primeiros princípios, senão para fazê-los concorrer a uma mesma obra; ora, provei que este concurso é impossível. Uma causa primeira, independente, única, imensa, eterna, todo-poderosa, imutável, inteligente, livre e cuja providência se estende a tudo, eis a noção mais perfeita que poderíamos, nesta vida, formar de Deus. A rigor, o ateísmo poderia ser caracterizado pela supressão de apenas alguma dessas ideias; mas a sociedade, considerando mais particularmente a coisa com relação ao efeito moral, não chama de ateus senão os que negam a potência, a inteligência, a liberdade ou, numa palavra, a providência da primeira causa. Se nos conformarmos a essa linguagem, não posso crer que haja povos ateus. Quero dizer, que haja alguns que não tenham culto algum, e mesmo que não tenham nome que corresponda ao de DEUS. Mas há algum homem, por pouco que seja capaz de reflexão, que não note sua dependência e que não se sinta naturalmente levado a temer e a respeitar os seres dos quais acredita depender? Nos momentos em que é atormentado por suas carências, não se humilhará diante de tudo o que lhe parece ser a causa de sua felicidade ou de sua infelicidade? Ora, esses sentimentos não acarretam que os seres que ele teme e respeita sejam potentes, inteligentes e livres? Ele já tem, portanto, as ideias mais necessárias sobre Deus com relação ao efeito moral. Que esse homem depois dê nomes a esses seres, que imagine um culto, poder-se-ia dizer que não conhece a divindade senão a partir desse momento e que até ali foi ateu? Concluamos que o conhecimento de Deus está ao alcance de todos os homens, isto é, é um conhecimento proporcional ao interesse da sociedade.

Capítulo VII
Como o homem adquire o conhecimento dos princípios da moral

A experiência não permite aos homens ignorar o quanto eles se prejudicariam se cada um, querendo se ocupar de sua felicidade às expensas da dos outros, pensasse que toda ação é suficientemente boa desde que cause um bem físico àquele que age. Quanto mais refletem sobre suas carências, sobre seus prazeres, sobre suas dores e sobre todas as circunstâncias pelas quais passam, mais sentem o quanto é necessário ajudarem-se uns aos outros. Assim, engajam-se reciprocamente; convêm a respeito do que será permitido ou proibido, e suas convenções são leis às quais as ações devem estar subordinadas; é aí que começa a moralidade.

Nessas convenções, os homens acreditariam ver apenas sua própria obra se não fossem capazes de se elevar até a divindade, mas reconhecem logo seu legislador nesse ser supremo que, dispondo de tudo, é o único a dispensar bens e males. Se é por ele que existem e se conservam, veem que é a ele que obedecem quando se dão leis. Eles as encontram, por assim dizer, escritas em sua natureza.

Com efeito, ele nos forma para a sociedade e nos dá todas as faculdades necessárias para descobrir os deveres do cidadão. Ele quer, portanto, que cumpramos esses deveres; certamente não poderia manifestar sua vontade de uma maneira mais sensível. As leis que a razão nos prescreve são, então, leis que Deus nos impõe ele mesmo; e é aqui que se alcança a moralidade das ações.

Há então uma lei natural, isto é, uma lei que tem seu fundamento na vontade de Deus, e que descobrimos unicamente

Tratado dos animais

pelo uso de nossas faculdades. Não há um homem sequer que ignore absolutamente essa lei, pois não poderíamos formar uma sociedade, por mais imperfeita que seja, sem que nos obrigássemos logo uns em relação aos outros. Se há alguns que querem ignorá-la, estão em guerra com toda a natureza, estão mal consigo mesmos, e este estado violento prova a verdade da lei que rejeitam e o abuso que fazem de sua razão.

Não se deve confundir os meios que temos para descobrir essa lei com o princípio que lhe dá toda sua força. Nossas faculdades são os meios para conhecê-la; Deus é o único princípio de onde ela emana. Ela estava nele antes que criasse o homem, é a ela que ele consultou quando nos formou e é a ela que ele quis nos sujeitar.

Uma vez estabelecidos estes princípios, somos capazes de mérito ou demérito com relação a Deus mesmo: é de sua justiça punir-nos ou recompensar-nos.

Mas não é neste mundo que os bens e os males são proporcionais ao mérito e ao demérito. Há, portanto, uma outra vida na qual o justo será recompensado e o malfeitor, punido; e nossa alma é imortal.

Entretanto, se consideramos apenas sua natureza, ela pode cessar de ser. Aquele que a criou pode deixá-la voltar ao nada. Continuará, portanto, a existir só porque Deus é justo. Mas, dessa maneira, a imortalidade é-lhe tão assegurada quanto se ela fosse uma consequência de sua essência.

Não há obrigações para os seres que são absolutamente incapazes de conhecer as leis. Deus, não lhes concedendo meio algum para formarem ideias do justo e do injusto, demonstra que nada exige deles, como evidencia tudo o que comanda ao homem quando o presenteia com as faculdades que devem elevá-lo a esses conhecimentos. Assim, nada é ordenado para os animais, nada é proibido, eles não têm regras senão a força. Incapazes de mérito e demérito, não têm direito algum sobre a justiça divina. Logo, sua alma é mortal.

Entretanto, esta alma não é material, e se concluirá sem dúvida que a dissolução do corpo não acarreta seu aniquilamento. Com efeito, estas duas substâncias podem existir uma sem a outra; sua dependência mútua só ocorre porque Deus o quer, e enquanto o quer. Mas a imortalidade não é natural a nenhuma das duas, e se Deus não a concede à alma dos animais, é unicamente porque não lhes deve.

Os animais sofrem, se dirá. Ora, como conciliar com a justiça divina as dores às quais estão condenados? Respondo que estas penas lhes são em geral tão necessárias quanto os prazeres dos quais gozam; era o único meio de adverti-las daquilo que devem fugir. Se às vezes experimentam tormentos que ocasionam sua infelicidade sem contribuir à sua conservação, é porque devem morrer, e estes tormentos são uma sequência das leis físicas que Deus julgou conveniente estabelecer, e que não deve mudar para eles.

Portanto, não vejo que, para justificar a providência, seja necessário supor com Malebranche que os animais sejam puros autômatos. Se conhecêssemos os mecanismos da natureza, descobriríamos a razão dos efeitos que nos são mais difíceis de compreender. Nossa ignorância a esse respeito não nos autoriza a recorrer a sistemas imaginários; seria bem mais sábio ao filósofo repousar-se sobre Deus e sua justiça.

Concluamos que, embora a alma dos outros animais seja simples como a do homem, e que a esse respeito não haja diferença alguma entre uma e outra, as faculdades que partilhamos

Tratado dos animais

e o fim ao qual Deus nos destina demonstram que, se pudéssemos penetrar na natureza dessas duas substâncias, veríamos que diferem infinitamente. Nossa alma não é, portanto, da mesma natureza que a dos outros animais.

Os princípios que expusemos neste capítulo e no precedente são os fundamentos da moral e da religião natural. A razão, ao descobri-las, prepara as verdades sobre as quais apenas a revelação pode nos instruir e mostra que a verdadeira filosofia não poderia ser contrária à fé.

Capítulo VIII
Em que as paixões do homem diferem das dos outros animais[22]

Já mostramos o bastante o quanto nosso conhecimento é superior ao dos outros animais; resta-nos buscar em quê nossas paixões diferem das deles.

Se os outros animais não têm nossa reflexão, nosso discernimento, nosso gosto, nossa invenção, e estão, além disso, limitados pela natureza a um pequeno número de carências, é bastante evidente que não poderiam ter todas as nossas paixões.

O amor-próprio é sem dúvida uma paixão comum a todos os animais, e é dele que nascem todas as outras inclinações.

---

22 *Uma paixão é outra coisa*, diz sr. de B., *além de uma sensação mais forte que as outras e que se renova a todo instante?* (in-4º, t.4, p.77; in-12, t.7, p.109).
Sem dúvida é outra coisa. Um homem violentamente atacado pela gota tem uma sensação mais forte que as outras e que se renova a todo instante. A gota é então uma paixão? Uma paixão é um desejo dominante tornado hábito. Cf. o *Tratado das Sensações*.

145

Mas não se deve entender, por este amor, o desejo de se conservar. Para formar tal desejo, é preciso saber que é possível perecer; e é apenas depois de testemunhar a perda de nossos semelhantes que podemos pensar que a mesma sorte nos aguarda. Aprendemos, ao contrário, ao nascer, que somos sensíveis à dor. O primeiro objeto do amor-próprio é, portanto, afastar todo sentimento desagradável; e é por aí que ele tende à conservação do indivíduo.

É a isso que provavelmente se limita o amor-próprio dos outros animais. Como não se afetam reciprocamente senão pelos signos que dão a sua dor ou a seu prazer, os que continuam a viver não dão mais atenção aos que não existem mais. Além disso, sempre levados por suas carências ao que está fora deles, incapazes de refletir sobre si mesmos, nenhum diria ao ver seus semelhantes privados de movimento: *estão mortos, acabarei como eles*. Não têm, portanto, nenhuma ideia da morte, só conhecem a vida por sentimento, morrem sem ter previsto que podiam deixar de ser e, quando trabalham por sua conservação, estão ocupados apenas em afastar a dor.

Os homens, ao contrário, observam-se reciprocamente em todos os instantes de sua vida, porque não estão limitados a comunicar apenas os sentimentos cujos signos podem ser alguns movimentos ou alguns gritos inarticulados. Dizem uns aos outros tudo o que sentem e tudo o que não sentem. Ensinam mutuamente como sua força cresce, enfraquece, se extingue. Enfim, aqueles que morrem primeiro dizem que não mais são ao parar de dizer que existem, e todos repetem logo: *um dia, portanto, não seremos mais*.

Por conseguinte, para o homem, o amor-próprio não é apenas o desejo de afastar a dor, é ainda o desejo de sua conservação. Este amor se desenvolve, se estende, muda de caráter de acordo com os objetos; ele toma tantas formas diferentes quantas maneiras há de se conservar, e cada uma dessas formas é uma paixão particular.

É inútil deter-se aqui sobre todas essas paixões. Vê-se facilmente como, na sociedade, a profusão de necessidades e a diferença das condições propiciam ao homem paixões às quais os outros animais não são suscetíveis.

Mas nosso amor-próprio tem ainda um caráter que não pode convir ao dos outros animais. Ele é virtuoso ou vicioso porque somos capazes de conhecer nossos deveres e remontar aos princípios da lei natural. O dos outros animais é um instinto que tem por objeto apenas os bens e os males físicos.

Desta única diferença nascem para nós prazeres e dores cujas ideias os outros animais não poderiam formar, pois as inclinações virtuosas são fonte de sentimentos agradáveis, e as inclinações viciosas são fonte de sentimentos desagradáveis.

Esses sentimentos se renovam frequentemente porque, pela natureza da sociedade, quase não há momentos na vida em que não tenhamos ocasião de fazer alguma ação virtuosa ou viciosa. Dessa maneira, eles conferem à alma uma atividade pela qual tudo a entretém, e da qual logo constituímos uma carência.

Desde então, não é mais possível satisfazer todos os nossos desejos; ao contrário, ao obter o gozo de todos os objetos aos quais os desejos nos levam, nos encontramos incapazes de satisfazer a mais premente de todas as nossas carências, a de desejar. Se retirarmos de nossa alma esta atividade que se tornou necessária, só nos restaria um vazio esmagador, um tédio de tudo e de nós mesmos.

Desejar é, portanto, a mais premente de todas as nossas carências; mal um desejo é satisfeito e já formamos outro.

Frequentemente obedecemos a vários ao mesmo tempo, ou, se não podemos, reservamos para outro momento aqueles aos quais as circunstâncias presentes não nos permitem abrir nossa alma. Assim nossas paixões se renovam, se sucedem, se multiplicam, e não vivemos mais senão para desejar e na medida em que desejamos.

O conhecimento das qualidades morais dos objetos é o princípio que faz eclodir de um mesmo germe esta profusão de paixões. Esse germe, o mesmo em todos os animais, é o amor-próprio; mas o solo, se ouso assim dizer, não é próprio a torná-lo igualmente fecundo em toda parte. Enquanto as qualidades morais, multiplicando para nós as relações dos objetos, nos oferecem sem cessar novos prazeres, ameaçam-nos com novas dores, produzem uma infinidade de carências e, dessa maneira, nos interessam e nos ligam a tudo; o instinto dos outros animais, limitado ao físico, opõe-se não somente ao nascimento de vários desejos, mas diminui ainda o número e a vivacidade dos sentimentos que poderiam acompanhar as paixões, quer dizer, subtrai aquilo que principalmente merece nos ocupar, e que sozinho pode fazer a felicidade ou a infelicidade de um ser racional. Eis por que não vemos nas ações dos outros animais senão uma brutalidade que tornaria vis as nossas. A atividade de sua alma é momentânea; cessa com as carências do corpo e só se renova com elas. Eles têm apenas uma vida emprestada que, unicamente excitada pela impressão dos objetos sobre os sentidos, logo dá lugar a uma espécie de letargia. Sua esperança, seu medo, seu amor, seu ódio, sua cólera, sua tristeza são apenas hábitos que as fazem agir sem reflexão. Suscitados pelos bens e males físicos, esses sentimentos se extinguem assim que estes bens e males desaparecem.

Tratado dos animais

Passam, portanto, a maior parte de sua vida sem nada desejar; não poderiam imaginar nem a profusão das nossas necessidades, nem a vivacidade com a qual queremos tantas coisas ao mesmo tempo. Sua alma adquiriu um grande hábito de pouco agir; em vão tentariam fazer violência a suas faculdades, pois não é possível dar-lhes mais atividade.

Mas o homem, capaz de tornar delicadas as carências do corpo, capaz de formar carências de uma espécie completamente diferente, sempre tem em sua alma um princípio de atividade que age por si mesmo. Sua vida cabe a si, ele continua a refletir e a desejar inclusive nos momentos em que seu corpo não lhe pede mais nada. Suas esperanças, seus medos, seu amor, seu ódio, sua cólera, sua melancolia, sua tristeza são sentimentos razoados [*raisonnés*], que mantêm a atividade de sua alma e se nutrem de tudo o que as circunstâncias podem oferecer.

Portanto, a felicidade e a infelicidade do homem diferem bastante da felicidade e da infelicidade dos outros animais. Felizes quando têm sensações agradáveis, infelizes quando as têm desagradáveis, há apenas o físico de bom ou de mal para eles. Mas, aos olhos do homem, com exceção das dores vivas, as qualidades físicas se dissipam, por assim dizer, diante das qualidades morais. As primeiras podem começar nossa felicidade ou infelicidade, mas apenas as últimas podem preencher totalmente uma ou outra; aquelas são sem dúvida boas ou más, estas são sempre melhores, ou piores. Numa palavra, o moral, que no princípio é apenas o acessório das paixões, se torna o principal nas mãos do homem.[23]

---

23 Segundo sr. de B., não há senão o físico no amor que seja bom, o moral nele nada vale (in-4º, t.4, p.80; in-12, t.7, p.115). Na ver-

O que contribui sobretudo à nossa felicidade é esta atividade que a profusão de nossas carências nos tornou necessária. Não somos felizes senão na medida em que agimos, que exercemos nossas faculdades; não sofremos pela perda de um bem senão porque uma parte da atividade de nossa alma fica sem objeto. Habituados a exercer nossas faculdades sobre o que perdemos, não sabemos exercê-las sobre o que nos resta, e não nos consolamos.

Assim nossas paixões são mais delicadas sobre os meios apropriados a satisfazê-las: querem escolha; aprendem da razão, que interrogam, a não ver diferença entre o bom e o honesto, entre a felicidade e a virtude; e é assim, sobretudo, que elas nos distinguem do resto dos animais.

Vê-se que, por esses detalhes como de um único desejo, o de afastar a dor, nascem as paixões em todos os seres capazes de sentimento; como os movimentos que nos são comuns com os outros animais e que não parecem neles senão o efeito de um instinto cego, se transformam em nós em vícios e virtudes; e como a superioridade que temos pela inteligência nos torna superiores pelo lado das paixões.

---

dade, um e outro é bom ou mau; mas sr. de B. não considera o físico do amor senão pelo lado belo, e o eleva bem acima do que é, já que o encara como *a causa primeira de todo bem*, como *a fonte universal de todo prazer*. Não considera também o moral senão pelo lado que rebaixa o homem, e acha que *apenas fizemos estragar a natureza*. Se eu encarasse o amor pela perspectiva que o sr. de B. esqueceu, seria fácil provar que há apenas o moral nesta paixão que seja bom, e que o físico nela nada vale; mas eu apenas abusaria dos termos sem poder felicitar-me por uma eloquência que não tenho, e da qual não gostaria de fazer uso se tivesse.

Tratado dos animais

Capítulo IX
Sistema dos hábitos em todos os animais:
como ele pode ser vicioso; que o homem tem a
vantagem de poder corrigir seus maus hábitos

Tudo está ligado no animal; suas ideias e suas faculdades formam um sistema que pode ser mais ou menos perfeito. A carência de fugir da dor e de buscar o prazer vela à instrução de cada sentido, determina a audição, a visão, o paladar e o olfato a tomar lições do tato, faz com que a alma e o corpo contraiam todos os hábitos necessários à conservação do indivíduo, faz eclodir este instinto que guia os animais, e esta razão que esclarece o homem quando os hábitos não são mais suficientes para conduzi-lo; numa palavra, ela faz com que nasçam todas as faculdades.

Mostrei que as sequências de ideias que a alma aprende a percorrer e as sequências de movimentos que o corpo aprende a repetir são as únicas causas desses fenômenos, e que umas e outras variam segundo a diferença das paixões. Portanto, cada paixão supõe na alma uma sequência de ideias que lhe é própria, e no corpo uma sequência correspondente de movimentos. Ela comanda todas essas sequências; é um primeiro móbile que, atingindo uma única mola, dá movimento a todas; e a ação se transmite com mais ou menos vivacidade à proporção que a paixão é mais forte, que as ideias estão mais ligadas e que o corpo obedece melhor às ordens da alma.

Podem surgir, entretanto, desordens no sistema dos hábitos do homem, mas não é que nossas ações dependam de vários princípios; elas têm apenas um, e não podem ter senão um. A desordem se verifica porque as ações não conspiram todas igualmente à nossa conservação, porque não são todas subordinadas a um mesmo fim, e isso acontece quando situamos nosso prazer em objetos contrários à nossa verdadeira felicidade. A unidade de fim, junto da unidade de princípio é, então, o que dá ao sistema toda a perfeição possível.

Mas, porque nossos hábitos se multiplicam infinitamente, o sistema se torna tão complicado que dificilmente há um acordo perfeito entre todas as partes. Os hábitos que se acordam sob certos aspectos se prejudicam sob outros. Os maus não fazem todo o mal que se poderia temer, os bons não fazem todo o bem que se poderia esperar; eles se combatem mutuamente, e é esta a fonte das contradições que às vezes experimentamos. O sistema continua a se sustentar apenas porque o princípio é o mesmo e os hábitos cujo fim é a conservação do homem são ainda os mais fortes.

Os hábitos dos outros animais formam um sistema menos complicado porque são menos numerosos. Supõem apenas poucas carências, e, além disso, em geral são fáceis de satisfazer. Assim, em cada espécie os interesses raramente se cruzam. Cada indivíduo tende à sua conservação de maneira simples e sempre uniforme; e, como tem poucos combates com os outros, tem poucos consigo mesmo; pois a principal fonte de nossas contradições internas é a dificuldade de conciliar nossos interesses com os de nossos concidadãos.

A vantagem que os outros animais têm a esse respeito é apenas aparente, pois estão limitados ao instinto pelas mesmas causas que põem limites a suas carências. Para reconhecer o quanto a nossa sorte é preferível, basta considerar com que superioridade podemos regular por nós mesmos nossos pensamentos.

Tratado dos animais

Se uma paixão viva age sobre uma sequência de ideias cuja ligação se tornou hábito, hei de convir que uma causa superior parece então atuar em nós, mas sem nós; o corpo e a alma se conduzem por instinto, e nossos pensamentos nascem como inspirações.[24]

Mas se as paixões são fracas, se as ideias estão pouco ligadas, se notamos que para agir com mais segurança é preciso adquirir novas ideias, se o corpo resiste a nossos desejos, em cada um desses casos — e são os mais frequentes — reconhecemos que somos nós que comparamos e julgamos. Vamos de um pensamento a outro com escolha, agimos com reflexão; bem longe de sentir o peso de um impulso estrangeiro, sentimos que determinamos nós mesmos nossos movimentos, e é então que a razão exerce seu império.

Então, a ligação das ideias é para nós uma fonte de vantagens e de inconvenientes.[25] Se a destruíssemos inteiramente, seria impossível adquirir o uso de nossas faculdades; não saberíamos sequer servir-nos de nossos sentidos.

Se ela se formasse com menos facilidade e menos força, não contrairíamos tantos hábitos diferentes, e isso seria tão contrá-

---

24 "Eis por que os Filósofos acreditaram ver apenas a natureza nestes fenômenos, e é também o que serviu de fundamento às divindades imaginadas que os Poetas invocam, pois nosso Apolo e nossas Musas são apenas felizes hábitos postos em marcha por grandes paixões." Esta frase final deste parágrafo da edição de 1755 foi suprimida na revisão final das obras por Condillac. (N. Le Roy.)

25 Ver sobre este assunto *Arte de pensar*, parte 1, cap. 5. Nem Locke nem ninguém conheceu toda a extensão do princípio da ligação das ideias. [Esta nota, em 1755, remetia ao *Ensaio sobre a Origem dos Conhecimentos Humanos*, sem especificação de passagem — N. T.]

rio aos hábitos bons quanto aos maus. Teríamos poucos grandes vícios, mas também poucas grandes virtudes; e cairíamos em menos erros, mas seríamos igualmente menos capazes de conhecer a verdade. Em lugar de nos perder ao adotar certas opiniões, nos perderíamos por não tê-las. Não estaríamos sujeitos a essas ilusões que nos fazem às vezes tomar o mal pelo bem; estaríamos sujeitos a essa ignorância que impede de discernir em geral um do outro.

Quais sejam portanto os efeitos que esta ligação produz, era preciso que fosse a mola propulsora de tudo o que existe em nós; bastaria que pudéssemos prevenir seus abusos, ou remediá-los. Ora, nosso interesse bem entendido nos leva a corrigir nossos maus hábitos, a integrar ou mesmo fortalecer os bons e a adquirir outros melhores. Se investigarmos a causa de nossos desvios, descobriremos como é possível evitá-los.

As paixões viciosas supõem sempre alguns juízos falsos. A falsidade do espírito é, portanto, o primeiro hábito que é preciso trabalhar por destruir.

Na infância, todos os homens teriam naturalmente o espírito justo se julgassem apenas as coisas que têm relação mais imediata com sua conservação. Suas carências demandam operações tão simples, as circunstâncias variam tão pouco a seu respeito e se repetem tão frequentemente que os erros devem ser raros e a experiência não pode deixar de corrigi-los.

Com a idade, nossas carências se multiplicam, as circunstâncias mudam ainda mais, se combinam de mil maneiras e várias nos escapam frequentemente. Nosso espírito, incapaz de observar com ordem toda essa variedade, perde-se numa profusão de considerações.

Tratado dos animais

Entretanto, as últimas carências que constituímos são menos necessárias à nossa felicidade e, além disso, somos menos exigentes quanto aos meios próprios a satisfazê-las. A curiosidade nos convida a instruir-nos em mil coisas que nos são estrangeiras; na impossibilidade em que nos encontramos de formar juízos por nós mesmos, consultamos nossos mestres, julgamos de acordo com eles, e nosso espírito começa a se tornar falso. A idade das paixões fortes chega, é o tempo dos nossos maiores desvios. Conservamos nossos antigos erros e adotamos novos: se diria que nosso mais vivo interesse é o de abusar de nossa razão, e é então que o sistema de nossas faculdades é mais imperfeito.

Há dois tipos de erros: uns pertencem à prática, outros à especulação.

Os primeiros são mais fáceis de destruir porque a experiência nos ensina frequentemente que os meios que empregamos para ser felizes são precisamente os que afastam nossa felicidade. Eles nos entregam a falsos bens, que passam rapidamente e deixam para trás apenas a dor ou a vergonha.

Então voltamos sobre nossos primeiros juízos, colocamos em dúvida as máximas que recebemos sem exame, as rejeitamos e destruímos pouco a pouco o princípio de nossos desvios.

Se há circunstâncias delicadas em que o discernimento é difícil demais para a maioria das pessoas, a lei nos esclarece. Se a lei não esgota todos os casos, há sábios que a interpretam e, comunicando suas luzes, difundem na sociedade conhecimentos que não permitem ao homem honesto enganar-se sobre seus deveres. Ninguém mais pode confundir o vício com a virtude; se ainda há viciosos que querem desculpar-se, seus próprios esforços provam que se sentem culpados.

Somos mais propensos aos erros de especulação porque é raro que a experiência nos faça reconhecê-los; sua fonte se esconde em nossos primeiros hábitos. Frequentemente incapazes de remontar a eles, estamos como num labirinto cujas rotas todas percorremos; e se descobrimos às vezes nossos enganos, quase não podemos compreender como seria possível evitá-los. Mas esses erros são pouco perigosos se não influenciam nossa conduta; e se influenciam, a experiência ainda pode corrigi-los. Parece-me que a educação poderia prevenir a maior parte de nossos erros. Se na infância temos poucas necessidades, se a experiência vela por nós e nos adverte de nossos falsos caminhos, nosso espírito conservaria sua primeira justeza sempre que houvesse o cuidado de nos dar vários conhecimentos práticos em proporção às novas carências que contraímos.

Seria preciso cuidar para não sufocar nossa curiosidade ao não respondê-la, mas não seria preciso satisfazê-la inteiramente. Quando uma criança quer saber coisas ainda fora de seu alcance, as melhores razões são para ela apenas ideias vagas; e as más, com as quais buscamos frequentemente contentá-las, são preconceitos dos quais lhe será talvez impossível se livrar. Quão sábio seria deixar subsistir uma parte de sua curiosidade, não dizer-lhe tudo e dizer-lhe apenas verdades! É bem mais vantajoso para ela desejar aprender mais do que se crê instruída quando não o é, ou, o que é mais comum, quando o é mal.

Os primeiros progressos dessa educação seriam na verdade bem lentos. Não se veriam os prodígios prematuros de espírito que se tornam, depois de alguns anos, prodígios de besteiras, mas se veria uma razão livre de erros e, por conseguinte, capaz de elevar-se a muitos conhecimentos.

Tratado dos animais

O espírito do homem demanda apenas instrução. Embora árido no começo, logo se torna fecundo pela ação dos sentidos e se abre à influência de todos os objetos capazes de suscitar nele alguma fermentação. Se a cultura não se apressa em sufocar as más sementes, o espírito se extenuará para produzir plantas pouco saudáveis, amiúde perigosas, e que não serão arrancadas sem grandes esforços.

Cabe a nós suplementar o que a educação não fez. Para isso é preciso, desde cedo, estudar-se para diminuir nossa confiança; seremos bem-sucedidos nisso se nos lembrarmos continuamente dos erros da prática que nossa experiência não nos permite esconder, se considerarmos esta profusão de opiniões que, dividindo os homens, desviam a maioria, e se lançarmos os olhos sobretudo sobre os erros dos maiores gênios.

Já teremos feito bastante progresso quando tivermos chegado a desconfiar de nossos juízos, e restará um meio para adquirir toda a justeza de que seremos capazes. Na verdade, ele é longo, e até penoso; mas, enfim, é o único.

Deve-se começar deixando de lado os conhecimentos que se adquiriu; retomar, em cada gênero e com ordem, todas as ideias que se deve formar; determiná-las com precisão; sustentá-las com exatidão; compará-las por todas as faces que a análise faz descobrir nelas; e compreender nesses juízos apenas as relações que resultam dessas comparações. Em suma, é preciso, por assim dizer, reaprender a tocar, a ver, a julgar; é preciso construir de novo o sistema de todos os nossos hábitos.[26]

---

26 É sob este ponto de vista que trabalhei no meu *Curso de estudos*, no *Tratado das Sensações* e, em geral, em todas as minhas obras.

Não é que um espírito justo não se permita às vezes arriscar juízos sobre coisas que ainda não examinou o bastante. Suas ideias podem ser falsas, mas podem também ser verdadeiras, e com frequência o são, pois ele tem este discernimento que pressente a verdade antes de tê-la apreendido. Suas visadas, mesmo quando se engana, têm a vantagem de ser engenhosas, porque é difícil que sejam inexatas sob todos os aspectos. Ele é, ademais, o primeiro a reconhecer que são arriscadas; assim seus erros não podem ser perigosos, e frequentemente são mesmo úteis.

De resto, quando pedimos que se aspire a toda esta justeza, pedimos muito, para que se possa obter ao menos o necessário. Nosso principal objeto, ao trabalhar para o progresso de nossa razão, deve ser o de prevenir ou corrigir os vícios de nossa alma. São conhecimentos práticos que nos são necessários, e pouco importa que nos desviemos em especulações que não poderiam influenciar nossa conduta. Felizmente, esses tipos de conhecimentos não pedem grande extensão de espírito. Cada homem tem luz o bastante para discernir o que é honesto; e se há cegos a esse respeito, é porque de fato querem cegar-se.

É verdade que esse conhecimento não é suficiente para nos tornar melhores. A vivacidade das paixões, a grande ligação de ideias às quais cada paixão comanda e a força dos hábitos que o corpo e a alma contraíram de concerto são ainda grandes obstáculos a ultrapassar.

Se este princípio, que às vezes age sobre nós tão tiranicamente, se escondesse ao ponto de não podermos descobri-lo, teríamos frequentemente bastante dificuldade em resistir-lhe, e talvez sequer o pudéssemos. Mas desde que o conhecemos, ele já está vencido pela metade. Quanto mais o homem des-

Tratado dos animais

linda os mecanismos das paixões, mais fácil fica subtrair-se ao seu império.

Para corrigir nossos hábitos, é suficiente, portanto, considerar como são adquiridos, como, à medida que se multiplicam, eles se combatem, se enfraquecem e se destroem mutuamente. Pois então conheceremos os meios próprios a desenvolver os bons e a desenraizar os maus.

O momento favorável não é aquele em que as paixões agem com toda a força; em tal caso, estas tendem a se enfraquecer por si mesmas, logo extinguem-se no gozo. Na verdade, renascerão. Entretanto, eis aí um intervalo em que a calma reina, e a razão pode comandar. Que se reflita, então, sobre o desgosto que segue ao crime para produzir o arrependimento que nos atormenta, e sobre o sentimento pacífico e voluptuoso que acompanha toda ação honesta; que se pinte vivamente a consideração do homem virtuoso, a vergonha do vicioso; que se representem as recompensas e os castigos que lhes são destinados nesta vida e na outra. Se o mais leve mal-estar pôde dar origem a nossos primeiros desejos e formar nossos primeiros hábitos, quanto estes motivos tão poderosos não serão propícios para corrigir nossos vícios?

Este já é um primeiro golpe desferido sobre nossos maus hábitos; um segundo momento favorável poderá desferir outros. Assim, pouco a pouco, as inclinações se destruirão, e outras melhores se elevarão sobre essas ruínas.

Poucos instantes após sermos subjugados pelas paixões, temos sempre em nossa razão e nos próprios mecanismos de nossos hábitos, como vencer nossos defeitos. Numa palavra, quando somos maus, temos recursos para nos tornar melhores.

Se, no sistema dos hábitos do homem, há uma desordem que não existe nos outros animais, há, portanto, também como restabelecer a ordem. Não cabe senão a nós gozarmos das vantagens que esse sistema nos oferece e precavermo-nos dos inconvenientes que muito frequentemente provoca; é por isso que somos infinitamente superiores ao resto dos animais.

Capítulo X
Do entendimento e da vontade, seja no homem, seja nos outros animais

Em que o entendimento e a vontade dos animais diferem do entendimento e da vontade do homem? Não será difícil responder a essa questão se começamos por formar ideias exatas destas palavras: *entendimento, vontade*.

Pensar, em sua significação mais extensa, é ter sensações, dar sua atenção, lembrar-se, imaginar, comparar, julgar, refletir, formar-se ideias, conhecer, desejar, querer, amar, esperar, temer, isto é, esta palavra se diz de todas as operações do espírito.

Ela não significa, portanto, uma maneira particular de ser; é um termo abstrato, sob o qual se compreende geralmente todas as modificações da alma.[27]

---

27 Este *pensamento substancial*, que não é nenhuma das modificações da alma, *mas que é ela mesma capaz de toda sorte de modificações*, e que Malebranche tomou pela essência do espírito (ver abaixo), é apenas uma abstração realizada. Também não vejo como sr. de Buffon pôde crer assegurar algo de positivo sobre a alma quando disse: *Ela tem apenas uma forma, pois não se manifesta senão por uma só modificação, que é o pensamento* (in-4º, t.2, p.430; in-12, t.4, p.153), ou, como ele se exprime quatro ou cinco páginas depois: *Nossa alma não tem senão uma forma*

Tratado dos animais

Dividem-se comumente essas modificações em duas classes: uma que se encara como a faculdade que recebe as ideias, que as julga, e se chama *entendimento*; a outra que se encara como um movimento da alma e se chama *vontade*.

Muitos filósofos disputam sobre a natureza dessas duas faculdades, e dificilmente se entendem porque, não desconfiando que são apenas noções abstratas, as tomam por coisas muito reais, que de alguma forma existem separadamente na alma e que têm cada uma um caráter essencialmente diferente. As abstrações realizadas são fonte de vãs disputas e de maus raciocínios.[28]

---

muito simples, muito geral, muito constante; esta forma é o pensamento. Também não compreendo o que ele acrescenta: *A alma se une intimamente a tal objeto que lhe agrada; a distância, a grandeza, a figura, nada pode prejudicar esta união quando a alma a quer; ela se faz e se faz num instante...* *A vontade é então apenas um movimento corporal, e a contemplação um simples toque? Como este toque poderia ser feito sobre um objeto afastado, sobre um sujeito abstrato? Como poderia se operar num instante indivisível? Jamais se concebeu movimento sem que houvesse espaço e tempo? A vontade, se é um movimento, não é, portanto, um movimento material; e se a união da alma a seu objeto é um toque, um contato, este toque não se faz a distância? Este contato não é uma penetração?*

Assim, quando penso no sol, minha alma se aproxima dele por um movimento que não é material; ela se une a ele por um toque que se faz a distância, por um contato que é uma penetração. Estão aí, sem dúvida, mistérios; mas a metafísica é feita para tê-los, e os cria todas as vezes que toma ao pé da letra expressões figuradas. (Ver sobre este assunto o *Tratado dos Sistemas.*) *A alma se une a um objeto* significa que ela pensa nele, que se ocupa da ideia que tem dele em si mesma; e esta explicação completamente vulgar é suficiente para fazer desvanecer este mistério de *movimento*, de *toque*, de *contato*, de *penetração*. [A referência do começo desta nota é: Malebranche, *A Busca da Verdade* [La Recherche de la Vérité], livro III, cap. 3 – N. T.]

28 Provei-o alhures, em *Arte de pensar*, parte 1, cap.8. [Em 1755, remetia-se ao *Ensaio*, I, V – N. T.]

161

É certo que há na alma ideias, juízos, reflexões; e se é isso que se chama *entendimento*, há nela também um entendimento. Mas esta explicação é simples demais para parecer suficientemente profunda aos filósofos. Não ficam contentes quando nos limitamos a dizer que temos órgãos próprios para transmitir ideias e uma alma destinada a recebê-las; querem ainda que haja entre a alma e os sentidos uma faculdade inteligente, que não seja nem a alma nem os sentidos. É um fantasma que lhes escapa, mas que tem bastante realidade para eles, e persistem em sua opinião.

Faremos a mesma observação sobre o que chamam *vontade*, pois não seria suficiente dizer que o prazer e a dor que acompanham nossas sensações determinam as operações da alma; é preciso ainda uma faculdade motriz cuja ideia não se pode dar.

O entendimento e a vontade são, então, apenas dois termos abstratos que dividem em duas classes os pensamentos ou as operações do espírito. Dar sua atenção, lembrar-se, imaginar, comparar, julgar, refletir são maneiras de pensar que pertencem ao entendimento; desejar, amar, odiar, ter paixões, temer, esperar são maneiras de pensar que pertencem à vontade, e essas duas faculdades têm uma origem comum na sensação.

Com efeito, pergunto o que significa esta linguagem, *O entendimento recebe as ideias, a vontade move a alma*, senão que temos sensações que comparamos, sobre as quais formamos juízos, e de onde nascem nossos desejos?[29]

Uma consequência dessa explicação e dos princípios que estabelecemos nesta obra é que, nos outros animais, o entendimento e a vontade compreendem apenas as operações das quais

---

29 Como as línguas se formaram de acordo com nossas carências, e não de acordo com sistemas metafísicos capazes de bagunçar todas

Tratado dos animais

sua alma adquire um hábito, e que no homem essas faculdades se estendem a todas as operações às quais a reflexão preside.

as ideias, seria suficiente consultá-las para se convencer de que as faculdades da alma tiram sua origem da sensação, pois se vê evidentemente que os primeiros nomes que elas tiveram são os mesmos que, a princípio, tinham sido dados às faculdades do corpo. Tais são ainda em francês *atenção, reflexão, compreensão, apreensão, preferência, inclinação* etc. Em latim *cogitatio*, pensamento, vem de *cogo, coago*, eu reúno; porque, quando se pensa, combinam-se suas ideias e se fazem diferentes coleções delas. *Sentire*, sentir, ter sensação, foi dito a princípio apenas do corpo. A prova é que, quando se quis aplicá-la à alma, se disse *sentire animo*, sentir pelo espírito. Se, em sua origem, tivesse sido dita da alma, jamais se teria acrescentado *animo*; mas, ao contrário, se teria juntado a *corpore*; quando se tivesse pretendido transportá-la ao corpo se teria dito *sentire corpore*. *Sententia* vem de *sentire*; por consequência foi em sua origem aplicada ao corpo e significou apenas o que entendemos por *sensação*. Para estendê-la ao espírito, foi preciso, portanto, dizer *sententia animi*, sensação do espírito, isto é, *pensamento, ideia*. É verdade que não conheço exemplo dessa expressão nos Latinos. Quintiliano nota (livro 8, cap.5), inclusive, que os antigos empregavam essa palavra apenas para *pensamento, concepção, juízo*. *Sententiam veteres, quod animo sensissent, vocaverunt* [Às coisas que se sentiam pela alma, os antigos chamavam *sententia*]. É que no tempo dos antigos, do qual se fala, esta palavra já tinha perdido sua primeira significação.

Ela mudou ainda mais, e seu uso foi mais particularmente o de significar os pensamentos dos quais se tinha mais ocasião de falar, ou que primeiro se notam. Tais são as máximas dos sábios, os decretos dos juízes e certas expressões que terminam períodos. Ela significou ao mesmo tempo o que entendemos hoje por *sentença, traço, ponta*.

Tendo *sententia* sido restrita, foi preciso recorrer a outra palavra para exprimir em geral o *pensamento*. Então se disse *sensa mentis*, o que prova que *sensa* sozinha era o mesmo que *sensa corporis*.

Pouco a pouco o sentido metafórico dessa palavra prevaleceu. Imaginou-se *sensus* para o corpo, e não foi mais necessário unir *mentis* a *sensa*.

Desta reflexão nascem as ações voluntárias e livres. Os outros animais agem, como nós, sem repugnância, e esta já é uma condição para o voluntário; mas é preciso ainda outra, pois *eu quero* não significa apenas que uma coisa é agradável para mim, significa ainda que ela é o objeto de minha escolha. Ora, não se escolhe senão entre as coisas das quais se dispõe. Não dispomos de nada quando não fazemos mais do que obedecer a nossos hábitos; seguimos somente o impulso dado pelas circunstâncias. O direito de escolher, a liberdade, pertence, portanto, apenas à reflexão. Mas as circunstâncias comandam os outros animais, o homem, ao contrário, as julga; ele se presta a elas, as recusa, se conduz a si mesmo, ele quer, e é livre.

Conclusão da segunda parte

Nada é mais admirável que a geração das faculdades dos animais. Suas leis são simples, gerais, são as mesmas para todas as espécies e produzem tantos sistemas diferentes quanto há variedade na organização. Se o número dos órgãos, ou somente sua forma, não é igual, as carências variam e ocasionam, cada

---

Mas *sensus* passou ainda ela mesma ao espírito, e é sem dúvida isso que deu lugar a *sensatio*, donde fizemos *sensação*. *Non tamen raro et sic locuti sunt, ut sensa sua dicerent; nam sensus corporis videbantur. Sed consuetudo jam tenuit, ut mente concepta, sensus vocaremus* [Entretanto, não raro falaram assim, que dissessem *sensa*, pois *sensus* pareciam se referir ao corpo. Porém, o costume já estabeleceu que chamemos os conceitos da mente de *sensus*]. Quintiliano, l.8, cap.4. [Ambas as referências desta nota se encontram em Quintiliano, Instituição Oratória, VIII, 5, §1-2. Na segunda delas, o autor dá uma referência imprecisa. – N. T.]

Tratado dos animais

uma, operações particulares no corpo e na alma. Por isso, cada espécie, além das faculdades e dos hábitos comuns a todas, tem hábitos e faculdades que pertencem apenas a si.

A faculdade de sentir é a primeira de todas as faculdades da alma; ela é mesmo a única origem das outras, e o ser que sente não faz senão transformar-se. Há nos outros animais este grau de inteligência que chamamos *instinto*; e no homem este grau superior que chamamos *razão*.

O prazer e a dor conduzem todas essas transformações. É por meio deles que a alma aprende a pensar para si e para o corpo, e que o corpo aprende a mover-se para si e para a alma. É por meio deles que todos os conhecimentos adquiridos se ligam uns aos outros para formar sequências de ideias que respondem a carências diferentes, e se reproduzem todas as vezes que as carências se renovam. É por meio deles, numa palavra, que o animal goza de todas as suas faculdades.

Mas cada espécie tem prazeres e dores que não são os prazeres e as dores das outras. Cada uma tem, portanto, carências diferentes, cada uma faz separadamente os estudos necessários à sua conservação, tem mais ou menos carências, mais ou menos hábitos, mais ou menos inteligência.

É para o homem que os prazeres e as dores mais se multiplicam. Às qualidades físicas dos objetos, ele acrescenta qualidades morais, e encontra nas coisas uma infinidade de relações que não estão lá para o resto dos animais. Por isso são vastos seus interesses, e numerosos; estuda tudo, se cria carências, paixões de toda espécie, e é superior aos animais tanto por seus hábitos como por sua razão.

Com efeito, os outros animais, mesmo em sociedade, não fazem senão os progressos que cada um teria feito separadamente. Sendo muito limitado o comércio de ideias que a linguagem de ação estabelece entre eles, cada indivíduo não tem para se instruir senão sua própria experiência. Se não inventam, se não se aperfeiçoam senão até certo ponto, se fazem todos as mesmas coisas, não é porque se copiem; é porque, estando todos lançados no mesmo molde, agem pelas mesmas carências e pelos mesmos meios.

Os homens, ao contrário, têm a vantagem de poder comunicar todos os seus pensamentos. Cada um aprende com os outros, cada um acrescenta o que tem de sua própria experiência, e não difere em sua maneira de agir senão porque começou a copiar. Assim, de geração em geração, o homem acumula conhecimentos sobre conhecimentos. Único capaz de discernir o verdadeiro, de sentir o belo, cria as artes e as ciências, e se eleva até a divindade, para adorá-la e agradecê-la pelos bens que recebeu.

Mas, embora o sistema de suas faculdades e de seus conhecimentos seja, sem comparação, o mais extenso de todos, ele faz parte desse sistema geral que envolve todos os seres animados; desse sistema no qual todas as faculdades nascem de uma mesma origem, a sensação; no qual se engendram por um mesmo princípio, a carência; no qual se exercem pelo mesmo meio, a ligação das ideias. Sensação, carência, ligação das ideias; eis aí o sistema ao qual é preciso referir todas as operações dos animais. Se algumas das verdades que ele encerra foram conhecidas, ninguém até aqui apreendeu seu conjunto, nem a maior parte de seus detalhes.

Sobre a inteligência dos animais

Charles-Georges Le Roy

Tradução de Dario Galvão

Sobre a inteligência dos animais[1]

I. Introdução[2]

Os caçadores são os únicos em condição de apreciar a inteligência dos animais. Pois, para bem conhecê-los, é preciso viver em sociedade com eles, o que a maioria dos filósofos nunca fez. No estudo dos animais, não devemos nos ater a fatos isolados. O importante é examinar sua conduta cotidiana, o conjunto de ações que concorrem para um determinado fim, cada uma segundo a sua natureza e modificadas conforme as circunstâncias. O exame de um pequeno número de espécies, organi-

---

1 O título do verbete é "Instinto dos animais", porém, as edições francesas recentes optaram por títulos mais abrangentes: "Sur l'intelligence des animaux" (Sillage, 2017) e "L'intelligence des animaux" (Ibis Press, 2006). (N. T.)

2 Os títulos das seções foram tomados da edição de 2017 (Sillage), os da edição de 2006 (Ibis Press) são um pouco diferentes. Com os títulos, o texto é separado em temas, a maioria correspondendo às cartas de Le Roy, apesar de algumas cartas serem divididas em duas seções. No verbete original da *Encyclopédie méthodique* (EM), não há título nas seções exceto na carta VII (sobre o instinto dos animais). (N. T.)

Charles-Georges Le Roy

zações, costumes e inclinações é suficiente para que se saiba tudo o que interessa a seu respeito. Penso, ainda, que só podemos falar das espécies que temos diante dos nossos olhos, cujo comportamento podemos acompanhar. É necessário, inclusive, escolher entre essas espécies as que, por sua organização e seus costumes, tenham conosco alguma analogia. Os insetos, por exemplo, estão distantes demais: a maioria dos detalhes de sua indústria escapam a nossas observações e não temos como saber com precisão o grau de inteligência que aplicam a suas obras. A república dos coelhos, a congregação dos lobos, as estratégias e astúcias características das raposas, a sagacidade dos cães nas mais diversas relações que têm conosco, são mais instrutivas do que tudo o que já foi dito a respeito da indústria das abelhas.

Poderíamos, sem dúvida, acumular fatos que depõem a favor da inteligência dos animais. Mas os fatos particulares são, com frequência, duvidosos, pois mal observados e, raramente, permitem conclusões definitivas. Se, no entanto, tiverdes acompanhado um grande número de indivíduos de espécies diferentes, constatado os progressos da educação de que são suscetíveis em razão de sua conformação, de seus apetites naturais e das circunstâncias em que se encontram, visto como é paulatino seu aprendizado, guiado pela experiência, e como a pretensa segurança do instinto se deve, na realidade, aos reiterados erros e à instrução que resulta desses erros, então, parece-me impossível não rechaçar em definitivo toda ideia de automatismo. É o que fez, em grande parte, o naturalista de Nuremberg.[3] Tudo

---

3 A carta que é reproduzida neste começo do verbete da EM foi publicada em 1781, isto é, posteriormente às cartas reproduzidas

Sobre a inteligência dos animais

o que me resta é expor alguns desdobramentos e responder em detalhe a certas objeções. Farei isso, espero, de tal maneira que não restará nenhuma sombra de dúvida. Sem me deter numa ordem pré-definida, exporei minhas ideias à medida que venham ao meu espírito; poderei, inclusive, repetir algumas ideias do naturalista já citado. Basta tê-las adotado para que me sirva delas como se fossem minhas. A verdade pertence a todos.

2. Método para o estudo dos animais

Minhas observações sobre a história dos animais jamais se voltaram para animais singulares e pouco conhecidos. Desde sempre, o objeto de minha investigação exigiu que as observações se concentrassem nas espécies mais comuns, que temos diariamente diante dos olhos. Por isso, não tenho como oferecer uma história tão intrigante quanto a do leão-marinho-do-norte publicada pelo sr. Steller.[4] Não tenho nenhum fato extraordinário a relatar, somente a vida comum de diversos animais, observada sob um ponto de vista que traz alguma novidade. A isso se limita tudo o que tenho a expor.

As descrições anatômicas, as características externas e as inclinações naturais que distinguem as espécies são, sem dúvida, objetos muito importantes da história dos animais; mas, mesmo quando tudo isso é conhecido, parece-me que o filó-

---

a seguir — disposição escolhida pelo próprio Le Roy para o verbete. Nas primeiras cartas, não revelou seu nome, atribuindo-lhes ao "Naturalista de Nuremberg". (N. T.)

4 No original: *ours-marin*. Hoje chamado também leão-marinho-de--steller. Buffon escreve sobre essa espécie na *História Natural* e cita Steller. (N. T.)

sofo ainda tem muito trabalho pela frente. Todos os seres organizados têm um princípio comum de ação, inconfundível, modificado em cada espécie de acordo com as diferenças de organização. Examinando com atenção os seus efeitos, reconhecemos esse princípio e cada uma de suas modificações. Considerados sob esse ponto de vista, os animais se tornam muito mais interessantes.

O *instinto* propriamente dito consiste nas inclinações que pertencem a cada espécie. Todas as espécies são afetadas da mesma maneira. E, se essas afecções não produzem sempre os mesmos fenômenos, é fácil perceber que essa diferença decorre de outra, a saber, a diferença dos meios que a organização confere aos animais. Jamais teremos alguma certeza a respeito da alma dos animais, e devemos convir que isso nos interessa muito pouco. Mas, da mesma forma que, observando a estrutura interna do corpo dos animais, percebemos relações entre os órgãos que nos ajudam a esclarecer a estrutura e o uso das partes de nosso próprio corpo, observando as ações produzidas pela sensibilidade que, assim como nós, eles possuem, lançamos luz sobre o detalhe das operações de nossa alma no que diz respeito às mesmas sensações.

Afirmo que os animais sentem como nós e acredito que, para pensar o contrário, é preciso fechar por completo os olhos e o coração. Quem for capaz de ouvir, sem se abalar, os gritos de dor de um animal, dificilmente será menos sensível a eles que aos gritos de um homem. É verdade que só podemos ter certeza absoluta de nossas próprias sensações, mas as inflexões da dor e as marcas visíveis da alegria, que nos asseguram da sensibilidade de nossos semelhantes, depõem com força equivalente em favor da sensibilidade dos animais. Não nos restaria meio

Sobre a inteligência dos animais

algum de adquirir conhecimento se tivéssemos que contrariar, a respeito dos fatos mais simples, as impressões de nosso sentimento íntimo. Portanto, parece-me impossível rejeitar o sentimento dos animais. Nem os partidários mais obstinados do automatismo deixam de lhes atribuir memória, ainda que tacitamente, pois eles querem ter cães comportados e, para isso, os corrigem. Tendo admitido esses fatos, o naturalista, após ter observado bem a estrutura das partes dos animais, tanto externas quanto internas, após ter formado uma opinião sobre o uso de cada uma delas, deve largar o bisturi, abandonar seu gabinete e embrenhar-se nas florestas para acompanhar a conduta desses seres sensíveis, julgar os desenvolvimentos e os efeitos da faculdade de sentir, e ver como, pela ação reiterada da sensação e pelo exercício da memória, seu *instinto* se eleva à inteligência.

As sensações e a memória possuem efeitos necessários que não podem escapar ao observador. Muitas das ações dos animais não pressupõem mais do que essas duas faculdades, embora haja outras que jamais poderemos explicar sem considerar também o cortejo natural. É preciso, então, que o naturalista saiba distinguir com muita precisão entre o que é produzido pela sensação simples, o que vem da reminiscência, da comparação entre um objeto presente e outro que a memória apresenta, do juízo, que é resultado da comparação, da escolha que se segue desse juízo e, por fim, da noção da coisa julgada que se estabelece na memória, e que, com a repetição dos atos, se torna habitual e quase maquinal.

São distinções que não devem escapar à atenção do observador. A forma, tanto interna quanto externa, a duração do crescimento e da vida, o modo de se alimentar, as inclinações predominantes,

o modo e a época de acasalamento, de gestação etc., são objetos que estão à nossa vista, e basta ter os olhos abertos para
não ignorar; mas seguir o animal em todas as suas operações,
penetrar nos motivos mais secretos de suas determinações, ver
como as sensações, as carências, os obstáculos e as mais diversas
impressões a que um ser sensível está exposto multiplicam
seus movimentos, modificam suas ações, ampliam seus conhecimentos; é isso o que me parece ser, em especial, do domínio
da filosofia.

O sr. Steller, em seu relato sobre o leão-marinho-do-norte,
cumpre essa tarefa filosófica com mais atenção que muitos
naturalistas, e o sr. Buffon também o faz, de modo ainda mais
satisfatório, em sua história natural dos animais.[5] Mas, aquele
que queira se familiarizar com os animais e dar-se ao trabalho
de estudar suas ações por um longo período de tempo antes de
formar uma opinião sobre suas intenções, encontrará nessas
ações matéria para especulações muito mais abrangentes, e, inclusive, de um gênero diferente.

Gostaria, por exemplo, para que pudéssemos ter a história
completa de um animal, que, após termos considerado seu caráter essencial, seus apetites naturais, seu modo de vida etc.,
procurássemos observá-lo em todas as circunstâncias que ofe-
reçam obstáculos à satisfação de suas carências, circunstâncias
cuja variedade rompe a uniformidade ordinária de sua conduta
e obriga-o a inventar novos meios para superar o obstáculo.

Quando escrevemos a história de um animal carnívoro, não
podemos nos limitar a indicar de maneira geral de quais animais ele se alimenta e como faz para capturá-los. Seria preciso

---

5 Buffon, op. cit.

Sobre a inteligência dos animais

acompanhar cada uma das etapas que a experiência percorre para ensiná-lo a tornar sua caçada mais fácil e mais eficaz, ver como a penúria desperta sua indústria, e como os recursos que ele emprega pressupõem fatos conhecidos, recuperados pela memória e combinados pela reflexão. Seria preciso, ainda, observar tudo o que a atividade das diferentes paixões, às quais o animal está sujeito, como o medo, o amor etc., introduz de modificações em seus procedimentos, o quanto a vivacidade das carências afasta as ideias do medo e até que ponto uma desconfiança adquirida pela experiência pode contrabalancear o sentimento da carência. Apenas acompanhando o animal dessa maneira, nos diferentes eventos e idades de sua vida, é que se pode conhecer o desenvolvimento de seu *instinto* e a dimensão de sua inteligência. Se ele faz parte de uma espécie que vive em sociedade, seja o ano inteiro seja somente por um período, é necessário também voltarmos a atenção para tudo o que a associação acrescenta às intenções e aos procedimentos do animal considerado isoladamente. O conhecimento aprofundado de todas essas diferentes ordens deve elevar ainda mais, aos olhos do filósofo, a beleza do espetáculo do universo.

Os efeitos da faculdade de sentir daqueles animais que, por causa de seus órgãos, têm menos relações com os objetos externos, oferecem fenômenos menos complicados, cuja observação fácil e confiável servirá para desenvolver o estudo dos fenômenos a partir de mais combinações. Em algumas espécies, veremos a sensação, obtusa e quase sem atividade, dar origem a um pequeno número de movimentos espontâneos; em outras, a intensidade da sensação multiplica esses movimentos, e vemos aparecer o desejo e a inquietude, que suscitam a atenção desses seres sensíveis e se mostram verdadeiras fontes de conhecimentos. Assim como a geometria se eleva desde a consideração das propriedades de uma simples linha até as especulações mais sublimes, a observação também se eleva desde a sensação mais simples até seus efeitos mais complicados, e as gradações do mundo das sensações mostram-se tão evidentes quanto as que encontramos no mundo visível da geometria.

A meu ver, esse tipo de abordagem sobre a história natural dos animais tende a torná-la mais interessante por si mesma e mais digna da atenção dos que têm prazer em refletir. Vivi durante muito tempo com os animais, acompanhei diversas espécies com bastante atenção e compreendi que a moral dos lobos tem algo a nos ensinar a respeito da moral dos homens.

3. Vida dos carnívoros

Defendi anteriormente que é impossível negar que os animais tenham sensações e memória sem darmos as costas a nosso sentimento íntimo, esse sentimento que, sozinho, nos permite ter a certeza de que nossos semelhantes são dotados das mesmas faculdades que reconhecemos em nós. Além disso, o detalhe das ações dos animais prova que eles possuem os efeitos naturais dessas duas faculdades; caso contrário, seria preciso admitir juízos e determinações sem motivo, isto é, uma profusão de efeitos sem causa. Isso nos leva a suspeitar que possuem mais conhecimentos aqueles animais que, em virtude da organização e dos apetites, têm o maior número de relações com os objetos à sua volta.

E mais, se os conhecimentos de cada espécie são limitados pela organização e pela natureza dos apetites, também suas ideias são mais amplas dependendo das circunstâncias que fa-

Sobre a inteligência dos animais

cilitam ou dificultam a satisfação das carências dos indivíduos. É fácil entender que cada espécie tenha ideias particulares a ela, além das quais não poderia ir. A ovelha, que se alimenta de grama, não tem interesse algum pelas astúcias que a raposa emprega para capturar uma presa que faz de tudo para escapar. Mas, todas as espécies contam igualmente com um exercício de sensações ou pensamentos que se aplica a tudo o que é relativo à sua segurança. Isso é decisivo para provar que os animais dispõem efetivamente dos resultados naturais da sensação e da memória. Embora seja difícil conceber a existência dessas duas faculdades sem admitir sua ação — algo que me parece impossível —, somos obrigados a consentir a esse estranho fenômeno, fiando-nos, para tanto, pelos fatos. Nossas reflexões não têm o direito de sobrepujá-los.

Entre os animais, aqueles cujo apetite leva a se alimentar de carne são os que têm o maior número de relações com os objetos de seu entorno. Além disso, são os que fazem prova da maior inteligência nos detalhes mais ordinários de sua vida. A natureza lhes concedeu sentidos extremamente apurados, muita força e agilidade. Isso era necessário, pois como se encontram em relação de guerra com as outras espécies para se alimentarem, logo pereceriam de fome caso contassem apenas com meios inferiores a estas ou mesmo equivalentes.

Mas a amplitude da inteligência desses animais não se deve apenas à fineza de seus sentidos. É a vivacidade dos interesses, assim como as dificuldades a superar e os perigos a evitar, que mantêm a faculdade de sentir num exercício contínuo, e imprimem na memória do animal uma série de fatos, cujo conjunto constituirá a ciência que preside a conduta. Nos lugares afastados de qualquer habitação e onde, ao mesmo tempo, as presas são abundantes, a vida dos animais carnívoros é restrita a um pequeno número de atos simples e, em boa medida, uniformes. Eles passam sucessivamente de uma rapina fácil ao sono. Mas quando a concorrência do homem põe obstáculos à satisfação de seus apetites, e essa rivalidade prepara precipícios sob os passos desses animais, semeando suas rotas de armadilhas de todo tipo e mantendo-os despertos por um temor ininterrupto, aí então um poderoso interesse força-os à atenção, a memória ocupa-se de todos os fatos relativos a esse rival e basta que se apresentem circunstâncias análogas para que esses fatos sejam vivamente relembrados.

Os inúmeros obstáculos conferem ao animal duas maneiras de ser, que devem ser consideradas à parte. Uma é puramente natural, muito simples e restrita a um pequeno número de sensações; assim é, em certos aspectos, a vida do homem selvagem. A outra é factícia, muito mais ativa e repleta de interesses, temores e movimentações que representam, de certa maneira, as agitações do homem civilizado. A primeira quase não varia entre todas as espécies carnívoras. A segunda tende a variar de uma espécie à outra, em razão de sua organização ser mais ou menos vantajosa. É importante fazer essa comparação.

O lobo é o animal carnívoro mais robusto dos climas temperados da Europa. A natureza lhe atribuiu voracidade e carências proporcionais à sua força. Além disso, possui sentidos extremamente apurados, uma visão aguçada e uma excelente audição, um nariz que, com precisão ainda maior, instrui sobre tudo o que aparece em seu caminho. Por meio desse sentido, uma vez que devidamente treinado, o lobo aprende uma parte das relações que os objetos podem ter com ele; digo que devi-

Sobre a inteligência dos animais

damente treinado, pois há uma diferença clara entre os procedimentos do lobo jovem, ignorante, e os do adulto instruído. Os lobos mais novos passam dois meses no covil sendo alimentados pela mãe e pelo pai. Em seguida, acompanham a mãe à caça, pois ela já não é mais capaz de prover sozinha à voracidade de suas crias, a cada dia mais intensa. Junto à mãe, dilaceram os animais ainda vivos, testam suas habilidades de caça e, pouco a pouco, tornam-se capazes de prover com a mãe às carências da família. O exercício habitual da rapina, sob os olhos e o exemplo de uma mãe já instruída, lhes confere a cada dia que passa novas ideias a respeito. Aprendem a identificar as tocas onde as presas se escondem; seus sentidos estão abertos a todas as impressões e o costume ensina-os a distinguir essas impressões entre si, e a retificar pelo olfato os juízos formados pelos outros sentidos.

Quando alcançam a idade de 8 ou 9 meses, o amor obriga a loba a abandonar a ninhada do ano precedente para unir-se a um macho. Essa carência premente suprime sua ternura maternal, ela foge ou afugenta suas crias, às quais já não é mais indispensável; os pequenos lobos veem-se abandonados às próprias forças. Por um tempo, permanecem juntos, o que se mostra bastante útil, mas a voracidade natural desses animais não tarda a separá-los, porque não podem continuar a amargar a partilha da presa. Os mais fortes tornam-se os donos do território, enquanto os mais fracos partem para outros lugares e, muitas vezes, morrerão de fome. Além da fome, a curta experiência que puderam acumular até então os expõe a todas as armadilhas dos homens. É sobretudo nesse momento que vão procurar cadáveres de animais nos campos, pois não dispõem nem da força nem da habilidade que poderia substituir a força.

Se resistirem a esse período difícil, suas forças aumentam e a instrução adquirida faz com que vivam com maior facilidade. Tornam-se aptos a atacar os animais de grande porte, dos quais basta um para alimentá-los durante vários dias. Quando abatem um desses, devoram uma parte e escondem o resto cuidadosamente, mas essa precaução não tem impacto algum sobre sua atividade de caça, pois só recorrem à reserva quando a caça desapontou. Assim, o lobo vive entre a caça à noite e um sono inquieto e leve durante o dia. Isso é o que se pode dizer a respeito de sua vida puramente natural.

Mas nos lugares onde o lobo concorre com os desejos do homem para satisfazer suas carências, a exigência constante de evitar as armadilhas e cuidar de sua segurança constrange-o a estender a esfera de sua atividade e de suas ideias a um número muito maior de objetos. Seu passo, naturalmente livre e audaz, torna-se precavido e tímido; seus apetites são, com frequência, neutralizados pelo temor; ele distingue as sensações trazidas pela memória daquelas que recebe pelo uso imediato de seus sentidos. Então, logo que fareja um rebanho confinado num parque, a memória traz à tona a sensação do pastor e de seu cão, contrabalanceando, assim, a impressão atual recebida pela presença das ovelhas. Ele mede a altura da cerca, compara-a com suas forças, julga a dificuldade de transpô-la em posse da presa, e conclui que a tentativa é inútil e perigosa. No entanto, quando o rebanho está disperso no campo, o lobo não hesitará em capturar uma ovelha, inclusive sob os olhos do pastor, principalmente se há uma floresta por perto, o que lhe dá a esperança de esconder-se antes de ser alcançado. Um lobo adulto, que vive nas redondezas das habitações humanas, não precisa de muita experiência para aprender que o homem é seu inimigo. Logo

Sobre a inteligência dos animais

que o animal aparece, é perseguido. A aglomeração e o tumulto anunciam-lhe o quanto é temido e tudo o que ele próprio deve temer. Sempre que o odor de homem chega a seu nariz, despertam-se as ideias do perigo. Não importa quão tentadora seja a presa, jamais avançará quando ela vier acompanhada desse acessório aterrorizante. Até mesmo quando esse acessório já tiver desaparecido, a desconfiança permanecerá por um bom tempo. Portanto, a ideia que o lobo possui do perigo é necessariamente uma ideia abstrata, porque ele não tem como saber qual é a armadilha em particular que o aguarda; apesar da ideia ser abstrata, ele só é capaz de livrar-se dela por meio de uma aproximação extremamente lenta e gradual do objeto que deseja e teme – muitas noites se passarão antes que se sinta em segurança. O motivo de sua desconfiança já desapareceu, mas é relembrado pela memória, e por isso a desconfiança persiste. A ideia do homem desperta a ideia de uma armadilha desconhecida, e torna suspeitas as iscas mais apetitosas.

Timeo Danaos et dona ferentes.[6]

Esta é uma ciência que o lobo é forçado a adquirir para o interesse de sua conservação, uma ciência que não falta jamais ao lobo adulto dotado de certa experiência, e se amplia conforme as circunstâncias que obrigam o animal a voltar sobre si mesmo e refletir. Sem poder argumentar como nós, é preciso, ao menos, que possa comparar as sensações experimentadas e

---

6 Este verso retirado da *Eneida* (II, 49), de Virgílio, faz referência ao episódio do Cavalo de Troia: "Temo os Gregos, sobretudo quando oferecem presentes". (N. T.)

que possa julgar as relações que os objetos têm entre si, assim como as relações que ele mesmo pode ter com esses objetos. Caso contrário, ele jamais seria capaz de prever o que deve ser temido ou esperado desses objetos.

Ainda assim, o lobo é o menos cauteloso de nossos animais carnívoros, porque é o mais forte; naturalmente mais audaz do que desconfiado, a experiência torna-o precavido e a necessidade, industrioso; qualidades que não são naturais, mas adquiridas. Quando o caçamos com sabujos, ele só é capaz de escapar porque é mais veloz e conta com mais fôlego, e jamais recorre aos *retours*[7] e outras astúcias dos animais mais fracos. A única precaução que toma e, com efeito, a única que deve tomar, é a de fugir sempre com o nariz contra o vento; o relato desse sentido informa-o com precisão acerca dos objetos perigosos que se encontram pelo caminho. Aprendeu a comparar o grau da sensação do objeto com a distância deste, e também a comparar essa distância com o perigo oferecido pelo objeto; desvia de seu caminho apenas o suficiente para evitar o perigo, sem jamais perder sua bússola – o vento. Como é vigoroso e bem preparado, e como a caça o obrigou a percorrer inúmeras vezes vastas extensões do território, dirige-se aos locais mais longínquos de que tem conhecimento. A única maneira de encontrá-lo é com a multiplicação das emboscadas, com muitos preparativos e parafernálias.

Todo animal que passa sucessivamente da caça ao sono e, por consequência, jamais é acometido pelo tédio, tem apenas

---

7 Termo de *vénerie*. No *Dictionnaire d'autres fois*: "Em termos de *vénerie*, chamamos de *retour* a ação do cervo que faz meia-volta e sobre seus próprios passos". (N. T.)

Sobre a inteligência dos animais

três motivos que podem interessá-lo, que se tornam os princípios de seus conhecimentos, juízos, determinações e ações: a busca por comida, as precauções relativas à segurança e a procura de uma fêmea quando a carência do amor é premente. Quanto à busca por comida, vemos que o lobo emprega toda a indústria que convém à sua força. Toma medidas para assegurar-se do local onde encontrará sua presa e, se escolhe um lugar e não outro, isso se deve a fatos previamente conhecidos. Em seguida, dedica bastante tempo para observar os diferentes perigos aos quais se expõe; avalia-os, e esse cálculo de probabilidades mantém-no em suspenso até que o apetite venha colocar um peso adicional na balança e faça-o determinar-se voluntariamente.

As precauções relativas à segurança exigem mais previsão, isto é, um maior número de fatos gravados na memória. É preciso, em seguida, comparar todos esses fatos com a sensação experimentada no presente, julgar a relação que existe entre esses fatos e essa sensação, para enfim se determinar de acordo com o juízo tomado. Todas essas operações são absolutamente necessárias. Por exemplo, nos equivocaríamos em considerar que o temor provocado por um barulho repentino seja, na maior parte dos animais carnívoros, uma impressão puramente maquinal. A agitação de uma folha não provoca no lobo jovem mais que um movimento de curiosidade. Mas o lobo instruído, que viu anteriormente o movimento de uma folha anunciar um homem, assusta-se com razão, porque julga a relação que há entre esses dois fenômenos. Uma vez que os juízos tenham se repetido diversas vezes, as ações que os acompanham tornam--se habituais e a prontidão com a qual a ação segue o juízo faz com que esta pareça maquinal. Mas um pouco de reflexão basta para identificarmos as etapas que conduziram à ação, e remetê--la, assim, à sua devida origem.

Pode acontecer que essa ideia da relação entre o movimento de uma folha e a presença de um homem ou de qualquer outro perigo, torne-se muito vivaz e passe a ocorrer nas mais diferentes ocasiões. Nesse caso, ela se estabelece na memória como uma ideia geral, e o lobo é acometido por quimeras e falsos juízos, frutos de sua imaginação. Se esses falsos juízos se estenderem a um certo número de objetos, o lobo se tornará o joguete de um sistema ilusório que o precipita numa infinidade de procedimentos falsos, apesar de consequentes com relação aos princípios que se estabeleceram em sua memória. Verá armadilhas onde não há nada; o pavor, desregrando a imaginação, representará de maneira distorcida as diferentes sensações que o animal experimenta; e essas sensações serão compostas pela imaginação de formas enganosas, às quais ele fixará a ideia abstrata do perigo.

Isso é facilmente verificado nos animais carnívoros que vivem em regiões onde são caçados e estão cercados de emboscadas. Seus procedimentos não têm mais a confiança, nem a liberdade da natureza. O caçador, seguindo os passos do animal, não pretende mais do que descobrir seu esconderijo;[8] já o filósofo lê nesses passos a história dos pensamentos do animal; identifica suas inquietudes, seus pavores, suas esperanças; en-

---

8 Termo de vénerie: *rembuchement*. No verbete da *Enciclopédia*, de Diderot e D'Alembert, sobre a *vénerie*, Le Roy escreve: "Quase todos os animais selvagens, carnívoros ou outros, procuram seu alimento durante a noite e, ao nascer do dia, vão às partes da mata que lhes servem de retiro; isto é o que se chama *se rembucher*. Mas os animais de cada espécie são inclinados a adotar retiros diferentes". (N. T.)

Sobre a inteligência dos animais

xerga os motivos que tornaram o seu passo mais precavido, que o interromperam, que o aceleraram; e esses motivos decerto existem ou, como já mencionei, seríamos obrigados a pressupor efeitos sem causa.

Não é fácil saber se o amor confere aos lobos um grande número de ideias. Sabe-se apenas que os machos são mais numerosos que as fêmeas, que entre eles há combates sangrentos para que possam gozar e que se forma um casamento, mas não sabemos se é a loba, no cio, que se torna presa do mais forte, ou se, por livre escolha, entrega-se às solicitudes de quem prefere. Sabemos, todavia, que certo coquetismo se introduz na conduta da fêmea, o que é comum às fêmeas de todas as espécies. Ela é a primeira a sentir o desejo de acasalar, mas por um bom tempo dissimula, ou até mesmo recusa aquilo que deseja. É muito provável que haja uma escolha em sua associação, porque ela foge com aquele que se torna seu marido, livrando-se dos outros pretendentes. Durante todo o período de gestação, a loba permanece com aquele que escolheu, ou que a conquistou, e em seguida eles compartilham as tarefas da família. Assim, seja qual for o princípio dessa sociedade, ela estabelece direitos recíprocos e dá origem a novas ideias. Os lobos unidos caçam juntos, e o auxílio que prestam um ao outro torna sua caça mais fácil e eficaz. Se é o caso de atacar um rebanho, a loba apresenta-se ao cão e, fazendo-se perseguir, distancia-o; enquanto isso, o macho avança sobre a cerca e captura uma ovelha na ausência de seu protetor. Se é preciso atacar um animal selvagem, os papéis são divididos em razão de suas forças; o lobo parte em busca da presa, ataca-a, persegue-a até deixá-la sem fôlego; enquanto isso, a loba, que havia se posicionado antecipadamente em alguma passagem estreita, lança-se contra o animal com forças novas e, rapidamente, o combate torna-se desigual.

É fácil notar todo o conhecimento, juízo e indução que são pressupostos nesse tipo de ação. Parece-me difícil, inclusive, que convenções dessa natureza possam ser realizadas sem uma linguagem articulada, algo que examinaremos mais tarde. No entanto, como já dissemos, o lobo é, por causa de sua força, o animal carnívoro que menos precisa formar ideias factícias, isto é, aquelas que se formam pela reflexão sobre as sensações experimentadas. A necessidade da rapina, o hábito da matança e o deleite cotidiano de uma alimentação baseada em membros de animais dilacerados e ensanguentados não parecem conferir ao lobo um caráter moral muito interessante. No entanto, com exceção dos casos de rivalidade no amor – caso à parte para todos os animais –, não vemos os lobos exercerem nenhuma crueldade direta uns contra os outros. Enquanto a sociedade entre eles existe, defendem-se mutuamente, e a ternura materna é tão intensa que leva as lobas àquele excesso de fúria que ignora por completo o perigo. Diz-se que um lobo ferido é seguido pelo rastro de sangue, e é abatido e devorado por seus semelhantes. Mas esse é um fato pouco constatado e, sem dúvida, raro; pode ter sido, eventualmente, o derradeiro recurso daquela necessidade que não conhece mais lei alguma. As relações morais não podem ser muito desenvolvidas entre animais que não possuem necessidade alguma da sociedade; todo ser que leva uma vida difícil e isolada, dividida entre o trabalho solitário e o sono, forçosamente será pouco sensível aos tenros sentimentos da compaixão.

A raposa possui as mesmas carências que o lobo, e a mesma inclinação para a rapina; seus sentidos são tão apurados quan-

Sobre a inteligência dos animais

to os dele, possui mais agilidade e leveza, mas lhe falta a força, o que a obriga a substituí-la por destreza, astúcia e paciência. Um dos primeiros efeitos dessa indústria que a torna superior ao lobo consiste em cavar para si uma toca, que a protege contra as intempéries do clima e serve de retiro. Para poupar esforços, normalmente se apropria das tocas onde vivem os coelhos, expulsa-os e ali se fixa. Quando, por algum motivo, é obrigada a deslocar-se para um território novo, logo toma o cuidado de visitar todas as tocas cujo posicionamento pode lhe convir, notadamente aquelas que já foram habitadas por raposas. Limpa-as sucessivamente e, somente depois de ter percorrido todas as opções, enfim se fixará. Mas a menor perturbação a fará mudar de toca, pois evita se estabelecer onde não possa se sentir segura.

Uma vez estabelecida, logo vai se familiarizar com o entorno. Para isso, percorre uma distância considerável, informa-se sobre as vilas, os povoados e as casas isoladas; fareja as aves, certificando-se dos locais onde há cães e movimento e dos locais onde reina o repouso; e identifica as moitas e os lugares cobertos que, em caso de perigo, favorecerão a fuga. Esse arsenal de precauções e todo o cálculo de possibilidades envolvido pressupõem, necessariamente, uma série de fatos previamente conhecidos. Sempre guiada por uma desconfiança refletida, a raposa raramente se deixará levar pelo ardor de perseguir uma presa em fuga; rasteja sorrateiramente até que esteja próxima da presa e, só então, ataca, dando o bote na vítima.

Quando está certa de que a tranquilidade reina na capoeira onde farejou as aves, procura introduzir-se, o que faz sem dificuldade graças à sua agilidade natural. Em seguida, caso não seja perturbada, toma proveito da situação para ampliar a matança, removendo paulatinamente tudo o que matou, até que o raiar do dia faça-a temer pela segurança de sua retirada. Acumula, assim, provisões para vários dias, escondendo com cuidado todos os restos a serem recuperados conforme a necessidade. Se vive num território abundante, sua indústria tomará formas diversas para satisfazer sua voracidade; enquanto percorre os campos, sempre com o nariz ao vento, constata a presença de uma lebre entocada ou de perdizes estiradas num sulco do campo; aproxima-se em silêncio; seus passos, quase sem deixar rastro sobre a terra fofa, revelam sua leveza e a intenção de surpreender; ela é quase sempre bem-sucedida.

Às vezes, recorre à paciência: avança sorrateiramente pela beira da floresta, observa a passagem de um coelho, esconde--se, espera e captura-o assim que ele baixa a guarda. Mas a caça não é sempre o motivo imediato das excursões da raposa; mesmo quando já está saciada, sua precaução sempre ativa faz com que continue andando, menos na intenção de encontrar uma presa nova do que na de adquirir conhecimentos mais precisos e detalhados acerca desse território do qual retira seu sustento. Retorna com regularidade às tocas que havia limpado inicialmente, percorrendo-as com cuidado; entra em cada uma e examina as diferentes saídas com atenção. Aproxima-se aos poucos dos objetos novos; toda novidade é, de início, suspeita, e cada um de seus passos em direção ao objeto manifesta sua desconfiança e circunspeção. Entretanto, podemos capturá-las sem maiores dificuldades se montarmos armadilhas que elas ainda não conhecem e iscas pelas quais têm grande apreço, mas logo que se instruem a respeito, os mesmos meios se tornam

Sobre a inteligência dos animais

inúteis. Nesse caso, por mais apetitosa que seja a isca, a raposa jamais desafiará o perigo conhecido ou suspeito. Fareja o ferro da armadilha, e essa sensação, que se tornou terrível para ela, prevalece sobre qualquer outra impressão. Se percebe que as emboscadas se multiplicam em torno dela, deixa o território em busca de outro mais seguro. Eventualmente, porém, encorajada pelas graduais e reiteradas investidas e guiada pelo sentimento inequívoco de seu nariz, encontrará um meio de furtar a isca de alguma armadilha de modo sorrateiro, sem se expor ao perigo.

Vemos que essa ação, com suas circunstâncias, pressupõe que a raposa seja capaz de uma série de percepções finas e combinações bastante complicadas. Jamais chegaríamos ao fim se tivéssemos de listar todos os motivos que a fazem mudar de toca, motivos que se tornam mais fortes do que o poder do hábito – tão poderoso em todos os animais – e todas as variações que as novas circunstâncias imprimem em sua conduta. Tudo isso é necessário a um animal fraco e que se encontra em concorrência com o homem, quem obstrui seus prazeres e a satisfação de suas carências. Se, para ela, ter um retiro e ser domiciliada é uma vantagem natural, esse é também um meio adicional de que dispõe o inimigo para atacá-la; ele descobre facilmente sua morada, e nela vai surpreendê-la. Mas o homem, com todas as suas máquinas, precisa de muita experiência para prevalecer sobre a prudência e a astúcia da raposa. Se todas as saídas estão cobertas de armadilhas, o animal fareja-as, identifica-as e, em vez de deixar-se capturar, submete-se à fome mais cruel. Vi raposas perseverarem na toca durante quinze dias e só decidirem sair quando o excesso da fome não lhes dá outra escolha além do gênero de morte que terão. Mas esse pavor que a impede de sair não é nem maquinal nem ativo; ela tenta de tudo para livrar-se do perigo; enquanto ainda lhe resta unhas, trabalha para construir uma nova saída, por onde escapa com frequência dos embustes do caçador.

Se algum coelho, preso na toca com ela, é capturado por uma das armadilhas, ou se, por algum outro motivo, uma armadilha é desativada, o animal entende que a máquina fez o que tinha que fazer e passa por ela com toda segurança, sem fraquejar. A única paixão que faz a raposa esquecer parte de suas precauções ordinárias é a ternura por sua família; a necessidade de alimentá-la, enquanto todos estão presos numa toca, torna o pai e a mãe, mas sobretudo esta última, mais ousados do que normalmente seriam se estivessem sós, e leva-os a afrontar os maiores perigos para suprir esse urgente interesse. Os caçadores sabem muito bem como tirar vantagem dessa paixão da raposa. Essa comunidade de cuidados e interesses pressupõe um tipo de moral no amor e afecções que vão além das carências físicas propriamente ditas. Esses animais, familiarizados com cenas de sangue, são incapazes de escutar o grito de dor de seus filhotes sem se abalar. As galinhas, sem dúvida, têm o direito de rechaçar a ideia de que as raposas são animais compassivos, mas as raposas fêmeas, seus filhotes e, inclusive, todos os membros de sua espécie, não têm nada do que reclamar. Essa preocupação afetuosa, que leva a raposa a esquecer-se de si mesma, torna-a extremamente atenta a todos os perigos que podem ameaçar suas crias. Se algum homem se aproxima da toca, ela transporta as crias durante a noite. Isso ocorre com frequência, pois a raposa tem provocado danos cada vez maiores à sua vizinhança, daí o interesse de se desfazer dela.

Sobre a inteligência dos animais

Além do interesse em destruir a raposa, o homem fez da caça desse animal um meio de entretenimento. São caçadas com bassês ou pequenos sabujos. A princípio, a raposa faz diversas excursões, sem jamais se afastar de seu retiro, mas como sempre vigiam sua toca – onde muitas vezes é alvejada – decide afastar-se. Então, a fim de atrasar a perseguição dos cães, dirige-se às matas mais espessas de que tem conhecimento e às quais está habituada. Se alguns caçadores tentam tomar a dianteira para aguardar e atirar quando ela passar, a raposa sabe evitá-los, e tentará de tudo antes que seja obrigada a aproximar-se de um homem. Certa vez, vi uma raposa saltar três vezes seguidas por um muro de quase três metros de altura na tentativa de evitar as emboscadas preparadas contra ela. Mas, enfim, como a fuga é seu único meio de defesa, e como não conta com o mesmo vigor dos cães que a perseguem, após ter esgotado tudo o que a fuga pode comportar de habilidade e variação, a lassidão a obriga a refugiar-se em alguma toca, onde quase sempre morre.

Vemos, assim, que o modo de vida habitual da raposa e o detalhe de suas ações cotidianas pressupõem um plano mais bem regrado do que no caso do lobo, assim como um conjunto de reflexões mais complicadas e perspectivas mais amplas e finas. A prudência é o recurso da fraqueza, e muitas vezes guia melhor esta última do que a audácia que acompanha a força. De resto, notamos também que essas duas espécies compartilham a mesma aptidão para se aperfeiçoar, apesar da diferença que a organização e as carências introduzem nos resultados: ignorantes, brutas e quase tolas nos territórios onde vivem sem ameaças, tornam-se hábeis, perspicazes e astutas uma vez que o temor da dor ou da morte, nas mais diferentes formas, tenha feito experimentarem uma profusão de sensações; que essas sensações tenham se estabelecido na memória, produzindo juízos e que, em seguida, recuperadas pelas circunstâncias interessantes, a atenção tenha combinado essas sensações a outras e extraído novas induções.

Esses juízos, produtos da indução, nem sempre são corretos, mas a experiência os corrige. É fácil reconhecer o progresso desses animais na arte de julgar ao longo das diferentes idades. Na juventude, a imprudência e o descuido provocam uma série de iniciativas equivocadas, e os perigos a que são expostos causa tanto pavor que muitas vezes embaralha o juízo, levando-os a encarar como perigoso tudo o que é desconhecido; nesse caso, a ideia abstrata do perigo fixa-se em toda novidade, entregando-os a quimeras. Os velhos lobos e raposas, que a necessidade muitas vezes obrigou a verificar seus juízos, são menos sujeitos às falsas aparências e mais precavidos contra os perigos reais. Como um temor sem fundamento pode custar-lhes uma noite inteira de sono e uma desagradável privação de alimento, manifestam grande interesse em observar. O interesse produz a atenção, a atenção revela as circunstâncias que caracterizam um objeto e o distinguem de outro; a seguir, a repetição desses atos tornam os juízos tão rápidos e fáceis quanto inequívocos. Logo, os animais são perfectíveis. Embora a diferença de organização introduza limites à perfectibilidade das espécies, é certo que todos gozam dessa vantagem até certo grau, que deve pertencer necessariamente a todos os seres que possuem sensações e memória.

Sobre a inteligência dos animais

4. Vida dos herbívoros

A história dos animais carnívoros, da qual acabamos de ver alguns ensaios, oferece uma variedade de cenas que não encontramos na história dos animais que vivem de grama e frutas. Os carnívoros lidam com uma presa fugidia, que se torna extremamente industriosa à medida que sofre reiterados ataques; concorrem contra um rival, o homem, cuja superioridade de meios eleva-o a rei da natureza; e experimentam o conjunto de interesses que decorrem de dois estados, o ataque e a defesa. Tudo isso mantém a faculdade de sentir dos carnívoros sempre desperta, forçando-os à atenção e a um hábito de reflexão que amplia a cada dia a dimensão de sua inteligência.

Os frugívoros não têm necessidade alguma de refletir ou raciocinar para viver. Eles têm menos ideias e mais inocência, costumes amenos e uma conduta uniforme sem grandes alterações, que oferece um espetáculo de calma e paz. Diz-se que a história de um povo sem paixões é uma história desinteressante. Isso vale para o caso dos herbívoros, cuja história é tão simples quanto suas carências. Toda a sua ciência é restrita à lembrança de um pequeno número de fatos e, se não houvesse alguns animais nocivos para perturbar seus retiros, saberiam ainda menos, mas sua vida seria tão livre e feliz quanto é naturalmente uniforme.

É sobretudo o homem, ávido e cruel, que impede os animais que podem servir à sua alimentação e a seus prazeres de fruir em paz os frutos da terra. Se entra em guerra contra os carnívoros, tiranos das florestas, não é jamais como benfeitor, e sim como um rival que procura reservar para si o direito exclusivo de consumir a caça disponível. O cervo, o gamo, o cabrito, a lebre e o coelho são para ele objetos de proteção e rapina; a morte desses animais é o fim último dos cuidados que recebem. É certo que, entre eles, alguns adquirem um número consideravelmente alto de ideias graças à necessidade de evitar os embustes do homem. São forçados a formar um sistema de defesa que jamais formariam; se o saber fosse, por si mesmo, a felicidade, os responsáveis pela felicidade deles seria seu inimigo, pois é quem mais contribui para o desenvolvimento de suas faculdades sensíveis e intelectuais. Mas quando pôde o saber valer mais do que o repouso? Pode trazer felicidade ao homem ocioso e agitado, que precisa de ocupação para evitar o tédio; é um remédio contra a curiosidade doentia que o atormenta, mas, entre os seres sensíveis, aqueles que não padecem da necessidade de se ocupar intensamente, não possuem doença alguma que a ocupação intensa possa curar. Mesmo no homem, esse mal-estar inquieto que, incessantemente, o faz procurar socorro no mundo externo e torna-se a fonte mais importante de seus conhecimentos, deve ser apenas um vício adquirido, um produto da educação.

Os povos selvagens, com suas poucas carências, não parecem menos felizes do que os civilizados, expostos a tantas que não podem ser satisfeitas. Quando consideramos todas as condições e todo o aparato que se tornaram necessários à felicidade do homem ocioso e civilizado, e pensamos no pequeno número daqueles que desfrutam, em comparação ao imenso número daqueles que sofrem porque desejam mas não possuem, somos levados a crer que a espécie como um todo se beneficiaria se fosse menos instruída. Talvez, no entanto, uma instrução mais ampla e aprimorada possa ensinar aos homens a verdadeira medida de sua felicidade, assim como o exato modo de proceder

Sobre a inteligência dos animais

que permitiria garanti-la ao maior número possível de indivíduos, e delimitar, então, as inquietudes e os desejos por meio do sentimento e da evidência. De toda forma, é certo que aqueles animais cuja vida pouco variada, pressupõe um número muito limitado de ideias parecem mais próximos da felicidade do que aqueles cuja movimentação contínua anuncia um vasto campo de interesses e atividade. Estes últimos contam com uma existência mais vivaz e sensações mais fortes, mas essa intensidade de vida deve-se, sobretudo, à inquietude, ao medo e aos sentimentos dolorosos. Mesmo quando buscam o prazer, num ardor que se mistura com esperança, não se pode dizer que estejam felizes. É a necessidade de gozar que é ativa, não o gozo em si mesmo; este, ao contrário, é sereno.

O cervo é um desses animais que, por conta de sua constituição, das inclinações que desta resultam, do modo de alimentação e das relações que mantêm com os outros, não são levados a ter muitas ideias. Quanto à procura de alimento, ele não tem nenhum obstáculo a superar. Se lhe falta comida, não dispõe de indústria alguma que lhe possa ser útil; seu único recurso é mudar de local. Por isso, a esse respeito, sua memória restringe-se a um pequeno número de fatos que bastam ao animal. Cedo aprende onde encontrará os amentilhos e os brotos que desabrocham no começo da primavera, a grama nova e suculenta no verão, os grãos ao final deste e as amoras-silvestres e pontas de urzes quando o inverno tiver dificultado a vida nas florestas e definhado as gramas. A repetição desses atos tão simples não pressupõe, tampouco confere, muita instrução ao animal. Sair de seu retiro à noite para se alimentar, voltar ao nascer do dia, deitar-se para descansar, levantar-se eventualmente por volta do meio-dia, seja para comer seja, se faz muito calor, para beber água; essa é a história do dia de um cervo, e seria a história de sua vida inteira se a época do cio e os embustes dos homens não provocassem certa variação.

No entanto, por mais simples que sejam esses atos, eles pressupõem, inclusive no cervo, experiência, reflexão e escolha, pois ele precisa mudar de pasto e retiro conforme as estações. Na primavera e no início do verão, a necessidade de trocar suas galhadas velhas e poupar as novas, ainda frágeis e sensíveis, obriga-o a buscar os matos mais afastados onde se encontra a mais profunda tranquilidade. No inverno, o frio severo conduz o cervo às partes mais antigas e abrigadas das florestas, próximas aos pastos convenientes para essa estação. Mas inclusive essa escolha de retiro não pressupõe mais do que uma única consequência extraída de uma única observação. Após ter sido perturbado repetidamente em seu abrigo, o animal esconde este último com uma arte que, sem dúvida, é fruto das percepções mais finas e reflexões mais complicadas. Com frequência, troca de arbusto em função do vento, e assim é capaz de sentir e escutar aquilo que o ameaça do exterior. Muitas vezes, em vez de baixar a guarda e ir diretamente ao abrigo, dissimula falsos esconderijos, entra e sai do mato, vai e volta repetidas vezes sobre seus passos. Na falta de um objeto imediato que o ameace, serve-se das mesmas astúcias de que se serviria para escapar da perseguição de cães quando se sente perseguido por eles.

Essa precaução anuncia fatos já conhecidos e uma sequência de ideias e presunções que são consequência desses fatos, pois é absolutamente necessário que um procedimento como esse seja o produto dos seguintes raciocínios: "um cão conduzido por um homem me forçou muitas vezes a fugir, e seguiu

Sobre a inteligência dos animais

o meu rastro por muito tempo, portanto, é impossível que este último seja ignorado pelo cão. Isso que aconteceu muitas vezes no passado pode acontecer hoje, então, devo me precaver hoje contra aquilo que aconteceu anteriormente. Sem saber como fazem para descobrir o meu rastro e segui-lo, presumo que, se eu fizer um caminho falso, posso despistar meus perseguidores. Para tanto, devo ir e voltar sobre os meus passos e, assim, assegurar minha tranquilidade". Qualquer um que refletir sobre como é necessário um motivo para que sejam produzidas uma deliberação tão complicada e a ação que se segue, verá que esta última não pode ser produto do que chamamos de *instinto*, pois as ações do *instinto* não pressupõem no animal mais do que uma única ideia ou sensação presente. Assim, é em consequência de uma única sensação que o cervo pasta, que o animal carnívoro se lança sobre a presa, que o filhote recorre ao mamilo da mãe, mas é impossível que uma simples e imediata sensação leve o animal a inventar astúcias em consequência de um revés vivido anteriormente e da maneira como o experimentou.

Já dissemos que a época do cio também rompe a uniformidade da vida natural dos cervos, no entanto, nem o amor nem a sociedade que formam durante o inverno podem ser consideradas fontes de um grande número de ideias. Para eles, o amor não é mais do que uma necessidade passageira de gozar, que pode ser satisfeita por todas as fêmeas indistintamente e não envolve nenhuma escolha recíproca e nenhuma atenção pela família. Durante o inverno, não vivem de fato em sociedade, apenas se aproximam uns dos outros para se protegerem contra o frio; uma vez que essa carência desaparece, separam-se ou, se ficam próximos, não manifestam nenhum tipo de apego, com exceção dos mais novos e das fêmeas, cuja fraqueza e timidez mantêm juntos. Os cervos são inúteis um ao outro no que diz respeito às necessidades ordinárias da vida, e vivem mais ou menos isolados. Daí poderíamos concluir que toda sociedade entre os animais é fundada apenas na assistência mútua. Mas encontramos, em algumas espécies, exemplos que provam a existência de uma sociedade cujos atrativos são independentes de toda necessidade.

Como os cervos não têm afecção social alguma, seus rancores são também apenas passageiros. Os únicos combates ocorrem no período de efervescência amorosa, o qual é o mesmo para todos. Aqueles que não têm fêmeas suficientes em seu território, ou que são oprimidos pelos mais fortes, mudam de local e podem percorrer longas distâncias em busca de um destino melhor. Quando o desejo dos cervos atinge seu pico, eles ficam em contínuo movimento; não possuem pasto ou abrigo fixos; fazem ecoar pelas florestas um som terrível cujo tom é de uma dor profunda; correm como se estivessem embriagados, enxergam sem realmente ver; e perdem muito depressa toda a gordura que haviam adquirido no verão. Entre as fêmeas, jamais vemos aquelas rejeições dissimuladas que, no caso das espécies que escolhem seus parceiros, atraem o macho e inflamam nele o desejo de acasalar; e os combates entre os machos parecem ser motivados apenas pela necessidade de gozar, sem preferência alguma por uma parceira em particular. Quando há uma desigualdade de forças, o mais fraco logo cede o terreno do amor ao mais forte. Nessa espécie, os mais velhos possuem a vantagem singular de serem os mais ardentes; é a eles que as cervas se entregam em primeiro lugar, seja por atração seja por medo. Todavia, quando uma equivalência de forças torna duvidoso e demorado o combate entre dois rivais, as cervas, destinadas a prêmio do vencedor, frequentemente se tornam presa de um jovem audacioso, que goza e escapa.

Sobre a inteligência dos animais

Vemos que o cervo, com seus sentidos apurados, uma boa visão, a audição e o olfato excelentes, não adquirem um grande número de conhecimentos, pois não há muitos motivos que o forcem à atenção. Com os animais de sua espécie, ele tem apenas relações passageiras que pressupõem sentimentos simples, e não exigem reflexão alguma. Com as outras espécies e o homem, sua única relação é a de defesa, e seu único meio, a fuga. É, portanto, quanto à sua maneira de fugir que devemos examiná-lo se quisermos apreender o desenvolvimento de suas faculdades. Apavorar-se com o barulho de cães e tentar escapar a uma perseguição é, nesse animal tímido, um puro efeito do *instinto*. Mas orientar sua fuga de acordo com os fatos conhecidos, refletir sobre ela e torná-la mais complicada, isso é efeito de um princípio inteligente, e é também algo que não podemos deixar de reconhecer no cervo.

Enquanto ainda é inexperiente, sua fuga é simples e sem método. Como conhece apenas os locais próximos de onde nasceu, retorna a eles com frequência, e só os abandona a muito custo e como última alternativa. Mas quando a necessidade recorrente de escapar à perseguição tiver forçado o animal a refletir sobre a maneira como é perseguido, ele compõe um sistema de defesa, e esgota todos os planos e variações que a ação de fugir pode comportar. Já percebeu que, nas matas mais fechadas, o contato de seu corpo deixa um sentimento mais vivaz de sua passagem, levando os cães a perseguirem-no com mais ardor e sem interrupção. Por isso, ele abandona essas matas e dirige-se às florestas mais antigas e sem vegetação rasteira ou, então, percorre os caminhos abertos. Muitas vezes parte para outro território e, para distanciar-se, tira proveito da vantagem de sua velocidade. Mesmo que não escute mais os cães, sabe que logo se aproximarão; portanto, longe de entregar-se a uma falsa segurança, aproveita esse breve intervalo para imaginar as possíveis maneiras de despistar seus inimigos. Percebeu que foi traído pelos rastros de suas pegadas e que os cães as seguiram sem interrupção; para despistá-los, corre em linha reta, retorna sobre seus passos e, retirando-se do solo com uma série de saltos consecutivos, põe em xeque a sagacidade dos cães, confunde a visão do caçador e, no mínimo, ganha tempo. Algumas vezes decide afastar-se e mudar de território logo que é atacado; outras, começa pelas astúcias, atira-se no chão, retoma seu caminho como se estivesse ferido e, de repente, se distancia com toda a velocidade de que é capaz. Se dá sinais de cansaço, não é jamais quando está distante dos cães, mas quando está sob pressão; ele pode, nesse caso, jogar-se de barriga no chão na esperança de que o ardor dos cães faça-os ultrapassá-lo; e, quando isso tiver acontecido, parte na direção contrária. Muitas vezes procura a companhia de outros animais de sua espécie. Poderíamos pensar que este é o efeito de um sentimento natural que leva o animal a procurar companhia para se sentir seguro, porém, uma prova de que essa associação ocorre por outro motivo, é que ela dura tanto tempo quanto dura o perigo. Logo que sua companhia estiver aquecida o suficiente para compartilhar o perigo, e que possam ser confundidos pelo ardor dos cães, o cervo deixa sua companhia exposta e parte numa fuga veloz. Os cães tomam um pelo outro com frequência, essa é uma das astúcias cujo sucesso é mais garantido.[9]

---

9 Termo de *vénérie*: *le change*. Buffon escreve: "*Change* é quando um cervo vai buscar um outro para tomar o seu lugar" (p.711, edição pleiade). (N. T.)

Sobre a inteligência dos animais

Entre os animais que partilham o mesmo modo de vida e os mesmos meios, os mais fracos são sempre os mais astutos, pois a astúcia somente é necessária onde falta a força. O gamo, quase da mesma natureza que o cervo e com muito menos velocidade e força, emprega os mesmos meios para se defender, mas muito mais cedo. O cabrito também se serve das mesmas astúcias e numa proporção ainda maior. Sua agilidade natural seria bastante útil se ele não tivesse a desvantagem de deixar rastros tão quentes que permitem aos cães caçá-lo com ainda mais ardor. Além disso, o cabrito, dotado de força externa bem parecida à dos outros dois, tem inclinações particulares que anunciam uma superioridade de instinto. O macho e a fêmea, geralmente irmão e irmã de uma mesma ninhada, vivem juntos e demonstram um apego recíproco, que só acaba com a morte de um dos dois. Apesar disso, de nada servem um ao outro quanto às necessidades ordinárias da vida e quanto às do amor, não duram para eles mais do que quinze dias por ano. Possuem, portanto, uma necessidade de se amar que é independente de todas as outras. Vivem com seus filhotes até que estes possam produzir sua própria família. Assim, encontramos com facilidade cabritos numa união que é primeiro fraternal, depois conjugal e, por fim, familiar, isto é, o pai e a mãe com dois ou três filhotes. A ternura maternal é praticamente igual nessas três espécies e anuncia-se pelas mesmas características. Uma inquietude terna e corajosa que pode levar a mãe a correr à frente dos cães para afastá-los de sua prole; primeiro, ela dissimula uma fuga para depois retornar quando o perigo tiver passado. Mas a coragem jamais deixa de ser proporcional aos meios e às forças, e a astúcia, à fragilidade.

Então, é entre os animais mais fracos, cuja organização desfavorável conduz a modos de vida similares, que devemos procurar a inteligência mais elevada. A lebre, por exemplo, a qual a natureza atribuiu sentidos inferiores aos de muitos outros animais, quando é caçada recorre a astúcias que são de dar inveja a qualquer raposa. O coelho, ainda mais fraco, dá sinais de uma inteligência ainda superior, pois cava uma morada para si, escolhe uma parceira e vive em sociedade. Seus interesses não ficam restritos à família, mas se expandem a toda a república subterrânea, a todos os indivíduos de sua espécie com os quais guarda um laço de vizinhança. Quando os coelhos saem da toca para se alimentar, aqueles que a experiência acostumou a sentir medo sempre dividem sua atenção entre a comida e os perigos que podem surgir. Se julgam haver uma ameaça, soam o alarme às redondezas, desferindo as patas traseiras no solo com golpes que se propagam pelas tocas mais distantes. Em geral, toda a colônia retorna depressa às suas moradas, mas, se há coelhos mais novos e imprudentes que não cedem aos primeiros avisos, os mais velhos continuam com os golpes, arriscando suas vidas em favor da segurança pública.

Parece-me que esse conjunto de fatos simples, retirados da vida ordinária dos diferentes animais que mencionei, permite-nos concluir que todas as espécies compartilham uma faculdade, a saber, a sensibilidade. Podemos acrescentar, ainda, que essa faculdade, mais ou menos exaltada pelas carências e circunstâncias, produz os diferentes graus de inteligência que constatamos seja entre os indivíduos seja entre as espécies. Com frequência, aquilo que tomamos como sagacidade natural do *instinto* é apenas o desenvolvimento desse amor de si, que é produto necessário da sensibilidade. Todo ser que sente conhe-

Sobre a inteligência dos animais

ce necessariamente o prazer e a dor; um, ele deseja, e o outro, incomoda-o. Suas sensações lhe dão a consciência de sua existência atual; e sua memória, a de sua existência passada; e é o tipo de afecção que ele experimenta ou lembra, que o faz gozar ou sofrer, que suscita seus desejos ou medos e determina suas ações. Aquilo que pertence ao *instinto* depende completamente da organização; logo, é por *instinto* que o cervo pasta e a raposa alimenta-se de carne. Mas não é ao *instinto*, e sim à faculdade de sentir e a seus efeitos, que devemos remeter os meios que esses animais empregam para satisfazer as carências de seu apetite natural. O *instinto* determina o objeto de desejo e desperta a atenção; a atenção leva o animal a constatar as circunstâncias e fixa os fatos em sua memória; a memória desses fatos confere experiência; e, por fim, a experiência indica os meios. Se os meios são bem-sucedidos, eles constituem a ciência do animal; caso contrário, incitam a reflexão, que irá combinar novos fatos e conceber novos meios. As ações comuns a todos os indivíduos de uma espécie, que parecem distinguir uma espécie da outra, não são obrigatoriamente o efeito do *instinto*, isto é, de uma inclinação surda que não depende da experiência e da reflexão.

Por exemplo, a disposição que faz os coelhos cavarem uma toca não é puramente maquinal, pois aqueles que foram domesticados há muito tempo não dão nenhum sinal dessa indústria. Esta só se manifesta quando a necessidade de suplantar sua vulnerabilidade ao frio e ao perigo tenha forçado esses animais a refletir sobre possíveis alternativas. Portanto, não é sempre a superioridade de *instinto* que explica por que vemos algumas espécies agirem com mais sagacidade do que outras. Parece certo que, se o coelho não sofresse mais do que a lebre pelo frio ou outras adversidades, ele jamais se daria ao trabalho de cavar uma toca. Exaltamos uma indústria que se deve apenas à fraqueza do animal. Mas quando a necessidade conduziu uma espécie a uma descoberta dessa natureza, a esse primeiro passo dado segue-se uma profusão de ideias sucessivas que eleva essa espécie muito acima das outras. Trabalhar em conjunto para construir uma habitação e viver em sociedade consiste numa nova ordem de coisas que se prova bastante fecunda a seres que, até então, erravam sem moradia. É impossível que a ideia de propriedade não suceda os desconfortos causados pelo trabalho e o sentimento da utilidade deste; é igualmente impossível que a coabitação não estabeleça laços de vizinhança. Não há dúvida de que os coelhos adquirem a ideia de propriedade. As mesmas famílias ocupam as mesmas tocas sem trocá-las, e estas são ampliadas à medida que a família aumenta. Já vimos como eles manifestam um interesse vivo e corajoso por todos de sua espécie. A velhice e a paternidade são muito respeitadas entre os coelhos, e, pelo que vemos, é muito provável que, se pudéssemos examinar a economia doméstica desse povo subterrâneo, encontraríamos tanta ordem quanto acreditamos reparar nas abelhas.

Apesar de a maior parte das invenções dos animais nascerem das carências, os que possuem organizações mais vantajosas possuem maior indústria, conforme a seus sentidos mais apurados. Por exemplo, é certo que a águia, quanto às ideias derivadas da visão, leva grande vantagem sobre a lebre, cuja visão é muito ruim. Nossos metafísicos parecem concordar que os juízos dos olhos precisam ser corrigidos pelo tato. São nossas mãos, dizem eles, que nos ensinam a distinguir as formas, e nossos pés que nos permitem julgar as distâncias pelo mero olhar. Quan-

Sobre a inteligência dos animais

to a estas últimas, os quadrúpedes possuem, assim como nós, a faculdade de julgá-las pelo tato, posto que também percorrem intervalos de terra. A maior parte deles, inclusive, possui em seu olfato excelente uma espécie de tato muito apurado, que assegura o juízo dos olhos, mas me parece que eles sabem muito bem distinguir as formas sem o uso do tato e, se lhes exibirmos formas ilusórias, a ilusão é logo desfeita mesmo que não toquem em nada. No que concerne aos pássaros, eles avaliam as distâncias com muita precisão sem recorrer ao tato. Um falcão que, das mais elevadas alturas, lança-se para baixo contra uma perdiz que se encontra em pleno voo, precisa avaliar com precisão qual é a distância entre ele e sua presa, quanto tempo é necessário para percorrer essa distância e qual é o caminho que a perdiz fará durante esse tempo; pois, se negligenciasse ao menos uma dessas avaliações, o ataque não poderia ser bem--sucedido e a presa fugiria. É muito provável que a desvantagem em um dos cinco sentidos seja compensada pela vantagem nos outros, como vemos, entre nós, os cegos gozarem de audição e tato superiores, seja porque a natureza confere a fineza dos sentidos em razão dos interesses do animal, seja porque esses interesses apuram os sentidos por meio do exercício constante.

De toda forma, sempre que observamos com atenção e vamos além do que aparece à primeira vista, somos levados a crer que não há uma desigualdade fundamental de inteligência entre os animais das diferentes espécies. A faculdade de sentir, comum a todas elas, pode ser mais desenvolvida pelo hábito em algumas; porém, nas outras, parece que esse desenvolvimento não ocorre apenas por falta de circunstâncias e carências. Não há dúvidas de que a organização restringe, sob certos aspectos, o exercício da inteligência que é natural aos animais e determina os efeitos de sua faculdade de sentir. É como resultado das carências e dos meios dados pela organização que um adquire o gênio da fuga, e o outro, da rapina. Se faltam vegetais a um animal frugívoro, a conformação de seus dentes e sua repugnância à carne deixam-no sem alternativas, e o grau mais alto de inteligência não impedirá que morra de fome. Assim, a indústria é limitada pela impossibilidade.

Para decidir essa questão da desigualdade fundamental de inteligência entre as diferentes espécies de animais — questão que não existe para aqueles que só observaram superficialmente —, seria preciso saber se a faculdade de sentir pode possuir graus; se, por exemplo, a ostra é, por conta de sua natureza, menos suscetível às impressões de prazer e dor do que as outras espécies. Mas é impossível proferir a esse respeito porque as sensações são absolutamente incomunicáveis e, embora a ação possa indicar o caráter das sensações, ela não pode representar sua intensidade. No entanto, não podemos duvidar que haja desigualdade na maneira que um ser sente em diferentes momentos, pois a ação dos mesmos objetos sobre nós é diferente em razão de nossas disposições. Daí podemos inferir que espécies inteiras exercem a faculdade de sentir em diferentes graus de intensidade. Quase todos os herbívoros passam uma parte de sua vida num estado similar a um torpor habitual; a vida dos carnívoros é muito mais ocupada e ativa, mas tanto estes como aqueles encontram sua felicidade no exercício de suas faculdades naturais, e há apenas um número muito pequeno de espécies que parecem experimentar uma necessidade de agitação e movimento, que é independente do mero apetite. Talvez seja essa disposição ao repouso que impede, em parte, que as espécies se aperfeiçoem

Sobre a inteligência dos animais

tanto quanto a organização permite. Tratarei de reunir algumas reflexões que fiz a esse respeito, e então poderemos identificar quais são as circunstâncias e as condições necessárias para que a perfectibilidade, natural aos animais, possa se desenvolver.

5. Condições e limites da perfectibilidade dos animais

Ao explorar acima a vida cotidiana de alguns animais, foi possível constatar que são dotados de sensibilidade e memória, da faculdade de apreender relações e de julgar, do poder de refletir sobre seus atos etc. Não há dúvidas de que o uso dessas faculdades, que podem ser aplicadas a mais ou menos objetos, depende das circunstâncias e das carências. Somos obrigados a reconhecer que não é possível fixar a verdadeira medida da inteligência das diferentes espécies, pois essa inteligência depende das circunstâncias; ela amplia-se sempre que é colocada em ação pela necessidade, e retrai-se pela falta de exercício.

Com base nesses fatos incontestáveis, deveria ser possível encontrar nos animais alguns progressos gerais relativos à inteligência. A perfectibilidade, atributo necessário de todo ser provido de sentidos e memória, deveria desenvolver-se sempre que as circunstâncias sejam favoráveis e, aos poucos, elevar algumas espécies a um estado superior. Veríamos essas espécies num local civilizadas e, em outro, mais ou menos selvagens, manifestando diferenças nítidas em seus costumes, mas não encontramos nada disso. Se não fôssemos obrigados a admitir a faculdade de se aperfeiçoar nos animais, a inutilidade constante que parece acompanhá-la poderia nos fazer duvidar de sua existência, mas um pouco de reflexão basta para entendermos que não somos juízes competentes para julgar os progressos desses seres, tão diferentes de nós sob tantos aspectos, sendo perfeitamente possível que tenham realizado grandes avanços sem que possamos nos dar conta.

Além disso, é certo que esse poder natural de se aperfeiçoar precisa ser acompanhado de tantos fatores e tantas condições externas que faltam aos animais, que apenas a qualidade de serem perfectíveis não é suficiente para se aperfeiçoarem de fato. Que não sejamos juízes competentes dos progressos dos animais, isso me parece inquestionável. Observando algumas de suas ações, podemos identificar o caminho que sua inteligência teve de percorrer para chegar à determinação que as produziu. Podemos distinguir entre aquilo que se refere à percepção simples, ao juízo, à reflexão etc. Podemos desvendar alguns de seus desígnios, penetrar nos motivos que determinam seus movimentos decididos, pois esses motivos são as causas essenciais e necessárias dos movimentos que percebemos. Mas, se vemos com clareza a intenção da andorinha enquanto trabalha na construção de seu ninho, não podemos saber se o tempo pôde aperfeiçoar sua arquitetura, ou se a experiência pôde acrescentar elegância e conforto a essa construção. Sequer temos os meios necessários para julgar o que é belo ou cômodo para ela. Em geral, em todas essas obras que têm um objetivo comum, e que nos são tão pouco familiares, a única coisa que nos salta aos olhos é uma semelhança grosseira, a partir da qual concluímos haver uma uniformidade absoluta.

É muito provável que os animais tampouco percebam as diferenças entre nossos palácios e casebres, e que a águia, ao voar sobre nossos diversos povos, não possa distinguir, nos movimentos destes, os distintos graus de civilização alcançados por

Sobre a inteligência dos animais

cada um. Uma horda de selvagens errantes, em torno de suas cabanas, e um grupo de eruditos, numa cidade construída com esmero, devem parecer iguais a ela, isto é, seres que andam sobre seus pés e se movem aproximadamente da mesma maneira. Ademais, é impossível que, observando a maior parte dos animais de cada espécie, possamos julgar os progressos particulares que alguns indivíduos possam ter realizado. Os principais instrumentos das ideias que adquirem são precisamente aqueles aos quais devemos o menor número de nossas ideias. Não podemos conhecer os elementos que formam suas ideias complexas, pois não compartilhamos, no mesmo grau, as sensações predominantes que as compõem. Daí deve resultar uma diferença absoluta entre o seu sistema geral de conhecimentos e o nosso. Por exemplo, as ideias adquiridas pelo olfato não influenciam em quase nada nossos hábitos e progressos. Mas, se considerarmos esse sentido tal como ele é para os carnívoros, isto é, como um órgão principal, como um tato extremamente apurado que, a distâncias enormes, os instrui a distâncias enormes, sobre as possíveis relações que os objetos podem ter com sua conservação, veremos que o conhecimento adquirido por esses animais pelo nariz está além de nosso alcance. Ao afirmar algo sobre essas ideias, cujo elemento principal é o olfato, agimos como um cego que pretende julgar os progressos da pintura.

É perfeitamente possível, então, que os animais tenham feito uma série de progressos sem que possamos perceber, porém é muito provável que não tenham feito muitos, e inclusive que jamais os farão. Faltam-lhes um interesse ativo e algumas condições sem as quais dificilmente a perfectibilidade deixa de ser inútil. Em primeiro lugar, os animais não têm interesse algum em fazer progressos. Vimos, nas observações precedentes, que

209

seu modo de vida habitual consiste na repetição de um pequeno número de atos muito simples, que bastam a suas carências. Aqueles cuja inclinação para a rapina mantém a indústria
sempre ativa, e aqueles que, sempre ameaçados, são forçados
a ter atenção quase permanente, adquirem mais conhecimentos que os outros, porém, como jamais vivem em sociedade,
essa ciência, em larga escala individual, é transmitida apenas
a poucos indivíduos da espécie. Além disso, eles são forçados a
levar uma vida dividida entre agitação e sono. Os animais que
parecem viver em sociedade se associam por medo, sentimento
pouco favorável ao progresso, ou possuem apenas uma sociedade passageira, ou não servem em nada uns aos outros para
suprir as necessidades básicas da vida, ou, ainda, ameaçados a
todo momento pelo homem, têm apenas uma associação pre-
cária, sempre perturbada ou na iminência de ser, e não podem
engendrar nenhum projeto a não ser o de agir em conjunto no
presente, sem jamais olhar para o futuro. Mas do fato que não
realizam progressos que podemos constatar, não devemos concluir que sejam desprovidos de perfectibilidade. Um homem
nascido sem olho e sem mãos tem, dentro de si, o poder de adquirir novas ideias, ainda que não conte com os meios externos.
Mesmo podendo contar com todos os seus sentidos, aqueles
homens sempre ocupados em suprir suas necessidades de primeira ordem ficam limitados aos poucos conhecimentos que
decorrem imediatamente dessas necessidades. Nesse caso, esses
homens adquirem um número mais restrito de ideias do que
parecem adquirir alguns indivíduos de determinadas espécies.
   É necessário que muitas condições auxiliem a perfectibilidade, sem as quais seres que potencialmente fariam os maiores

Sobre a inteligência dos animais

progressos jamais os farão. A sociedade, o lazer e as paixões factícias que nascem destes últimos; o tédio, que é o produto das paixões e do lazer; a linguagem; a escrita, que supõe o uso das mãos; são todos meios na ausência dos quais nenhum progresso considerável pode ser esperado dos seres mais inteligentes. Ora, é preciso verificar se os animais contam com todas essas condições e qual é a importância daquelas que parecem faltar.

Sem dúvida, há inúmeras espécies que aparentam viver em sociedade, mas, se examinarmos o caráter dessa associação, vemos logo que não é propícia ao progresso. Todos os frugívoros que vivem desse modo parecem se reunir apenas por causa do medo, que os obriga a buscar um pouco de segurança na companhia dos outros. Mas o sentimento comum que os reúne não estabelece nenhuma relação ativa de utilidade entre eles, nem mesmo com relação ao motivo mesmo da associação. Se eles têm menos medo quando estão juntos, isso não significa que sejam uma ameaça maior a seus inimigos. Um único cão pode dispersar essa tímida associação, que não contribui em nada para aumentar a força desses animais. Os outros detalhes de sua vida tendem mais a dissolver do que a reforçar o laço que se forma entre eles. Pastam juntos a mesma grama que é necessária a todos; essa simples ação é capaz de gerar rivalidade nos casos de escassez e jamais conduz à assistência mútua.

Um cervo não tem nada a esperar de seu vizinho e pode temer que este o prive da metade de sua alimentação. Logo, não há sociedade propriamente dita entre esses animais. Mesmo aquelas espécies que parecem se unir pelo projeto de uma defesa comum e que podem sentir a vantagem da sociedade por meio do aumento das forças e, em consequência, da coragem —

os javalis, por exemplo – não deixam de sentir o quanto é desfavorável viver em bando no que diz respeito à alimentação.

Logo que os machos atingem 3 anos de idade, e seus caninos, já crescidos, permitem contarem com suas próprias forças, separam-se e vivem sós; vemos em bando apenas as fêmeas, não tão bem armadas, com jovens machos.

Os coelhos vivem em sociedade, mas se esses animais fracos e tímidos adquirem, quanto à segurança, todos os conhecimentos que podem obter de sua organização, eles são oprimidos por uma inquietude contínua, que os solicita tanto que não sobra tempo para reflexão. Ainda assim, se penetrarmos no interior de suas habitações, podemos constatar a arte da distribuição de suas acomodações e uma série de precauções que as protegem contra potenciais acidentes. Em geral, as tocas são localizadas de modo a evitar inundações, a entrada esconde parcialmente o interior do domicílio, e os inúmeros cômodos interligados por corredores sinuosos extenuam e rechaçam todo furão que penetra na morada. O coelho, suficientemente instruído para preferir ser atormentado no interior da toca a correr perigo no exterior, encontra proteção quase garantida nesse labirinto. Além disso, esses animais, forçados a comer grama onde esta se encontra, não apresentam utilidade alguma entre si para a satisfação das necessidades básicas.

Os carnívoros nunca vivem em sociedade, sua voracidade natural e a escassez da caça obrigam a tomar distância uns dos outros. Dois lobos, ou duas aves de rapina, se fixarão com suas famílias a uma certa distância uma da outra, proporcional à extensão de terra que é necessária para subsistir. Longe de viverem em sociedade, a concorrência e o encontro provocam

Sobre a inteligência dos animais

quase sempre um combate, e ao final do qual o mais fraco é forçado a se afastar.

Há algumas espécies de animais cujos instinto e organização levam a trabalhar juntos para o bem comum; é o caso dos castores. É impossível saber com exatidão a que grau sua inteligência se elevaria se permitíssemos multiplicarem-se em tranquilidade, gozando dos frutos de sua associação. Mas a infeliz vantagem de serem úteis ao homem torna-os mais sujeitos à caça do que à observação. Dificilmente permitimos que iniciem suas habitações e logo as destruímos. Não dispõem de nenhum lazer, pois estão constantemente tomados por um medo que impede qualquer exercício da curiosidade.

Não basta que os animais vivam juntos para que tenham uma sociedade propriamente dita e propícia ao progresso. Mesmo aqueles que parecem se unir por um tipo de atração e sentir prazer em viver em companhia não possuem a condição essencial da sociedade caso sua organização não permita que sejam úteis uns aos outros com relação às necessidades cotidianas. É essa troca de serviços que estabelece os laços que constituem a sociedade propriamente dita. É preciso que esses laços sejam fundados sobre diferentes atividades que concorram ao bem comum, cujos frutos tornem mais fácil a vida de cada indivíduo, contribuam a poupar tempo e, consequentemente, proporcionem lazer para todos. Então, a utilidade geral do ofício escolhido por cada indivíduo torna-se a medida coletiva do mérito de cada um. A emulação se estabelece pelo hábito de comparar-se uns aos outros e suscita novos esforços. Aqueles que se sentem fracos demais para serem úteis buscam, ao menos, parecer o contrário, e assim começa o reino das paixões factícias, que são o produto da sociedade e do lazer.

Os animais, não tendo sociedade propriamente dita ou lazer, tampouco têm paixões factícias. Não possuem nenhuma das carências de convenção que se tornam tão prementes quanto às carências naturais, embora não possam ser satisfeitas como estas últimas e, por isso, mantêm o interesse, a atenção e a atividade dos indivíduos num exercício contínuo. A necessidade de sermos afetados, de sermos vivamente lembrados de nossa existência, que nos acomete no estado de vigília e inação, é a principal causa de nossos infortúnios, crimes e progressos. Trata-se de uma carência sempre ativa, e nossas tentativas de satisfazê-la não fazem mais do que intensificá-la, pois a lembrança de uma emoção forte torna insípidas todas aquelas que não possuem a mesma intensidade. Daí aquele ardor em procurar todas as cenas de movimento, todos os tipos de espetáculo que podem produzir uma impressão envolvente e viva; daí também aquela doença da curiosidade que nos força a procurar dentro de nós mesmos, pela meditação, uma ocupação que possa nos interessar. Os animais não fazem ideia do que seja esse estado que atormenta o homem ocioso e civilizado. A única coisa capaz de despertar sua atenção são as carências do apetite e do amor, e os perigos que têm de evitar. Esses três objetos ocupam a maior parte de seu tempo e, no restante, permanecem num estado sonolento, que não comporta nem o tédio nem a curiosidade estimulante que experimentamos. Os meios que possuem para se alimentar e escapar do perigo são restritos à organização, e seria impossível inventarem outros, visto que a natureza os privou dos meios necessários para a fabricação de instrumentos. Podem contar somente com suas armas naturais e indústria, e vimos que, quando eles são estimulados e instruídos pelas circunstâncias e dificuldades,

Sobre a inteligência dos animais

o homem mais engenhoso não tem nada a lhes ensinar. Além disso, são naturalmente providos do que vestir, uma necessidade básica para o homem que deve ter sido, na origem, o motivo que o induziu a inúmeras investigações. Os povos que dispensam roupas são, em geral, mais estúpidos do que os outros, pois carecem dessa necessidade, que logo se torna o germe de muitas invenções e artes.

6. Efeitos do amor e da ternura familiar sobre a perfectibilidade dos animais

Quanto à influência do amor sobre a perfectibilidade dos animais, por mais intensa que seja essa paixão, por mais profunda que seja a maneira como se manifesta nos animais, ela não deve servir como princípio de progressos muito significativos. Nas espécies em que os machos se relacionam indiferentemente com todas as fêmeas, vemos surgir uma rivalidade recíproca e generalizada no período em que a carência de gozar é sentida por todos. Mas a questão não tarda a ser decidida pela força. E ao mais fraco resta apenas fugir e deixar ao vencedor a posse de sua conquista.

Nas espécies em que se formam casais, seja qual for o motivo que justifique a escolha dos dois indivíduos, é certo que essa escolha existe; a ideia de propriedade recíproca se estabelece, a moral se introduz no amor e a inveja se torna profunda e refletida. As fêmeas, sempre soberanas nos pormenores dessa paixão — pois são elas que dão o consentimento —, tornam-se extremamente capazes na arte de provocar os machos com seus agrados, carícias e recusas, multiplicando provocações ora veladas ora abertas. Elas aprendem a dissimular suas próprias disposições ou, no mínimo, a disfarçar a intensidade destas. Mesmo quando cedem com entusiasmo a seus próprios desejos, sabem conferir a seus favores um ar de complacência e sacrifício. O coquetismo está longe de ser uma invenção exclusiva à espécie humana. Ele pertence a todos os animais que exercem uma escolha. Mas essa arte do amor não pode ser muito fecunda em progressos, pois a própria paixão não os afeta mais do que três meses, quando muito. A carência acaba, e sua dissipação total logo conduz ao esquecimento de todas as ideias às quais ela dera ocasião.

É apenas para o homem, sobretudo o homem ocioso e civilizado, que o amor pode se tornar um princípio de atividade permanente e, por consequência, fonte dos mais diferentes tipos de progresso. Diferente do animal, o homem é afetado por essa paixão o ano todo, porque as ideias de convenção se somam ao sentimento natural e conferem a este um grau de força que jamais poderia adquirir sozinho, inclusive acrescentando acessórios que fazem esse sentimento se perpetuar. Além da atração recíproca e da escolha produzirem a ideia de propriedade, a vaidade vem ao apoio e exagera o valor de tudo o que se considera como sendo de sua posse. Uma estima profunda pelo objeto amado soma-se à estima de si mesmo e aplica, nesse sistema de ideias e sentimentos, um verniz de excelência e dignidade que torna essas ideias e sentimentos ainda mais imponentes para aqueles que os experimentam. Daí resulta uma profusão de movimentos cuja força e perenidade conferem energia à alma, tornando-a capaz dos mais duros esforços. Os animais são desprovidos desse impulso incessante; nem seus apetites, nem sua sociedade, nem suas paixões naturais proporcionam motivos ou meios suficientes para que possam se aperfeiçoar consideravelmente.

Sobre a inteligência dos animais

No que tange às paixões factícias, os animais não parecem ser suscetíveis delas e, de fato, nunca as experimentam a não ser pela avareza que observamos em algumas espécies. Mas como os objetos dessa paixão nos animais são sempre perecíveis, ela restringe-se necessariamente ao acúmulo e às reservas que podem fazer num determinado período. Ela pressupõe apenas uma previdência simples e fácil, e jamais comporta reflexões profundas sobre os meios de aquisição, pois para os animais há apenas um. Para eles, a avareza não é mais do que uma consequência da fome que foi sentida no passado. A mais breve reflexão sobre os inconvenientes dessa necessidade conduz todos os animais expostos à penúria a esse tipo de previsão; os carnívoros escondem e enterram os restos da presa para recuperá-los quando for necessário. Poderíamos exaltar essa cautela e chamá-la de prudência se esses animais não excedessem todos os limites da necessidade logo a ocasião se apresente. É essa profusão inútil que confere o caráter da avareza à sua previdência. Entre os frugívoros, aqueles cuja organização permite carregar os grãos que servem de alimento fazem provisões que restam intactas até que sejam realmente necessárias. Assim são os ratos selvagens, o rato-do-campo etc. Mas como a escassez de seus alimentos dura apenas poucos meses do ano, sua previdência não chega a adquirir a perenidade que encontramos na avareza humana, a qual, atraída incessantemente pelo mesmo objeto, acostuma-se a enxergar um futuro sem limites. Embora conectem a ideia de propriedade às reservas acumuladas, essa é uma ideia apenas passageira. Logo em seguida, novas riquezas que não exigiram esforço algum ao animal são oferecidas a ele, fazendo com que se esqueça daquelas que havia acumulado.

217

Entre todas as paixões dos animais, a ternura maternal é aquela que parece deixar as marcas mais profundas em sua memória. Isso ocorre pois essa é uma paixão que os afeta com bastante força e por um tempo considerável. Por conta da educação de seus filhos, os animais adquirem ideias que se tornam tão familiares quanto àquelas relativas à sua própria conservação individual. Uma perdiz-cinzenta, dotada de certa experiência, jamais será imprudente na escolha da localização do ninho. Constrói num local elevado a fim de preservá-lo das inundações, toma cuidado para que seja rodeado de sarças e espinhos, dificultando que seja avistado e acessado por predadores; e cobre seus ovos com folhas quando é obrigada a sair para se alimentar. Ou seja, sua afetuosa previdência manifesta-se das mais diversas maneiras para proteger uma prole que ela ainda não conhece. Quando os ovos são chocados, vemos na mãe e inclusive no pai uma atividade inquieta e constante, uma diligência sofrida, e uma defesa corajosa quando a família é ameaçada. Desse interesse tão intenso e afetuoso resulta o conhecimento dos lugares onde a família pode encontrar alimentação abundante, e esse conhecimento pressupõe observações precedentes, sem as quais a escolha do local não poderia ser realizada.

Essa paixão, que se manifesta de maneira tão evidente em todas as mães, e que os pais também experimentam no caso das espécies que formam casais, possui algumas características que merecem ser observadas. Aparentemente, ela suscita no animal um interesse pelo outro mais intenso do que o interesse sentido por si mesmo. Quando o frio e a chuva ameaçam a vida de seus filhotes, vemos os pássaros cobrirem-nos com suas asas com tanta diligência que se esquecem de se alimentar; é muito comum que morram por cima de seus filhotes. A fome jamais

Sobre a inteligência dos animais

provoca nas ações desses animais efeitos comparáveis a tudo o que são obrigados a fazer para dar conta das necessidades de suas crias. A necessidade que esses seres frágeis têm de seus pais parece duplicar a coragem destes e produzir aquele grau de paixão e entusiasmo que não mede o perigo ou subestima--o. Embora essa audácia supere, em todas as espécies, os meios que o animal dispõe para escapar do perigo, ela nunca deixa de ser proporcional a esses meios. A loba e a javalina, que além de fortes são providas de temerosas armas, tornam-se terríveis quando têm filhotes para defender. Precipitam-se com furor para recuperá-los daqueles que as afugentariam com facilidade se estivessem privando-as apenas de sua alimentação, mesmo nos casos de fome extrema. De todas as dores, a mais pungente e profunda parece ser a de uma mãe que escuta os gritos de sua prole. A cerva, naturalmente fraca e tímida, expõe-se corajosamente ao perigo quando se encontra nessa situação, mas logo é traída pela impotência, e sua audácia dá lugar à necessidade de fugir.

Apesar dessas diferenças, é fácil observar que, em quase todas as espécies, a coragem das mães supera o cuidado com sua própria conservação. Disso podemos concluir que as paixões, tendo atingido seu pico, levam ao excesso, e que os movimentos súbitos que elas suscitam nos seres sensíveis levam-nos além daquilo que parece ser o limite natural do sentimento. Até certo ponto, elas esclarecem; por exemplo, a fúria impetuosa dessas mães é o melhor meio de que dispõem para salvar sua família, porque muitas vezes a fúria é de fato capaz de afugentar os que oferecem perigo, mas basta um pouco mais de calor e as mães se expõem sem utilidade alguma. É certo, todavia, que a sensibilidade tem certa moderação, e até mesmo seu excesso tem limites. Nas espécies animais em que a ternura dos pais se concentra nos interesses da família, não vemos afecção alguma que se estenda à espécie; observamos inclusive uma repulsa decidida por aqueles da espécie que não fazem parte da família. Nos locais onde não há muitos animais e, portanto, o alimento é escasso, a perdiz, sempre bastante cautelosa e empenhada a atender aos interesses de suas crias, persegue e mata sem piedade todos aqueles que não lhe pertencem caso venham a cruzar o seu caminho. A faisã, por sua vez, tem uma preocupação muito menor em reunir seus filhotes e mantê-los juntos de si. Sem muita inquietação, abandona aqueles que se afastam e se separam dela, mas tem uma sensibilidade generalizada por todas as crias de sua espécie; basta segui-la para conquistar o direito a seus cuidados e, assim, torna-se uma mãe comum de todos aqueles que precisam dela. Entre os homens, não devemos esperar dessas almas cosmopolitas, cuja vasta sensibilidade abarca o universo, sentimentos muito calorosos, uma dedicação constante e sutilezas da mais devota ternura. Paternidade, parentesco, amizade, amor mesmo, todos esses laços tão fortes aos homens de natureza mais reservada, afrouxam-se à medida que as afecções se tornam mais amplas. O mais vantajoso talvez seja viver numa sociedade composta por amigos do gênero humano e, em intimidade, com aqueles para quem o gênero humano é um pouco menos importante que seus amigos.

Apesar de os animais, em geral, dedicarem-se vivamente ao cuidado de suas famílias, e apesar de as ideias relativas a esse objeto deixarem rastros bem profundos em suas memórias, vemos que daí não resultam progressos que concernem às espécies. Isso ocorre porque esses cuidados não duram mais do que a própria carência; a nova geração logo se torna adulta, e o amor

Sobre a inteligência dos animais

dissolve essa sociedade passageira ao cabo de alguns meses para dar origem a outras famílias. Vemos que os animais, mesmo que perfectíveis, nem sequer em suas paixões mais intensas possuem motivos que sejam suficientemente constantes e interessados para elevá-los a grandes progressos. A esse respeito, eles não têm quase nada o que extrair, nem da natureza de sua sociedade – quando a possuem –, nem dos motivos que os reúnem, nem do lazer que lhes falta e nem do tédio que não é mais do que uma consequência do lazer. Falta, assim, a maior parte das condições que favorecem a perfectibilidade. É preciso ver, ainda, se eles podem comunicar suas ideais entre si e se dispõem de uma linguagem articulada, tão necessária a esse propósito.

7. Efeitos da linguagem sobre a perfectibilidade dos animais

Tudo o que encontramos nos animais são gritos que nos parecem desarticulados, a repetição constante dos mesmos sons; e temos dificuldade para imaginar uma conversação entre seres dotados de um focinho comprido ou um bico. A partir desses preconceitos, concluímos de maneira muito genérica que os animais não têm linguagem propriamente dita, e que a palavra é uma vantagem que nos é exclusiva, expressão privilegiada da razão humana. Somos superiores demais aos animais para menosprezar ou esconder de nós mesmos aquilo de que gozam, algo que a aparente uniformidade de sons que escutamos tende a nos impor. Quando alguém em nossa presença fala em língua estrangeira, escutamos apenas a repetição dos mesmos sons. Apenas o hábito é capaz de nos ensinar a julgar as diferenças, e mesmo assim não parece suficiente se não houver algum conhecimento da língua. A diferença que os órgãos dos animais impõem a eles, em relação a nós, nos torna mais estrangeiros a eles do que ao estrangeiro de nossa própria espécie, e torna impossível que conheçamos e distingamos os acentos, expressões e inflexões de sua linguagem.

Os animais falam ou não? Essa é uma questão que deve ser resolvida a partir da resolução de duas outras. Podem eles, sem a fala, executar aquilo que executam? A linguagem não pressupõe mais do que uma sequência de ideias e a faculdade de articular. Já admitimos, acima de qualquer dúvida, que os animais sentem, comparam, julgam, refletem, concluem etc. Logo, eles têm, no que concerne à sequência de ideias, tudo o que é necessário para falar. Quanto à faculdade de articular, a grande maioria não possui nada em sua organização que pareça privá-los dela. Vemos, inclusive, alguns pássaros, tão diferentes de nós sob outros aspectos, serem capazes de emitir sons articulados absolutamente semelhantes aos nossos. Assim, os animais possuem todas as condições necessárias para a linguagem. Mas, além disso, quando acompanhamos de perto o detalhe de suas ações, vemos que é impossível negar que comuniquem parte de suas ideias, e que essa comunicação seja realizada pelo recurso às palavras. Por certo, eles não confundem um grito de pavor com outro de amor. Suas diversas agitações são caracterizadas por entonações diferentes. Se uma mãe apavorada pela segurança de sua família tivesse apenas um grito para preveni-la de uma determinada ameaça, veríamos a família realizar sempre os mesmos movimentos a partir desse grito. Mas, ao contrário, esses movimentos variam de acordo com as circunstâncias: numa ocasião, fogem em disparada; em outra, escondem-se; em outra ainda, apresentam-se para o combate.

Sobre a inteligência dos animais

Como as ações suscitadas pela ordem da mãe são diferentes, é impossível que a linguagem empregada seja a mesma.

Seria possível negar a grande diversidade das expressões trocadas entre um macho e uma fêmea durante o período de sua união, posto que constatamos, sem dificuldade, mil movimentos de naturezas diferentes? Ardor mais ou menos pronunciado da parte do macho; reserva misturada com provocação da parte da fêmea; recusas simuladas, exaltações, ciúmes, discórdias e reconciliação. Poderíamos acreditar que os sons que acompanham todos esses movimentos não sejam tão variados quanto às situações que eles exprimem? É verdade que a linguagem de ação é bastante usada entre os animais e é suficiente para que comuniquem a maior parte de suas emoções. Essa linguagem, familiar àqueles que sentem mais do que pensam, provoca uma impressão imediata e suscita quase no mesmo instante a comunicação dos sentimentos exprimidos; porém, ela sozinha não basta às ações combinadas dos animais que pressupõem concerto, convenção, designação de local etc. Dois lobos que dividem as tarefas para facilitar a caça — enquanto um ataca a presa, o outro espera num dado local para surpreendê-la com forças novas — não seriam capazes de agir em conjunto com tanta harmonia se não comunicassem seu projeto, e é impossível que o tenham feito sem o auxílio de uma linguagem articulada.

A educação dos animais ocorre em grande parte pela linguagem de ação. É a imitação que os habitua à maioria dos movimentos necessários para a conservação de sua vida natural. Mas quando os zelos e os objetos de precaução e medo se multiplicam com os perigos, essa linguagem deixa de ser suficiente. Quando a instrução torna-se mais complexa, as palavras tornam-se necessárias para transmiti-la; sem uma linguagem articulada, a educação de uma raposa jamais se consumaria. Como mostram os fatos, não há dúvida de que, antes mesmo de serem instruídas pela experiência pessoal, as jovens raposas, saindo da toca pela primeira vez, são mais receosas e precavidas nos locais onde são caçadas sem interrupção do que as raposas mais velhas nos locais mais pacíficos, onde não há armadilha alguma contra elas.[10] Essa observação incontestável demonstra com solidez a necessidade que possuem da linguagem. Pois, sem ela, como poderiam adquirir esta ciência de precauções que pressupõe uma série de fatos conhecidos, comparações realizadas e juízos formados? Portanto, parece absurdo duvidar que os animais tenham uma língua entre eles, por meio da qual transmitem ideias cuja comunicação lhes é necessária. Mas, tendo em vista que a invenção das palavras é limitada pela necessidade delas, vê-se que a língua deve ser bastante reduzida entre seres que estão sempre num estado de ação, medo ou sono. Eles têm apenas um número muito pequeno de relações entre si para conhecer e, dado seu modo de vida, desconhecem por completo todas essas relações infindáveis e sutis que são frutos das paixões factícias, da sociedade, do lazer e do tédio. É de se imaginar que a língua seja mais extensa entre os animais carnívoros, bem menos rica entre os frugívoros etc., e que, em todas as espécies, ela faça progressos tão significativos quanto a inteligência, caso encontre as condições externas tão neces-

---

10 Darwin cita esse caso no texto que havia preparado para o capítulo sobre o instinto da *Origem das espécies*, mas que acabou sendo retirado a título de concisão e publicado postumamente em 1883 por seu discípulo George Romanes. Cf. Darwin, Essay on instinct. In: Romanes, G. J., *Mental evolution in animals. With a posthumous essay on instinct by Charles Darwin*. London: Kegan Paul Trench & Co., 1883, p.361. (N. T.)

sárias para esses progressos. Mas a necessidade, este princípio de toda atividade dos seres sensíveis em geral, jamais deixará de conter cada espécie nos limites que lhes são atribuídos.

8. Meios e efeitos da domesticação dos animais pelo homem

Ao percorrer as ações da vida cotidiana de certos animais selvagens, vimos que seus conhecimentos se ampliam na proporção de suas carências, e que sua inteligência, uma vez estimulada pela necessidade, realiza todos os progressos que sua organização pode comportar. Observamos que a perfectibilidade, atributo inquestionável dos animais, exerce influência apenas nos indivíduos, e identificamos as condições externas que faltam para que as espécies possam realizar progressos efetivos. Assim, vimos a perfectibilidade, que por si mesma é ilimitada, contida pelos limites da organização e da carência, a fim de que nenhuma espécie ultrapasse as fronteiras que lhes foram atribuídas pelo autor da natureza. Essas opiniões ganham ainda mais força se voltarmos nossa atenção para alguns animais domésticos. Por toda parte, a perfectibilidade manifesta-se abertamente, ainda que esteja sempre restrita aos mesmos limites. O sr. Buffon observa acertadamente que esses animais adquirem conhecimentos que são ignorados por aqueles que vivem abandonados a si mesmos, mas que isso ocorre graças à relação que se estabelece entre eles e nós. Sobre isso, há duas observações a fazer. Já que eles adquirem, eles possuem, portanto, os meios de adquirir. Nós não lhes comunicamos nossa inteligência, tudo o que fazemos é desenvolver a deles, ou seja, aplicá-la a um número maior de objetos. Mas esses progressos que suscitamos nos animais domésticos permanecem necessariamente individuais, porque, ao instruí-los, privamo-los de sua liberdade e, além disso, eles permanecem limitados à natureza das relações que possuem conosco.

Consulte-se a respeito, na obra do sr. Buffon, a interessante história que ele nos dá a respeito do elefante. Esse eloquente naturalista tratou, nos mínimos detalhes, os costumes desse animal singular, que merece, com efeito, mais do que qualquer outro uma atenção especial. Com prazer, vemos a inteligência, o discernimento, a própria ideia de justiça e a aparição das virtudes levados a um alto grau. No elefante, podemos admirar a docilidade ao lado da coragem, a ternura natural ao lado do ressentimento das injúrias, assim como a piedade, a benevolência e a gratidão. Eis aí o que levou muitos autores a afirmar que a única coisa que faltaria a esse animal seria a adoração de um deus, prerrogativa que alguns não deixaram de conceder. Parece que o elefante deve sua superioridade principalmente à tromba, que para ele é o órgão de um sentimento muito apurado e que se presta com facilidade aos usos mais diversos.

Depois do elefante, o cão parece ser, entre todos os animais domésticos, o mais suscetível de se relacionar com o homem. É também o animal que mais adquire conhecimentos a partir dessa relação. Ele é tão conhecido que só o seu exemplo deveria ser suficiente para afastar toda ideia de automatismo dos animais. Como poderíamos atribuir a um *instinto* privado de reflexão os movimentos variados desse animal tão inteligente, que o homem faz uso das formas mais distintas e que, conservando uma liberdade considerável mesmo na submissão, suscita em seu dono o mais terno interesse e amizade graças à sua docilidade voluntária? Se considerarmos os diferentes serviços

Sobre a inteligência dos animais

nos quais empregamos o cão, vemos que sua inteligência faz progressos de dois tipos. Alguns progressos devem-se à instrução que damos a eles, ou seja, aos hábitos que os fazemos adquirir pela alternativa da dor e do prazer. Outros se devem à própria experiência do animal, isto é, às reflexões que faz por si mesmo sobre os fatos que nota e as sensações que experimenta. Em ambos os tipos, os progressos realizam-se sempre em proporção às carências e ao interesse do animal, que os forçam à atenção. O cão de guarda, quase sempre atrelado, cujo único objetivo é latir aos desconhecidos, permanece num estado de estupidez como qualquer outro animal cuja inteligência seja tão pouco exercitada. O cão pastor, sempre ocupado por um ofício cuja atividade é estimulada pela voz do dono, mostra muito mais espírito e discernimento. Todos os fatos relativos a seu objeto se firmam em sua memória. Como resultado, dispõe de uma série de conhecimentos que o guiam nos mínimos detalhes, modificando suas ações e seus movimentos. Se o rebanho passa perto de uma plantação de trigo, o guardião, sempre atento, reúne seus animais para mantê-los afastados dos grãos; observa aqueles que pretendem transgredir o bloqueio; impõe este último aos temerários por meio de ações que os assustam; e castiga os mais obstinados, aos quais a advertência não basta. Se não admitirmos que só a reflexão pode estar na origem dessa variedade de movimentos realizados com discernimento — ou seja, em razão das circunstâncias —, esses movimentos se tornam absolutamente inexplicáveis. Pois se o cão não aprendesse com o dono a distinguir o trigo e o pasto ordinário do rebanho, se não soubesse que não se pode comer o primeiro, se ignorasse que a intensidade de seus movimentos deve ser proporcional à disposição das ovelhas e, por fim, se não pudesse conhecer essa disposição, sua conduta não se explicaria por motivo algum, e ele não teria razão alguma para agir como age.

Mas é na caça, sobretudo, que se deve seguir esse animal se quisermos ver o desenvolvimento de sua inteligência. A caça é natural ao cão, um animal carnívoro. Por isso, ao aplicá-lo a esse exercício, o homem não faz mais do que modificar e reorientar, a seu próprio benefício, uma aptidão e um gosto que a natureza atribuiu ao animal para a sua conservação pessoal. Então, as ações do cão durante a caça carregam uma mistura entre a docilidade adquirida pelos golpes de chicote e o sentimento que lhe é natural. Cada um desses dois elementos manifesta-se com maior ou menor intensidade a depender das circunstâncias que fazem o cão agir.

No sabujo, a natureza encontra-se mais livre e abandonada a si mesma do que nos outros cães. Até certo ponto, o hábito de se submeter mantém-no atento à voz e aos movimentos dos caçadores que o conduzem; porém, como não é sempre que estes conseguem seguir o ritmo do cão, é preciso que sua inteligência aja por si mesma, e que sua experiência pessoal corrija, com frequência, o juízo dos caçadores. A atenção que empregamos em perseguir o máximo que pudermos o mesmo animal que atacamos no primeiro momento, em deter os cães e castigá-los sempre que são despistados por rastros novos, acostuma-os pouco a pouco a distinguir, pelo olfato, entre todos os cervos que podem aparecer pelo caminho, aquele que é objeto da presente perseguição. Mas o cervo, pressionado, procura a companhia de outros de sua espécie, e então um discernimento muito sutil torna-se indispensável ao cão. Nesse caso, não se deve esperar nada dos mais jovens. Apenas a experiência consumada pode formar um

Sobre a inteligência dos animais

juízo ágil e seguro frente a essa situação delicada. Os cães mais velhos são os únicos que são, como dizemos, *duros na troca* [*hardis dans le change*], isto é, capazes de distinguir sem hesitação o rastro do cervo perseguido dos rastros de todos os animais que o acompanham. Os cães cuja experiência é ainda incipiente oferecem aos caçadores atentos um espetáculo de incerteza, busca e atividade, digno de atenção. Vemos oscilarem e manifestarem todos os sinais da hesitação. Levam o focinho ao solo com muita atenção ou se precipitam aos galhos onde o contato do corpo do animal deixa um vestígio mais vivo de sua passagem, e só se livram desse embaraço pelo comando da voz do caçador, que os apoia com a confiança depositada nos cães mais experientes e confiáveis. Se os cães, tomados por um momento de ardor, ultrapassam e perdem o rastro, os líderes da matilha, a fim de reencontrá-lo, adotam por si mesmos o único meio que estaria à disposição dos homens: dão meia-volta e assumem a dianteira a fim de localizar, no trecho percorrido, o rastro que lhes escapou. A indústria do caçador não pode ir além, e, quanto a isso, o cão experiente parece saber tudo o que é possível saber, em outras palavras, ele emprega todos os meios capazes de conduzi-lo ao sucesso.

O cobrador de caça, ou *retriever*, tem uma relação mais íntima e constante com o homem. Caça sempre sob os olhos deste, quase ao alcance de suas mãos. De seu dono, o cão obtém prazer, pois apanhar pela boca a presa lhe confere uma enorme satisfação. Recupera-a e leva ao caçador; se o faz corretamente, é afagado, caso contrário, é censurado ou castigado, exprimindo abertamente a dor ou o prazer nos dois casos. E assim se estabelece entre eles uma troca de serviços, reconhecimento e apego recíproco. Se o cobrador de caça ainda for jovem, mas já tiver sido domado pelos golpes de chicote, a única voz que ele ouve é a do caçador, cujas ordens segue com precisão. Mas como, no que diz respeito à caça, ele é guiado por um sentimento mais apurado e confiável do que o homem, quando a idade lhe tiver conferido experiência suficiente, não demonstra mais a mesma docilidade apesar da força do hábito.

Se, por exemplo, uma presa é ferida, e um cão velho e experiente está seguro de ter encontrado o seu rastro, não se permitirá ser desviado pelo caçador, cuja voz e ameaças o chamarão em vão. Nesse caso, o cão sabe que serve ao dono ao lhe desobedecer, e os afagos que sucedem o sucesso confirmam que, de fato, estava correto em desobedecê-lo. É comum que os caçadores mais perspicazes conduzam os cães mais novos e deixem os mais velhos conduzirem-se por si mesmos.

Não tratarei das outras espécies de cão; é inútil nos alongarmos em fatos que levam sempre à mesma conclusão quando apenas alguns já bastam. Aliás, cada um pode fazer, por conta própria, experiências com esse animal que o homem dispõe a seu bel-prazer pela alternativa do prazer e da dor; um animal que se apega ao homem, que recebe lições, mas que, quando percebe que sua experiência pessoal o guia com mais segurança, é ele mesmo que dá lições ao dono, resistindo com convicção ao medo dos golpes e ao poder do hábito. É muito provável que sua extrema docilidade e disposição a se submeter se devam, em parte, a um tipo de degeneração muito antiga. Sabe-se com certeza, pelo menos, que uma série de qualidades adquiridas são transmitidas pelo nascimento. O hábito de determinados modos de vida ou de agir modifica a organização mesma e, assim, perpetua as disposições, doravante naturais. Mas não

Sobre a inteligência dos animais

há um animal sequer que não possa ser domado por meio da alternativa do prazer e da dor, ao menos até certo ponto. Mesmo aqueles que a natureza parece manter o mais distante possível das coerções, aqueles que ela dotou dos instrumentos mais apropriados à liberdade, como é o caso das aves de rapina, padecem do jugo que a carência impõe a todo ser que sente, e logo adquirem uma docilidade surpreendente. Quando a experiência reiterada já tiver ensinado que a subserviência leva-a infalivelmente à presa, vemos essas aves deixarem-se guiar pela voz do caçador inclusive quando voam nas alturas mais elevadas. É impossível remeter ao puro *instinto*, ou seja, a um impulso cego e sem reflexão, essas ações animais nas quais seu *instinto* é, de certa maneira, desnaturado. Não podemos designar causa alguma para esses movimentos se não pressupormos que há uma reflexão acerca dos fatos que os precederam. A educação dos animais, sem sua reflexão, seria tão incompreensível quanto a dos homens sem liberdade. Toda educação, por mais simples que seja, pressupõe necessariamente o poder de deliberar e escolher.

9. Resposta aos partidários do automatismo

É isto o que os partidários do automatismo dos animais não aceitam. Mas, para dizer a verdade, esse sistema não mereceria ser tratado com seriedade se não houvesse pessoas que o defendem por motivos respeitáveis, e por isso merecem ser corrigidas. Irei, então, percorrer e examinar algumas de suas objeções e asserções mais fortes, pois afirmam com convicção aquilo que não é verdade, resultado de não terem observado o suficiente.

Os fatos alegados, dizem esses senhores, *são inconclusivos. Não há dúvida de que os animais realizam uma série de ações que parecem revelar percepções muito apuradas e complicadas se eles pudessem raciocinar; ações que nós, que raciocinamos, não poderíamos executar sem muitas comparações, juízos etc. Mas é certo que isso não passa de uma analogia fraca e enganosa, pois há outras analogias demonstrativas que a destroem.*

Não, engana-se quem pensa que é uma *analogia fraca* o que me leva a crer que os animais comparam, julgam etc. quando fazem coisas que eu não poderia fazer sem comparar e julgar. Tenho uma certeza imediata, uma certeza de que não pode ser comprometida sem destruir, ao mesmo tempo, toda regra natural de verdade. Sei que, rigorosamente falando, não temos certeza absoluta de nada além de nossas próprias sensações e consciência. Concebemos os mais belos e incontestáveis argumentos para demonstrar que não temos certeza de nada que está fora de nós mesmos. No entanto, não posso evitar de tomar como absurdo quem, a partir desses argumentos, pretende estender seu pirronismo a todas as coisas de que temos um conhecimento claro devido ao exercício de nossos sentidos e, inclusive, de nosso sentimento mesmo. Entre esses conhecimentos está, sem dúvida, a certeza da existência dos outros indivíduos de nossa própria espécie; a certeza de que, sendo dotados dos mesmos sentidos, eles recebem, pelo uso destes, impressões mais ou menos iguais às que experimentamos; a certeza de que, como nós, estão sentindo dor quando gritam, alegria quando manifestam o signo desta, e assim por diante.

Ora, essa certeza é exatamente do mesmo gênero que a certeza de que os animais sentem prazer e dor, e que sua conduta é regrada pela lembrança dessas duas sensações. Toda a segurança

Sobre a inteligência dos animais

que temos com relação a nossos semelhantes deriva dos signos que caracterizam e acompanham essas afecções em nós mesmos, e encontramos nos animais todos os mesmos signos. Não há *analogia* alguma que possa destruir essa convicção. Tenho o direito de concluir que os animais sentem, se lembram etc., pois vejo neles os traços sensíveis dessas afecções, traços que não diferem em nada daqueles que me asseguram das afecções de meus semelhantes. Quando vejo um homem hesitar entre duas ações, deliberar e escolher, digo que ele comparou, julgou, e que seu juízo determinou sua escolha; quando vejo os signos externos, da mesma hesitação num animal, digo também, e tenho o direito de dizer, que ele comparou, julgou e escolheu.

Mas, dizem ainda, *se os animais possuem essa inteligência e sobretudo se ela é suscetível de se desenvolver*; ou seja, se às duas ou três ideias que os animais teriam inicialmente a experiência pudesse acrescentar uma quarta, quinta etc., *deveríamos poder instruí-los acerca de nossas ciências, artes e jogos; e, já que não podemos lhes ensinar nada disso, está demonstrado que não possuem inteligência.* Na verdade, objeções como essa deveriam nos fazer rir, se as pessoas que as sustentam não exprimissem muita lucidez em outros assuntos, e não merecessem particularmente o nosso respeito. O quê? Vemos claramente que a experiência instrui os animais, isto é, que suas ações se modificam em razão das diferentes adversidades que tiveram de superar, da mesma maneira que nossas ações se modificariam; vemos que, com relação a todas as suas carências, às circunstâncias que os cercam, aos perigos que precisam evitar, eles agem como os seres mais inteligentes deveriam agir. E nós rejeitamos esse tipo de evidência porque não podemos ensinar aos animais tudo o que gostaríamos de ensinar?

Mas por que gostaríamos que aprendam aquilo que eles não têm interesse algum em saber, aquilo que é estranho às suas carências e, por conseguinte, à sua natureza? Aliás, o que sabemos sobre seus interesses? Nada, talvez. Caso vivêssemos em sociedade com os castores, protegendo suas construções em vez de destruí-las, e colocássemos sob seus olhos modelos proporcionais à sua organização e suas carências, talvez após mil anos – pois as artes aperfeiçoam-se lentamente – teríamos ensinado a esses animais como decorar o exterior de suas cabanas e tornar o interior ainda mais cômodo. Enquanto esperamos isso acontecer, do fato que os animais aprendem o que lhes é necessário, não temos o direito de concluir que deveriam aprender o que lhes é inútil.

Mas, insistem, é certo que os animais executam sem reflexão suas obras mais engenhosas. É sem reflexão que as andorinhas constroem seus ninhos, as abelhas suas colmeias etc. Ora, se as obras mais engenhosas são realizadas sem reflexão, é evidente que as outras também podem dispensá-la. Mesmo se esse fato que se toma por princípio fosse verdadeiro – isto é, que os animais executassem determinadas obras maquinalmente e sem reflexão –, isso não nos daria o direito de concluir nada contra as ações nas quais a reflexão manifesta-se de maneira mais explícita. Porém, nada é mais falso do que isso que se alega. Uma prova irrefutável de que as obras anteriores não são feitas sem reflexão é que a experiência as aperfeiçoa consideravelmente e que o avançar da idade corrige a imperícia da juventude. Não é possível que uma observação atenta e constante dos ninhos dos pássaros falhe em constatar que os ninhos dos mais novos são, em sua maioria, mal feitos e mal posicionados; e que, inclusive, muitas vezes as jovens fêmeas põem seus ovos por toda parte, pois nada previram para a ocasião. Os defeitos

Sobre a inteligência dos animais

dessas obras de juventude são retificados em seguida, quando tiverem instruídos pelo sentimento de desconforto que foram obrigados a suportar.[11] Se os animais agissem sem inteligência e reflexão, agiriam sempre da mesma maneira. A máquina, uma vez colocada em movimento, não sofre mudança alguma durante a operação. Ora, vemos inúmeras mudanças, que ocorrem sempre em proporção à maior ou menor experiência que as circunstâncias puderam conferir aos animais; portanto, a reflexão preside a construção dessas obras. Seria curioso que, sem memória, esses animais pudessem conservar, no ano seguinte, a lembrança daquilo que os importunou no ano anterior e, sem reflexão, pudessem agir no sentido de remediá-lo.

Mas como é possível que uma perdiz que jamais viu um ninho preveja que porá e que precisará de um ninho construído de determinada maneira a fim de acomodar seus ovos? Já foi dito que os partidários do automatismo pressupõem gratuitamente que essas obras possuem, desde o primeiro momento, o mais alto grau de perfeição. Também já foi dito que esse é um fato notoriamente falso. Mas, enfim, mesmo no ninho mais defeituoso encontramos um conjunto de partes conspirando para formar um todo; ora, é um princípio geralmente aceito que toda obra, cujas partes são ordenadas de forma adequada para concorrer a um mesmo fim, anuncia necessariamente uma inteligência. Esse é, inclusive, um dos argumentos mais empregados pelos teó-

---

11 Este é mais um dos pontos sobre os quais Darwin cita Le Roy ao escrever sobre o instinto. Em carta a William Darwin Fox (1858), após citar essa posição de Le Roy e admitir ter uma opinião contrária, Darwin requisita fatos que poderiam confirmar esse fenômeno: "Você poderia me fornecer fatos sólidos e minuciosamente verificados a respeito das menores variações dos ninhos?". (N. T.)

logos para provar a existência de Deus. Já que os partidários do automatismo não negam que haja indústria e sabedoria na maior parte das obras dos animais, podemos concluir, assim, que os responsáveis por elas são inteligentes. Quando vemos, além disso, que essa inteligência, no início simples e grosseira, torna-se cada vez mais instruída e aprimorada, que ela corrige seus primeiros erros e que toma precauções contra os inconvenientes experimentados anteriormente, devemos admitir que ela seja própria aos seres frágeis que ela anima, e que Deus, que fazemos intervir indistintamente por toda parte, não é neles um agente imediato como pretenderam alguns filósofos. Entender como é possível que os animais pareçam, a nossos olhos, instruir-se com tanta prontidão, não é fácil, tampouco necessário, mas podemos sim arriscar algumas conjecturas e até mesmo recorrer a analogias, desde que não pretendamos tomá-las como demonstrativas.

Em primeiro lugar, os animais em geral jamais se encontram no caso de uma ausência absoluta de experiência a respeito das obras que precisam construir. Nada é mais simples e construído de modo tão grosseiro como o ninho dos pássaros que, ao nascerem, não permanecem muito tempo no ninho antes de partirem. Aqueles cujo ninho requer mais prospecção e arte vivem nele durante um bom tempo após o nascimento e podem se assegurar, por eles mesmos, de sua forma e construção. É certo que, além disso, a organização transmite em todos os animais, e mesmo nos homens, um tipo de aptidão e inclinação a fazer determinadas coisas. Há, inclusive, qualidades adquiridas que podem ser transmitidas pelo nascimento. Quando forçamos os cães, ao longo de inúmeras gerações, a apanhar e a trazer a presa, essas disposições e ações tornam-se naturais à raça e continuarão

Sobre a inteligência dos animais

a se manifestar durante gerações, mesmo que não haja nenhuma intervenção humana para conservá-las. Aquilo que pensamos ser totalmente maquinal nos animais é, talvez, um hábito adquirido há muito tempo e, em seguida, perpetuado de geração em geração. É certo, pelo menos, que essa disposição atenua-se bastante, e, inclusive, com a falta de exercício, pode até desaparecer por completo em muitas espécies. Entre as aves que domesticamos, cujos ovos são retirados à medida que são postos, há inúmeros casos em que abandonam a construção dos ninhos, ainda que tenham à disposição todo o material necessário. Se admitirmos essa disposição orgânica que me parece difícil de negar, e acrescentarmos a ela a transformação que o estado de gestação deve provocar numa fêmea; se refletirmos sobre a influência que essas duas causas podem exercer sobre sua imaginação, talvez nos convençamos de que elas podem produzir o tipo de previdência e reflexão necessárias aos preparativos realizados antes da chegada dos filhotes. Se duas crianças fossem abandonadas numa ilha deserta e, chegada a puberdade, cedessem enfim ao desejo da natureza, provavelmente resultaria, para a moça, a convicção de que se tornará mãe. Ora, sem dúvida alguma, embora ninguém coloque em questão a inteligência desses dois seres, as folhas e os musgos, preparados com alguma arte, devem proporcionar uma espécie de cama à criança que vem ao mundo. Parece-me provável, inclusive, que se essa experiência fosse repetida em diversas ilhas onde encontraríamos os mesmos materiais, essas diferentes camas não apresentariam grandes diferenças em sua fabricação.

Uma das coisas que parecesse dar mais trabalho aos partidários do automatismo dos animais é a uniformidade geral percebida nas obras dos indivíduos de cada espécie. Eles pretendem que, se eles fossem inteligentes, suas obras deveriam ser variadas como as nossas. Já respondi anteriormente que essa uniformidade não é tão grande quanto parece à primeira vista, que julgamos mal, porque não observamos o bastante e que talvez não dispomos de tudo o que é necessário para formar um juízo correto a respeito. Não que as obras e as ações dos animais não apresentem mais uniformidade do que as nossas; com efeito, assim deve ser, haja vista sua organização e seu modo de vida.

"Se todos os indivíduos de uma mesma espécie", diz acertadamente o sr. abade de Condillac, "são movidos pelo mesmo princípio, obedecem às mesmas carências, agem para os mesmos fins, e empregam meios parecidos, é preciso que contraiam os mesmos hábitos, que façam as mesmas coisas, e que as façam da mesma maneira".[12] Além disso, esse excelente filósofo considera, com bastante sagacidade e razão, que os homens são menos uniformes apenas porque copiam uns aos outros. As paixões factícias, fruto da sociedade propriamente dita e do lazer (maneira de ser que é própria à espécie humana), adquirem uma infinidade de formas diferentes, e oferecem inúmeros modelos e combinações a serem imitados. Pelo mesmo motivo, os animais realizam seus fins de maneira mais simples e eficaz do que nós. São menos sujeitos ao erro, porque possuem menos conhecimentos. "De todos os seres criados", diz o mesmo autor, "o menos feito para se enganar é aquele que tem a menor porção de inteligência".[13]

Eis aí, acredito, o suficiente a respeito das objeções realizadas contra a inteligência dos animais. Confesso que me parecem muito frágeis e que, comparadas aos fatos, não resistem ao exame. Mas, talvez, se considerarmos as objeções lado a lado, elas

---

12 Neste volume, p.112. (N. T.)
13 Neste volume, p.125. (N. T.)

Sobre a inteligência dos animais

possam adquirir pelo conjunto uma força que lhes falta quando separadas. É isso que devemos testar agora, pois não devemos poupar esforços quando se trata de trazer a verdade à tona. "1º. Os fatos alegados são inconclusivos. Vemos, sem dificuldade, que os animais realizam uma série de ações que parecem revelar percepções muito apuradas e complicadas, ações que não poderíamos realizar sem muitas comparações, juízos e raciocínios, mas, como são autômatos, é evidente que nada é mais fácil para eles do que realizar, sem o raciocínio, atos que para nós seriam impossíveis sem este último.

"2º. É apenas em virtude de uma analogia muito fraca que somos levados a crer que os animais sentem, se recordam, comparam, julgam etc., quando eles realizam, em razão das circunstâncias em que se encontram, ações que nós não poderíamos realizar sem nos recordar, comparar, julgar etc. Por esse motivo, não temos o direito de concluir sobre eles a partir de nós mesmos. Tudo o que eles realizam não passa do resultado de uma harmonia pré-estabelecida entre seus movimentos e a impressão dos objetos sobre seus sentidos, uma harmonia simples de compreender. Trata-se de um espetáculo puramente material, cujos princípios se manifestam de tal maneira que qualquer um pode apreendê-los no primeiro golpe de vista.

"3º. Uma analogia demonstrativa que destrói a primeira é facilmente extraída do fato de que não podemos ensinar aos animais nem as matemáticas nem nada de nossos jogos e ciências. Pois se os animais pudessem comparar, julgar e raciocinar, por que não poderíamos lhes ensinar a maior parte do que sabemos?

"4º. De fato, os animais apresentam em suas obras, como os ninhos, as colmeias etc., todos os traços de inteligência e indústria, os quais vemos por toda parte na maneira como os meios são proporcionais aos fins. Mas se fossem guiados por uma verdadeira inteligência, não aprenderiam de maneira tão imediata, e não teríamos dificuldade para entender como realizaram esse aprendizado. A todo momento, é a harmonia pré-estabelecida que nos ilude; e aqui temos outra vez uma analogia demonstrativa."

Confesso que esses argumentos não me convencem e que sou mais sensível ao conjunto de fatos do que a todas essas belas analogias, cujo mérito não tenho a intenção de contestar. Não fico muito mais satisfeito com a explicação das operações dos animais que lhes atribui sensações materiais e uma memória material, as quais produzem, sem dúvida, uma inteligência igualmente material.[14] Aqueles que se exprimem dessa maneira, a meu ver, não devem saber o que dizem; quanto a mim, sou obrigado a admitir, em sã consciência, que não compreendo absolutamente nada do que afirmam e, por pouco, não prefiro a harmonia pré-estabelecida.

É a ignorância dos fatos que ocasiona esses sistemas tão pouco naturais sobre o princípio das operações dos animais. Julgamos sem tê-los conhecido o suficiente. Os caçadores observam porque têm mil ocasiões para tanto, mas raramente possuem o tempo e o hábito de refletir; e os filósofos, que refletem tanto quanto desejam, raramente possuem a oportunidade de observar. Além disso, algumas pessoas acreditaram que essa questão da inteligência dos animais seria pertinente à religião, e extraíram a esse respeito uma série de consequências que lhes apavoraram. Mas é um erro querer associar essa questão puramente filosófica às verdades que a religião ensina, cuja ordem é completamente

---

14 Le Roy se refere à posição defendida por Buffon. Ver, por exemplo, o "Discurso sobre a natureza dos animais", em *História Natural*, Unesp, 2021. (N. T.)

Sobre a inteligência dos animais

distinta. Que os animais tenham uma inteligência que se aplique a satisfazer todas as suas carências, que essa inteligência faça progressos em razão das circunstâncias que a suscitam e que ela tenha, nela mesma, um princípio indefinido de perfectibilidade relativa a essas mesmas carências, isso não impede que nossa inteligência possa se elevar às verdades sublimes, que são o fundamento de nossos deveres e esperanças. A inteligência dos animais restará para sempre restrita aos limites dos objetos sensíveis, os únicos com os quais eles têm relações. A nossa se eleva num voo destemido até aquele que produz todas as ordens de inteligência, e que fixou a cada uma o limite que jamais será superado.

Assim sendo, vê-se que as posições que podemos assumir a esse respeito não concernem a religião de forma alguma. Podemos dizer, inclusive, que as asserções dos partidários do automatismo são menos religiosas que a opinião que admite a inteligência nos animais. Com efeito, eles sustentam que Deus, mostrando-nos que os animais parecem ter sensibilidade, memória etc., não faz mais do que nos oferecer um espetáculo material e ilusório que nos mantém num erro perpétuo. Eles defendem que as obras dos animais, visivelmente ordenadas e realizadas com sabedoria, nas quais tudo parece conspirar a um fim e realizá-lo, não pressupõem, apesar disso, inteligência alguma, e podem ser construídas por um movimento cego da matéria. Sustentam que há sensações materiais, uma memória material etc. Salvo engano, todas essas ideias podem ser consideradas como heterodoxas tanto à religião quanto à filosofia. Longe de mim, todavia, querer acusar esses senhores de terem cometido crime algum. Mesmo com as melhores intenções e os maiores talentos é tão fácil nos afastarmos do caminho da verdade que inclusive aqueles que se equivocam merecem nosso reconhecimento por terem realizado o exame. Seria preciso renunciar por completo a todos os debates filosóficos se não fosse possível conservar o direito de se enganar. Esse é um dos privilégios mais inabaláveis da espécie humana, que deve vir sempre acompanhado da indulgência daqueles que o compartilham.

10. Resposta a um crítico[15]

Estou ciente de que um crítico lançou a pecha de materialismo sobre as ideias precedentes, mas, se ele atribui a faculdade de sentir aos animais e, ao mesmo tempo, considera que são seres puramente materiais, é certamente ele, e não eu, que é o materialista. Quero acreditar, no entanto, que esta não é sua intenção e evitarei atribuir-lhe uma opinião que ele mesmo repudia, mesmo quando seus princípios conduzem a essa opinião pelas consequências mais diretas. Mas vejamos no detalhe algumas de suas observações e tratemos de considerá-las com a imparcialidade que jamais deve abandonar aqueles que buscam sinceramente pela verdade.

O observador

O sr. Buffon definiu com precisão qual é a espécie de memória que os animais possuem, ele provou de maneira sólida que eles nunca refletem sobre seus atos etc.

Resposta

Não me recordo quais são as ideias do sr. Buffon a esse respeito, e não duvido que ele tenha dito corretamente tudo o que

---

15 A crítica foi publicada em 1765, no *Journal des Savants*, sob o título "Carta do sr. C*** aos senhores autores do *Journal des Savants*" e visa, como indica o próprio autor, a quarta das *Cartas sobre os animais* de Le Roy, reproduzida no presente verbete da EM na seção de título "Condições e limites da perfectibilidade dos animais". (N. T.)

Sobre a inteligência dos animais

disse, mas não é disso que se trata aqui. Pergunto ao observador qual é essa *espécie* de memória dos animais e se ele conhece duas *espécies*. Até o momento, confesso que sempre pensei só haver uma, que consiste basicamente em lembrar-se das sensações que foram experimentadas no passado. Talvez o observador conheça outra espécie, que consiste em esquecer-se dessas sensações. Quanto à faculdade de refletir sobre seus atos, não sei se podemos dar outro nome à operação, muito comum nos animais, por meio da qual eles resistem à impressão atual de um apetite intenso, graças à lembrança dos inconvenientes que experimentaram em circunstâncias semelhantes ou parecidas no passado. Não sei se refletem sobre seus atos, quando comparam os inconvenientes trazidos pela memória com os estímulos dos desejos atuais e, depois de uma manifesta hesitação, determinam-se pelo motivo mais premente. Não sei, tampouco, se refletem sobre seus atos, quando se instruem pela experiência e, baseado nesta, respeitam um plano de conduta refletido que é visivelmente o resultado dessas diferentes combinações. Mas é certo que os animais fazem tudo isso. Ciente desses fatos, que nenhum homem familiarizado com essas operações pode contestar, não vejo problema algum em dizer que os animais não refletem sobre seus atos, pois de que importa o nome que atribuímos aos fatos?

O observador

Por que o autor da natureza iria atribuir aos animais um dom que lhes é constantemente inútil como a perfectibilidade? A conclusão é evidente. A faculdade de aperfeiçoar-se é de uma inutilidade constante para os animais, logo eles não a possuem.

Resposta

Em momento algum pretendi estabelecer uma paridade entre homem e animal. Observei a inteligência dos animais de maneira bastante independente das relações que ela pode ter com a nossa. Busquei ler as intenções em suas ações; quanto a isso fui bem-sucedido, mas não fui além dessas intenções, e jamais me preocupei em extrair consequências com relação a nós. Será que o homem se degrada ao reconhecer as faculdades que existem nos seres inferiores a ele, e será que o fato de ter algo em comum com os animais priva-o das vantagens que o distinguem? Não, ele se degradaria muito mais se deixasse de reconhecer os privilégios de que gozam esses seres subordinados. Se alguma coisa pode rebaixá-lo, é este temor pueril que fecha seus olhos para aquilo que existe, e leva-o a desejar que as coisas fossem diferentes do que são. Quando tivermos reconhecido nos animais as vantagens que compartilham conosco, o homem não passará a ser menos do que é. Mas retomemos nossa discussão.

A questão da perfectibilidade dos animais pode ser reduzida a um ponto muito simples. Seria possível negar que seres que sentem e se recordam sejam capazes de experimentar, sem limite, novas sensações que a memória conserva e que se acrescentam aos conhecimentos adquiridos anteriormente? Se isso for verdade, e duvido que não seja, estamos diante de indivíduos perfectíveis. Mas se, além disso, esses seres possam comunicar os conhecimentos que adquiriram, as espécies também se tornam perfectíveis. Ora, provei pelos fatos que é impossível que os animais executem aquilo que vemos executarem sem uma comunicação de ideias, e inclusive sem uma linguagem articulada. Provei, ainda, que as espécies como um todo adquirem mais conhecimento e sagacidade em certos países, em razão das circunstâncias que as forçam a ser mais perspicazes e precavidas. Então, se vierem me perguntar por que os animais

Sobre a inteligência dos animais

não fazem uso desse privilégio da perfectibilidade, por que não têm interesse algum em instruir-se, por que têm apenas carências físicas, por que etc., respondo, de pronto, que nada sei a respeito e não cabe a mim saber. A natureza se satisfez em organizar e dar vida a incontáveis animais, sendo uns destinados a pastar e ter necessidade de apenas um pequeno número de fatos para todos os conhecimentos. Ela quis que outros se alimentassem de uma presa fugidia e perseguidos eles mesmos, vivessem entre a necessidade de atacar e a de defender. Ela decidiu que essa necessidade lançaria uma variedade infinita em seus procedimentos, que a multiplicidade dos obstáculos e perigos forçaria à atenção esses seres interessados, e que, em todas as espécies, novas carências ocasionariam mais inteligência. E o senhor me pergunta por que esses seres não pintam belos quadros e escrevem livros de metafísica? Parece que o encadeamento necessário das causas e dos efeitos determinou que fizessem aquilo que fazem, e não cabe a nós saber mais do que isso.

O observador

A meu ver, o que desonra a inteligência dos animais é muito menos a falta de perfectibilidade do que a eficácia e a prontidão desse suposto gênio que lhes ensina num instante tudo o que devem saber. Eles aprendem rápido demais, ou melhor, sabem rápido demais sem jamais ter aprendido etc.

Resposta

Todos que se derem ao trabalho de observar os animais podem verificar que não é verdade que eles aprendem tudo o que devem saber. Constatamos com facilidade a inexperiência inicial, o tateamento, os erros e os progressos. Mas, dizem, instruem-se mais prontamente do que nós. Devemos nos surpreender que a natureza tenha concedido essa celeridade de instrução a seres que cedo são abandonados a si mesmos, e cuja duração de vida é extremamente curta? Não há dúvida de que a mosca, efêmera, deve instruir-se, e de fato se instrui, acerca de tudo o que é necessário para a sua conservação ainda mais prontamente do que os animais que vivem durante anos.

O observador

Nunca pude compreender ao certo qual é a diferença essencial entre as ideias adquiridas por um sentido ou por outro. Os sentidos não proporcionam as ideias em si mesmas, mas apenas um suporte a elas e, por assim dizer, um ornamento.

Resposta

Não me parece difícil entender, no entanto, que um ser cujo único sentido é o olfato não tenha outras ideias além daquelas dos diferentes odores, que um ser cujo único sentido é o tato não tenha outras ideias além da maciez ou dureza dos corpos, de sua forma etc., e que essas ideias sejam essencialmente diferentes. A meu ver, não há nada que se assemelhe essencialmente entre a ideia de um corpo duro e a de um odor qualquer. Além disso, essas ideias, embora adquiridas unicamente pelos sentidos, parecem-me da mais completa simplicidade e inteiramente desprovidas de *ornamento*. Antes do observador, já se afirmou que cinco pessoas, cada qual provida de um sentido diferente, seriam capazes de se entender em geometria.[16] Isso pode ser verdade, e acredito que de fato seja. Mas no que concerne aos outros objetos, não vejo de que maneira essas pessoas poderiam entender-se, de que maneira uma poderia explicar à

---

16 Ver a *Carta sobre os surdos e mudos* de Diderot.

Sobre a inteligência dos animais

outra os resultados de uma sensação, cuja ideia uma delas jamais pode obter.

O observador

Todo camponês é um bom metafísico à sua maneira. Não existe um sequer que não faça abstrações, generalize suas ideias etc.

Resposta

Parece-me que o observador considera a faculdade de abstrair como um privilégio exclusivo da espécie humana. Com a sagacidade que demonstra, se tivesse tido o trabalho de refletir sobre isso, teria visto que essa faculdade não passa de uma ajuda que é concedida à modesta inteligência de seres imperfeitos. Como nós, os animais são forçados a fazer abstrações. Um cão que procura seu dono, ao ver um grupo de homens, corre em sua direção graças a uma ideia abstrata geral que representa as qualidades comuns entre seu dono e esses homens. Em seguida, ele percorre uma série de sensações menos gerais, mas ainda abstrata, até que seja afetado pela sensação particular que é o objeto de sua busca. As ações dos animais que pressupõem a abstração são tão comuns que é inútil deter-se sobre isso. A mais leve atenção basta para relembrar uma série de exemplos a esse respeito.

O observador

Os macacos não podem se ajudar entre si como fazem os homens? Todos os animais da mesma espécie podem se servir reciprocamente.

Resposta

Não falarei dos macacos porque não conheço seus costumes. Jamais os vi reunidos numa sociedade livre e nada li a respeito nos relatos de viagem que seja muito instrutivo. Não obstante, o observador me fará um grande favor se me disser de que maneira os animais frugívoros podem se ajudar, e por que os carnívoros deixam de se servir reciprocamente quando têm o interesse em fazê-lo e dispõem dos meios necessários. A questão não é por que os animais não fazem certas coisas, e sim como podem fazer aquilo que fazem todos os dias. A explicação dos fenômenos mais comuns será sempre um motivo de desespero para os partidários do automatismo.

O observador
Por que as águias não caçam os homens? Afinal, não poderiam elas, planando pelos ares, soltar sobre nossas cabeças estas cargas imensas que são capazes de sustentar?

Resposta
Esse pode ser um conselho útil a ser dado às águias. Acredito, com efeito, que elas jamais foram advertidas a esse respeito, a não ser talvez aquela que arrebentou com uma tartaruga a cabeça calva do poeta Ésquilo. Mas que águia esta! Quanto às outras, apesar de sustentarem cargas *imensas*, como todos sabem, penso que lhes seja mais vantajoso continuar capturando cordeiros e lebres como sempre fizeram. É tomando o caminho mais curto para atingir seu objetivo que se faz prova do mais alto grau de espírito e sagacidade.

O observador
Podemos afirmar com seriedade que a inteligência dos animais não se aperfeiçoa porque lhes faltam as artes que pressupõem essa inteligência?

Resposta
Afirmar isso seria sem dúvida um absurdo, mas é certo que essa afirmação não foi feita em lugar algum. Sabemos que é a inteligência que inventa as artes e que são as mãos que as exe-

Sobre a inteligência dos animais

cutam. Mas sabemos também que não se inventa aquilo que não se pode executar. Se os homens não tivessem mãos, mesmo com toda a sua inteligência não teriam inventado as artes. Mas as artes, uma vez inventadas e executadas pela inteligência e pelas mãos, ampliam a esfera da própria inteligência, multiplicando seus objetos de conhecimento. Não há um círculo vicioso aqui. Este existe apenas na asserção do observador, que está longe de ser a minha. De resto, é falso que, dada a posse de determinados meios, sejamos obrigados a executá-los sob pena de sermos considerados desprovidos de inteligência. Quantos povos inteiros não executam nada apesar de possuírem inteligência e mãos!

O observador
É absolutamente falso que as artes tenham elevado os homens acima dos animais no sentido em que argumentam alguns em nosso desfavor.

Resposta
Apelo ao sentimento de justiça do observador contra ele mesmo. Jamais disse que o homem deve apenas às artes sua superioridade com relação aos animais; estou muito longe de pensar isso, e ainda mais longe de extrair alguma desvantagem contra nós a partir do grau de inteligência que vejo claramente existir nos animais. Já disse, e acredito estar certo, que há homens cujo conjunto atual de ideias e conhecimentos adquiridos seja inferior ao conjunto de ideias de certas raposas, cujas manobras pude acompanhar. Mas jamais pretendi concluir disso que esses homens não possuam, em potência, a faculdade de superar a mais hábil das raposas.

O observador
As ciências abstratas tornam mais estúpida e tola uma boa parte da nação.

Resposta

O observador pretende ir além da ideia de J.-J. Rousseau, que afirma apenas que as ciências nos tornam mais vis à medida que nos tornam mais esclarecidos, e que elas são como armas nas mãos de loucos. Mas, se nos tornam *estúpidos*, então elas têm uma utilidade moral, à qual sem dúvida J.-J. Rousseau não havia pensado e que deve atenuar a ira desse escritor contra elas. Eis como, na espécie humana, tudo vai se aperfeiçoando por meio de novas descobertas. É verdade que, se a primeira asserção pareceu paradoxal, essa do observador pode levantar algumas dúvidas. Que as ciências nos tornam *estúpidos*, essa seria uma bela demonstração a ser feita.

O observador

A sensibilidade, este precioso atributo da inteligência, manifesta-se de alguma forma na maior parte dos animais perante seus semelhantes?

Resposta

Ela manifesta-se com uma força muito grande em todas as espécies que vivem em bandos e possuem os meios necessários para se ajudarem mutuamente. Quem não estiver convencido, sugiro que tente fazer um porco grunhir numa mata onde outros se alimentam. As espécies vigorosas e bem armadas defendem com furor os indivíduos de seu bando; as espécies frágeis advertem-se do perigo; aquelas que vivem em família concentram nela o seu interesse, e não é extraordinário que não demonstrem interesse por indivíduos com os quais não possuam relação alguma.

O observador

Conforme o procedimento tão conhecido da natureza, a organização deveria caminhar por nuances insensíveis. Deveria

Sobre a inteligência dos animais

haver, então, animais quase tão bem organizados quanto nós, talvez outros bem melhores etc.

Resposta

Fico satisfeito ao considerar aquilo que existe, sem me preocupar jamais com o que deveria ser. Um dos maiores obstáculos ao progresso real dos conhecimentos é esse furor de presumir e, em seguida, decidir com base em presunções. É curioso que, com o pouco que sabemos, pretendamos determinar as leis da natureza! Quem disse que a organização deveria caminhar por nuances insensíveis? Se esse não é o caso, por que deveria ser? As analogias são boas para conjecturas somente quando não há fatos disponíveis, e todas as analogias do mundo não valem sequer um fato bem observado.

11. Sobre o *instinto* dos animais[17]

Nada mais comum entre os homens, incluindo os filósofos, do que usar palavras às quais não associam nenhuma significação precisa, empregando-as, porém, como se tivessem uma significação bem determinada. Nascem assim os raciocínios e as infindáveis controvérsias que, no entanto, poderiam ser evitadas se tivéssemos o cuidado de explicar bem o que entendemos por essas palavras. Parece-me que a palavra *instinto* é uma dessas de que mais se abusou, e foi pronunciada sem compreensão. Todos pretendem designar por meio dessa palavra o princípio que dirige os animais em suas ações, mas cada um determina à sua maneira a natureza e a extensão desse princípio. Quanto à

---

17 Título atribuído pelo próprio Le Roy no verbete "Instinto" da *Encyclopédie méthodique*. (N. T.)

palavra estamos de acordo, mas as ideias que associamos a ela são essencialmente diferentes. Aristóteles e os peripatéticos atribuíam aos animais uma alma sensitiva, mas restrita à sensação e a memória, sem nenhum poder de refletir sobre seus atos, compará-los etc. Outros foram bem mais longe. Lactâncio diz que, exceto pela religião, não há nenhum atributo da espécie humana que falte aos animais.

Por outro lado, todos conhecem a famosa hipótese de Descartes, que nem sua grande reputação nem a de seus seguidores puderam sustentar. Os animais de uma mesma espécie possuem, em suas operações, uma uniformidade que impressionou esses filósofos e lhes sugeriu a ideia de automatismo. Porém, essa uniformidade é apenas aparente e desaparece pelo hábito da observação aos olhos bem treinados. Para um caçador atento, não há duas raposas cuja indústria assemelhe-se por completo, nem dois lobos cuja glutonaria seja a mesma.

Desde Descartes, inúmeros teólogos acreditaram que conservar essa opinião do mecanismo dos animais seria do interesse da religião. Não perceberam que o animal, embora provido de faculdades semelhantes às do homem, ainda pudesse estar a uma distância infinita de nós.

A anatomia comparada mostra, nos animais, órgãos semelhantes aos nossos e dispostos para as mesmas funções da economia animal. Os detalhes de suas ações revelam com evidência que são dotados da faculdade de sentir, isto é, que experimentam aquilo que experimentamos quando nossos órgãos são mobilizados pela ação dos objetos externos. Duvidar que os animais possuam essa faculdade significa colocar em dúvida que nossos semelhantes a possuam, pois sua existência é revelada, nos dois casos, pelos mesmos signos.

Sobre a inteligência dos animais

Quem se recusa a reconhecer a dor por trás dos gritos dos animais e a admitir os traços sensíveis da alegria, da impaciência e do desejo, não merece resposta. Não é certo apenas que os animais sentem, mas também que se recordam. Sem a memória, os golpes de chicote jamais tornariam nossos cães mais comportados, e a educação dos animais seria impossível. O exercício da memória leva-os a comparar uma sensação passada a uma sensação presente, e toda comparação entre dois objetos produz necessariamente um juízo; portanto, os animais julgam. A dor dos golpes de chicote recuperada pela memória contrabalança, num sabujo, o prazer de correr atrás de uma lebre que foge. Da comparação que ele realiza entre essas duas sensações, nasce o juízo que determina a ação. Muitas vezes ele é tomado pela vivacidade do prazer, mas como a repetição dos golpes tornou mais profunda a lembrança da dor, o prazer perde na comparação. Então, reflete sobre o que aconteceu, e a reflexão grava na memória uma ideia de relação entre uma lebre e os golpes de chicote.

Essa ideia torna-se tão predominante que a mera visão de uma lebre faz o cão recolher o rabo e voltar imediatamente a seu dono. O hábito de formar os mesmos juízos torna-os tão imediatos e dá-lhes um ar tão natural que fica difícil reconhecer a reflexão que reduziu esses juízos a princípios; é a experiência, com o auxílio da reflexão, que leva a doninha a julgar com segurança qual é a proporção entre o tamanho de seu corpo e a abertura do buraco pelo qual pretende passar. Essa ideia, uma vez estabelecida, torna-se habitual pela repetição dos atos que ela produz, poupando o animal de todas as tentativas inúteis. Mas essas simples ideias de relação não são as únicas que os animais devem à reflexão, é também graças a esta que eles adquirem ideias mais complexas, sem as quais incorreriam numa infinidade de erros funestos. Um velho lobo sente-se atraído pelo odor da isca, mas, ao querer aproximar-se, seu nariz alerta que um homem esteve por ali. A ideia da passagem de um homem anuncia perigo e emboscadas. O lobo hesita, ronda o local durante várias noites, até que o apetite o faça voltar às imediações da isca, da qual o temor do perigo o afasta. Se o caçador não tiver tomado as devidas precauções para rechaçar a desconfiança do lobo com relação à armadilha, se o menor odor de ferro afetar o seu nariz, nada poderá tranquilizar esse animal que, pela experiência, tornou-se desconfiado.

Ideias como essas, adquiridas sucessivamente pela sensação e pela reflexão, e representadas em sua ordem pela imaginação e pela memória, formam o sistema de conhecimentos do animal e a cadeia de seus hábitos, mas é a atenção que grava em sua memória todos os fatos que concorrem à instrução, e a atenção é o produto da vivacidade das carências. Daí se segue que, entre os animais, aqueles que têm as carências mais vivazes adquirem mais conhecimentos do que os outros. Com efeito percebe-se, logo à primeira vista, que a vivacidade das carências é a medida da inteligência de cada espécie, e que as circunstâncias, que podem tornar as carências mais ou menos prementes a cada indivíduo, ampliam mais ou menos o sistema de seus conhecimentos.

A natureza fornece aos frugívoros alimentos que são obtidos com facilidade, sem indústria e reflexão; eles sabem onde está a grama que devem pastar e sob qual carvalho encontrarão as glandes.

A esse respeito, seu conhecimento limita-se à memória de um único fato; sua conduta, quanto à alimentação, parece es-

Sobre a inteligência dos animais

túpida e próxima do automatismo. Mas o mesmo não ocorre entre os carnívoros; forçados a procurar uma presa que lhes escapa, suas faculdades, despertas pela carência, encontram-se num exercício contínuo; todos os meios pelos quais sua presa pôde escapar no passado voltam com frequência à memória. Da reflexão que são forçados a fazer sobre esses fatos, nascem as ideias de astúcias e precauções, também gravadas na memória, onde se estabelecem em princípios e, com a repetição, tornam--se habituais. A variedade e a invenção dessas ideias muitas vezes surpreendem mesmo aqueles que estão familiarizados com esses objetos. Um lobo que caça sabe, por experiência, que o vento traz a seu olfato as emanações do corpo de suas presas e, por isso, ele as procura sempre com o nariz contra o vento; ele aprende a julgar, pelo sentimento desse órgão, se o animal está distante ou próximo, se está descansando ou fugindo. A partir desse conhecimento, ajusta seu ritmo: avança a passo de lobo para surpreender a presa ou redobra a velocidade para alcançá-la. Encontra pelo caminho ratos do campo, rãs e outros pequenos animais, dos quais já se alimentou mil vezes, mas embora esteja oprimido pela fome, negligencia essa comida presente e fácil, pois sabe que encontrará na carne de um cervo ou de um gamo uma refeição mais farta e apetitosa. Em circunstâncias normais, esse lobo esgotará todos os recursos que se pode esperar do vigor e da astúcia de um animal solitário; mas, quando o amor une macho e fêmea em sociedade, eles têm, quanto à caça, ideias que derivam dos benefícios que derivam dessa união. Graças a repetidas experiências, esses lobos conhecem onde geralmente vivem os animais selvagens, bem como os caminhos que tomam quando são caçados. Sabem, também, como é útil ter um parceiro com quem partilhar os esforços da perseguição e assim acelerar a derrota de uma presa já exaurida. Esses fatos sendo conhecidos, daquilo que acontece usualmente, eles concluem o que é provável e, como consequência, dividem suas funções. O macho começa a perseguição enquanto a fêmea, mais fraca, espera numa passagem estreita o animal ofegante. Todos esses procedimentos são facilmente verificados quando escritos na terra fofa ou na neve, onde podemos ler a história dos pensamentos do animal.

A raposa, bem mais fraca do que o lobo, é constrangida a multiplicar bastante seus recursos para obter alimento. Possui tantos meios à disposição, tantos perigos a evitar, que sua memória encontra-se necessariamente repleta de uma série de fatos, os quais conferem uma grande extensão ao *instinto*. Não pode abater estes grandes animais dos quais apenas um já bastaria para alimentá-la por vários dias, tampouco possui uma velocidade que possa remediar a falta de vigor; seus meios naturais são, portanto, a astúcia, a paciência e a habilidade. Como o lobo, ela tem, a todo momento, o olfato como bússola. O relato fiel desse sentido bem treinado a instrui sobre a aproximação daquilo que deve ser evitado. Pouco afeita a uma caça à força aberta, geralmente se aproxima em silêncio, seja de uma perdiz que farejou seja do local por onde sabe que deve passar uma lebre ou um coelho. Seus passos são tão leves que a terra fofa quase não grava o rastro. Dividido entre o temor de ser surpreendida e a necessidade de surpreender, sua marcha, sempre precavida e frequentemente interrompida, desvela sua inquietude, seus desejos e meios. Nos territórios abundantes, onde não faltam presas nas planícies e florestas, ela mantém distância dos locais habitados. Aproxima-se das casas dos homens apenas quando é oprimida pela carência, mas o conhe-

Sobre a inteligência dos animais

cimento do perigo a faz redobrar suas precauções ordinárias. Protegida pela noite, desloca-se sorrateiramente pelos arbustos e moitas. Se sabe que as galinhas são apetitosas, recorda-se também que as armadilhas e os cães são perigosos. Essas duas recordações guiam seus passos, suspendem-nos ou aceleram--nos conforme o grau de vivacidade conferido a cada uma delas pelas circunstâncias presentes. Quando a noite está apenas começando, e sua extensão oferece muitos recursos à previdência da raposa, basta o latido distante de um cão para que ela detenha de imediato sua corrida. Todos os perigos que já correu em diferentes momentos são representados a ela. Mas com o aproximar do dia esse pavor impetuoso cede à vivacidade do apetite, então, torna-se corajosa por necessidade. Não hesita em se expor, pois sabe que um perigo maior a ameaça com o retorno da luz.

Vemos que as ações mais comuns dos animais, seus procedimentos cotidianos, pressupõem a memória, a reflexão sobre o que já aconteceu, a comparação entre um objeto presente que os atrai e os riscos anunciados que os afasta, a distinção entre as circunstâncias que se assemelham em determinados aspectos e diferem em outros e, por fim, o juízo e a escolha entre todas essas relações. Então, o que é o *instinto*? Os numerosos efeitos da busca pelo prazer e do medo da dor; as consequências e as induções extraídas, pelos animais, dos fatos que foram gravados em sua memória; as ações que delas resultam; esse sistema de conhecimentos que se amplia com a experiência, e que, a cada dia, a reflexão torna habitual; tudo isso não pode se referir ao *instinto*, ou então essa palavra torna-se sinônimo de inteligência.

São as carências vivazes que, como dissemos, gravam na memória dos animais as sensações fortes e interessantes, cuja ca-

257

deia forma o conjunto de seus conhecimentos. É por essa razão que os animais carnívoros são muito mais industriosos do que os frugívoros quanto à busca por alimento, mas caçai com frequência esses mesmos frugívoros e vereis que irão adquirir, com relação à defesa, o conhecimento de muitos fatos e o hábito de uma série de induções que os igualam aos carnívoros. De todos os animais que vivem de ervas, a lebre parece ser a mais estúpida. A natureza lhe atribuiu uma vista fraca e um olfato obtuso; se não fosse por sua excelente audição, não disporia de nenhum instrumento de indústria. Além disso, ela tem apenas a fuga como meio de defesa, embora pareça esgotar todos os planos e variações que a fuga possa comportar. Não me refiro à lebre que os galgos acuam levando a vantagem da velocidade superior, mas àquela que é atacada por sabujos. Uma velha lebre que se encontre nessa situação começa equilibrando a velocidade de sua fuga à da perseguição. Sabe pela experiência que uma fuga veloz não a coloca fora de perigo, que a caça pode ser longa e que suas forças, se devidamente poupadas, resistirão por mais tempo. Ela já notou que a perseguição dos cães é mais ardente e incansável nas matas fechadas, onde o contato de seu corpo deixa um sentimento mais vivaz de sua passagem do que sobre a terra, onde o animal não faz mais do que tocar seus pés; assim, ela evita a mata e segue quase sempre pelas trilhas abertas (essa mesma lebre, quando perseguida pela visão por um galgo, procura as florestas para escapar). Não duvida que os sabujos possam segui-la mesmo sem ser vista, pois entende perfeitamente que os cães se atêm com escrúpulo a todos os vestígios de seus passos.[18] O que faz então? Após ter percor-

---

18 O galgo caça pela visão enquanto o sabujo, pelo olfato. (N. T.)

Sobre a inteligência dos animais

rido uma longa extensão em linha reta, volta exatamente sobre seus próprios rastros. Depois dessa astúcia, lança-se de lado e dá vários saltos consecutivos, a fim de evitar, ao menos por certo tempo, que os cães identifiquem o caminho que tomou. Muitas vezes, expulsa outra lebre de sua toca e toma seu lugar. Ela dispõe de tantos meios para despistar os caçadores e os cães que seria longo demais detalhá-los. Esses meios são comuns a ela e a outros animais que, embora mais hábeis, não contam com a experiência dela a esse respeito. Os jovens animais possuem muito menos astúcias desse tipo. É à ciência dos fatos que os mais velhos devem as induções justas e rápidas que os conduzem nessa variedade de ações.

Já que as astúcias, a invenção e a indústria decorrem do conhecimento dos fatos gravados na memória pela necessidade, segue-se que os animais mais vigorosos ou providos de defesas são menos industriosos. Assim, vemos que o lobo, um dos animais mais robustos dos nossos climas, é um dos menos astutos quando caçado. Seu nariz, que o guia sempre, torna-o precavido contra as surpresas, mas afora isso o lobo só pensa em distanciar-se e livrar-se do perigo pela vantagem do fôlego e da força. Sua fuga está longe de ser complicada como aquela dos animais mais tímidos. Jamais recorre a esses estratagemas e dissimulações que são tão necessários à fraqueza e à lassidão.

O javali, armado de caninos, tampouco recorre à indústria. Quando se sente em desvantagem na fuga, interrompe-a e parte para o combate. Indignado, assusta os cães e os caçadores, que são ameaçados e atacados com furor. Para facilitar a defesa e garantir a vingança, o javali procura os arbustos e moitas mais espessos e posiciona-se de tal maneira que só pode ser abordado frontalmente. Então, com olhos ferozes e pelos eriçados, intimida os homens e os cães, fere-os e abre passagem para uma nova retirada.

Como se pode ver, a vivacidade das carências determina a extensão dos conhecimentos que são adquiridos pelos animais. Suas luzes aumentam em razão dos obstáculos que precisam superar. Essa faculdade, que torna os animais capazes de aperfeiçoamento, afasta para longe toda ideia de automatismo, a qual só pode ter nascido da ignorância dos fatos. Um caçador que chega numa região com armadilhas desconhecidas pelos animais irá capturá-los com grande facilidade, e inclusive as raposas parecerão tolas. Mas, uma vez que os animais tenham sido instruídos pela experiência, os progressos de seus conhecimentos farão com que o caçador sinta a necessidade de adquirir, ele mesmo, novos conhecimentos. Será constrangido a multiplicar seus recursos e dispor suas iscas sob mil formas diferentes.

Entre as diferentes ideias que os animais adquirem pela necessidade, não podemos esquecer as ideias de números. Os animais contam, isso é certo. E, embora sua aritmética tenha se mostrado bastante limitada até hoje, talvez seja possível atribuí-la uma extensão maior. Nos territórios onde as presas são ciosamente conservadas, atacamos as gralhas para evitar que removam os ovos das outras espécies e destruam a esperança da postura. Com diligência, localizamos os ninhos desses pássaros destrutivos e, a fim de eliminar de um só golpe toda a família predadora, buscamos matar a mãe enquanto está chocando seus ovos. Muitas dessas mães, desconfiadas, desertam o ninho sempre que alguém se aproxima. Por essa razão, somos obri-

Sobre a inteligência dos animais

gados a criar um esconderijo no pé da árvore do ninho, onde um homem aguarda pelo retorno da mãe; mas ele aguarda em vão caso a gralha já tenha sido vítima dessa estratégia. Sabe que um tiro sairá deste antro onde viu entrar um homem. Se a ternura maternal mantém seus olhos fixados no ninho, o pavor previne seu retorno até que a noite possa protegê-la do caçador. Para enganar esse pássaro desconfiado, teve-se a ideia de mandar ao esconderijo dois homens, e apenas um sairia; mas a gralha conta e, mesmo depois de ver o homem sair, mantém-se distante. No dia seguinte, vão três, mas ainda assim ela pode ver que apenas dois saíram. É necessário que cinco ou seis homens entrem no esconderijo para fazê-la perder a conta. Então, a gralha acredita que todo o grupo de homens saiu do esconderijo e volta depressa ao ninho. Esse fenômeno, reiterado a cada vez que a estratégia é empregada, deve ser considerado como um dos exemplos mais ilustrativos da sagacidade dos animais.

Posto que os animais guardam a memória dos fatos que tiveram o interesse de notar, posto que as consequências que extraem desses fatos se estabelecem como princípios pela reflexão, segue-se que os animais são perfectíveis, embora não possamos saber até que ponto. Somos em grande medida estrangeiros ao gênero de perfeição de que são suscetíveis. Com um olfato como o nosso, jamais poderemos apreender a diversidade de relações e ideias que o lobo e o cão adquirem por meio de um nariz sutil e sempre bem treinado. Eles devem à fineza desse sentido o conhecimento de certas propriedades dos corpos, assim como as ideias de relação entre essas propriedades e a situação presente de sua máquina. Essas ideias e relações escapam à estupidez de nossos órgãos. Por que os animais não se aperfeiçoam? Por que não constatamos nenhum progresso sensível nas espécies? Mas também podemos perguntar, por que a espécie humana, dispondo de tantos meios de perfectibilidade, avançou tão pouco nos conhecimentos mais essenciais? Por que mais da metade dos homens é embrutecida por ridículas superstições? Por que as ciências que lhes são mais necessárias, aquelas das quais depende a felicidade da espécie inteira, ainda não saíram da infância? Etc.

É certo que os animais podem fazer progressos, mas mil obstáculos particulares se opõem a isso. Aliás, aí parece haver um limite que jamais cruzarão.

A memória só conserva os traços das sensações e dos juízos que seguem destas quando essas sensações tiverem força suficiente para produzir uma atenção vivaz. Ora, os animais, vestidos pela natureza, têm sua atenção atiçada apenas pelas carências do apetite e do amor. Eles não possuem estas carências de convenção que nascem do ócio e do tédio. Nós somos acometidos, no estado ordinário de vigília, pela necessidade de sermos afetados, que suscita esta curiosidade inquieta que é a mãe dos conhecimentos. Mas os animais não experimentam essa necessidade. Se algumas espécies são mais sujeitas ao tédio do que outras – a fuinha, por exemplo, caracterizada por sua flexibilidade e agilidade –, essa não pode ser uma situação ordinária aos animais, pois a necessidade de procurar alimento mantém sua inquietude em exercício quase constante. Quando a caça é bem-sucedida e a fome é saciada mais cedo do que o habitual, eles se entregam, pela necessidade de serem afetados, a uma profusão de assassinatos inúteis, mas a maneira de ser mais familiar a todos esses seres sensíveis é um estado sonolento, durante o qual o exercício espontâneo da imaginação

Sobre a inteligência dos animais

oferece apenas quadros vagos, que não deixam vestígios profundos na memória. Entre nós, estes homens grosseiros que se ocupam o dia inteiro em prover às necessidades mais básicas, não permanecem num estado de estupidez quase igual àquele dos animais? É preciso que o lazer, a sociedade e a linguagem sirvam à perfectibilidade, caso contrário essa disposição permanece estéril. Ora, em primeiro lugar, os animais não têm lazer, como vimos antes. Ocupados a todo momento em suprir suas necessidades e defender-se contra outros animais ou contra o homem, as únicas ideias adquiridas que conservam são as ideias relativas a esses objetos. Em segundo lugar, a maior parte vive isolada e possui apenas uma associação passageira, fundada no amor e na educação da família. Aqueles animais que se mantêm em bandos de maneira mais durável, associam-se unicamente pelo sentimento do medo. Isso ocorre apenas nas espécies tímidas, e o medo que aproxima uns indivíduos dos outros parece ser o único sentimento que os ocupa. Assim é a espécie do cervo, na qual as fêmeas se isolam somente para parir, e os machos para refazer suas galhadas.

Nas espécies que contam com mais armas e coragem, como os javalis, as fêmeas, mais fracas, permanecem em bando junto com os jovens machos. Mas, tão logo estes completam 3 anos de idade e dispõem de defesas que lhes dão segurança, deixam o bando. A segurança os conduz à solidão; logo, não há sociedade propriamente dita entre os animais.

O sentimento do medo e o interesse de se defenderem uns aos outros não são capazes de levar os seus conhecimentos muito longe.

Eles não são organizados de maneira a multiplicar os seus meios, nem a acrescentar alguma coisa às armas, já prontas, que devem à natureza.

Quanto à linguagem, parece que a dos animais é bastante limitada. Isso se explica pelo seu modo de vida; há selvagens com arcos e flechas, mas cuja língua não ultrapassa trezentas palavras. Porém, por mais limitada que seja a linguagem dos animais, ela existe. É certo, inclusive, que é muito mais extensa do que usualmente tendemos a pressupor em seres de focinhos compridos ou com bicos.

Como já provamos, seus hábitos mais naturais são formados por induções associadas pela reflexão, que exigem todas as operações da inteligência; mas não constatamos nenhuma articulação em seus gritos. Essa aparente uniformidade nos leva a pensar que, realmente, não há articulação alguma. No entanto, é certo que os animais de cada espécie distinguem muito bem esses sons que nos parecem confusos. Eles não se enganam a esse respeito, e jamais vão confundir o grito do pavor com os gemidos do amor. É necessário que elas exprimam essas situações diferentes, e inclusive que caracterizem suas nuances. A fala de uma mãe que anuncia à família que é preciso se esconder e esquivar-se da vista do inimigo não pode ser igual àquela que anuncia que é preciso fugir imediatamente. As circunstâncias estabelecem a necessidade de uma ação diferente; é preciso que a diferença seja expressa na linguagem que comanda a ação. Qual seria o mecanismo que permite aos animais que caçam juntos entrar em acordo para esperar um ao outro, para encontrar-se e ajudar-se? Essas operações não existiriam se não houvesse convenções, cujos detalhes só podem ser executados por meio

Sobre a inteligência dos animais

de uma língua articulada. Na falta de hábito e reflexão, a monotonia nos engana. Quando escutamos homens falarem entre si uma língua que nos é estrangeira, não distinguimos nenhuma articulação sensível e acreditamos escutar a repetição contínua dos mesmos sons. A linguagem dos animais, por mais variada que seja, deve parecer mil vezes mais monótona; mas, seja qual for essa linguagem, ela não tem muito a oferecer à perfectibilidade de que são dotados. A tradição não serve em quase nada ao progresso de seus conhecimentos. Sem a escrita, exclusiva ao homem, cada indivíduo, limitado à própria experiência, seria forçado a recomeçar o caminho percorrido pelo seu predecessor, e a história dos conhecimentos de um homem não seria muito diferente da história da ciência de toda a humanidade.

Assim, podemos presumir que os animais nunca realizarão grandes progressos, ainda que tenham avançado em algumas artes sem que sejamos capazes de perceber. Em geral, os obstáculos que se opõem aos progressos das espécies são muito difíceis de serem superados, e os indivíduos tampouco podem receber, da força da paixão predominante, esta atividade permanente que faz um homem elevar-se, pelo gênio, muito acima de seus semelhantes. Os animais possuem, todavia, as paixões naturais e outras que podemos chamar de factícias ou paixões de reflexão; as do primeiro tipo são a impressão da fome, os desejos ardentes do amor, a ternura maternal; as do segundo são o medo da penúria ou a avareza, e o ciúme que conduz à vingança.

Mas, conforme mostramos anteriormente, essas paixões não têm nem a continuidade nem o caráter daquelas que realmente contribuem aos progressos da espécie. Elas alcançam seu objetivo de maneiras simples e que são sempre as mesmas. Do fato de que os animais não inventam nada além de suas carências, engana-se quem conclui que eles não inventam nada em absoluto – sem dúvida, uma conclusão ilegítima. Minhas reflexões sobre o que chamamos de *instinto* nos animais terminam por aqui. Parece-me impossível ignorar que o princípio que determina suas ações é um princípio inteligente, produto das sensações e da memória. Mas, embora compartilhem essa vantagem conosco, é fácil perceber a que distância de nós ainda se encontram esses seres sensíveis, e o intervalo imenso que nos separa.

12. Sobre a migração das aves

É impossível conceber o quanto penaram para explicar as ações dos animais aqueles que negam que estes tenham inteligência. Alguns veem essas ações como o resultado de um mecanismo incompreensível que, se realmente existisse, incorreria nas consequências mais perigosas. Outros, como o sr. Reimar,[19] doutor alemão e autor de um extenso livro sobre o *instinto dos animais*, lhes atribui *sensações confusas, uma memória confusa* etc. Ele sustenta que, para comparar e julgar, precisaríamos de representações distintas, mas para agir bastariam representações confusas. Alega que haveria apenas uma analogia entre as ações dos animais e as operações de nossa alma, que eles não podem ter motivos, e que simplesmente agem onde nós teríamos pensado para agir. Ele garante que os animais se recordam

---

19 Hermann Samuel Reimarus (1694-1768), filósofo e teólogo alemão, cuja obra de 1760 foi traduzida ao francês em 1770 sob o título *Observations physiques et morales sur l'instinct des animaux, leur industrie et leur mœurs*. (N. T.)

Sobre a inteligência dos animais

apenas do *dia de hoje*; que o *ontem* e, pior ainda, o *anteontem* não existem para eles. Em uma palavra, ele se exprime de maneira tão categórica e firme como se sua alma já tivesse animado o corpo de um animal e tivesse conservado a lembrança completa dessa condição precedente. Todos esses senhores concordam em assumir como fato aquilo que está em questão; por exemplo, afirmam que os animais não podem raciocinar, porque são seres *irracionais*. Além disso, fazem pressuposições gratuitas: garantem que os animais nascem perfeitamente instruídos e que, sem jamais terem aprendido coisa alguma, executam as mais industriosas obras no mais alto grau de perfeição. Esse é um fato evidentemente falso para todos aqueles que se deram ao trabalho de examiná-lo. Mas os fatos são inconclusivos, afirmam esses senhores. Trata-se, sem dúvida, de um novo modo de proceder: rejeitar os fatos para julgar a partir de pressuposições. O naturalista de Nuremberg respondeu à maior parte dessas asserções, objeções etc., de uma maneira que me parece decisiva. Mas é preciso retornar à verdade mais de uma vez, sobretudo quando se está tratando com doutores. Sendo assim, aqui vão algumas novas observações que me parecem dignas de atenção.

Para julgar os seres animados que nos circundam, o único caminho é refletir sobre o que nós mesmos experimentamos. Assim que observamos uma sequência de ações — e sobretudo uma sequência longa e variada — que não poderiam existir em nós sem certos motivos, estamos no direito de julgar que o ser que as executam o faz pelos mesmos motivos. Além dessa analogia ser legítima, não temos elementos que autorizem a pressupor que outros princípios de ação atuariam nesse ser. No entanto, sr. Reimar afirma que não há raciocínio num cachorro que, ao ver o dono levantar a vara, aproxima-se de maneira submissa para dissuadi-lo, pois a experiência ensinou que isso funciona. Para ele, o cão possui apenas a *representação confusa e simultânea* de uma vara erguida, da dor que pode resultar dela e da indulgência do dono, que resulta de seu ar submisso. Se for verdade que o ridículo é uma pedra de toque segura no que concerne às opiniões, como prova *lorde* Shaftesbury, para refutarmos a opinião do sr. Reimar basta expô-la. Entendo que o cão não terá a ideia distinta de uma sequência de silogismos que, num caso similar, seria articulada por um doutor alemão. Mas é evidente que sua ação seria sem motivo ou, se quisermos, não teria razão suficiente, caso não fosse ao menos o resultado de um entimema cujos dois termos vêm à sua imaginação com clareza e vivacidade.

Os doutores tendem a confundir raciocínio com argumentação, mas estas duas coisas são bem diferentes. A argumentação pressupõe uma língua falada ou escrita. Sua forma comum consiste em extrair uma consequência de uma ideia conhecida e aceita, por meio de uma terceira ideia que serve de conexão. O raciocínio vai muito mais depressa; para realizá-lo, basta notar a identidade entre duas ideias. Caso não haja identidade, o raciocínio não vale nada, pois ele não é mais do que a expressão dessa identidade, seja pela palavra seja pela ação. Se pretendeis dispor em forma de argumento a ação do cão que se humilha ao enxergar a vara erguida, encontrareis duas sequências de ideias com dois termos cada uma e um terceiro que os conecta. A visão da vara erguida, a lembrança da dor, a ideia da relação entre essas duas sensações, eis aí o primeiro silogismo. A lembrança dos atos de humilhação em casos similares, a lembrança da indulgência que decorre desses atos, a determinação que

Sobre a inteligência dos animais

resulta da relação entre esses dois fatos, eis o segundo. Vemos aí, sem dúvida, a matéria dos dois raciocínios. É evidente que a memória e a imaginação do cão percorreram todos esses termos com presteza, caso contrário ele jamais teria agido.

Nada é mais semelhante às qualidades ocultas dos antigos como os princípios que o sr. Reimar emprega para explicar as ações dos animais. Ele diz, por exemplo, que uma ave migratória tem uma percepção interna do momento em que é preciso mudar de território, e que ela sente uma atração rumo a determinada região. Deve-se convir que a atração de um ser sensível rumo a uma região da qual não possui conhecimento algum é algo bastante extraordinário; e, ainda mais extraordinário, é a percepção de um ser que não seria capaz de sentir. Sem dúvida, é difícil adivinhar precisamente como se estabeleceu inicialmente esse hábito de mudar de território. Todavia, pode-se pensar que foi ocasionado, pouco a pouco, pelo incômodo de uma temperatura que não convinha à constituição do animal. Talvez mais de um século tenha sido necessário para estabelecer gradualmente a perfeita regularidade dessas transmigrações. Mas, no estado atual das coisas, podemos ter certeza de que conhecer a necessidade de migrar, bem como o momento em que a migração deve ser executada, decorre de uma instrução que se perpetua de geração em geração. Quem não contou com a devida instrução, não migra. Além disso, vemos como as aves mais novas são conduzidas por aquelas que adquiriram, pela idade e pela experiência, conhecimentos e autoridade.

Tomemos, por exemplo, as andorinhas, cuja observação está ao alcance de todos. Em primeiro lugar, sua partida é sempre precedida por assembleias, cuja frequência e duração não deixam dúvidas de que se trata dos preparativos de uma viagem a ser realizada por seres providos das faculdades de sentir e de se entender, que se reúnem em vista de um projeto comum. O falatório frenético e diverso que reina nessas assembleias anuncia inequivocadamente a comunicação de preceitos indispensáveis à vasta prole do ano. A fim de que esteja preparada para esse grande evento, ela precisa de instruções preliminares, constantemente repetidas. As diversas tentativas de voar em bando são igualmente indispensáveis, sempre acompanhadas de uma sequência de ensinamentos que fazem ressoar nossos telhados e chaminés. Homens reunidos, cuja língua não compreendemos, não dariam sinais mais evidentes de um projeto similar. Mas há um fenômeno que se repete com frequência e prova, melhor do que essa analogia, que as transmigrações não podem ser o resultado de uma disposição surda e maquinal. Quando chega a hora de migrar, impossível de ser adiada sem comprometer a saúde da espécie inteira, há muitos indivíduos jovens demais para seguir a revoada e, por isso, são abandonados e permanecem no território. Tornam-se adultos, mas *a atração rumo a determinada região* não é sentida, ou pelo menos não basta para guiá-los. Por fim, morrem, vítimas de sua própria ignorância e de um nascimento tardio que lhes privou dos meios necessários para acompanhar os pais.

Se, como pretendem, as ações dos animais fossem executadas por *forças cegas da natureza*, nenhum desses inconvenientes poderiam ocorrer. Não existiriam nascimentos tardios. Todas as ações seriam executadas num momento determinado, como relógios ajustados que soam à mesma hora, e uma parte da espécie jamais se veria sacrificada aos erros daqueles aos quais devem sua existência.

Sobre a inteligência dos animais

Um tipo de uniformidade, ou melhor, de semelhança, que se manifesta entre as ações de indivíduos de uma mesma espécie, levou a crer que os animais seriam privados de liberdade e, como diz o sr. Reimar, que *exerceriam cegamente uma indústria inata, uniforme e regular, da maneira mais perfeita e vantajosa ao seu bem-estar e ao bem-estar da espécie inteira.* Mas essa regularidade e perfeição não passam da quimera de um observador desatento ou enviesado. Há, sem dúvida, em todos os animais, algumas disposições que podemos chamar de maquinais, algumas tendências naturais em direção aos objetos que lhes convêm. Com efeito, é necessário que, sem experiência, eles sejam levados a executar determinadas ações necessárias à conservação, seja do indivíduo seja da espécie. Trata-se de um resultado da conformação, compartilhado por todos os seres que sentem. Mas isso não exclui nem a liberdade nem certa escolha dentro dos limites prescritos pela organização. No período da efervescência do amor, um sentimento íntimo impele dois jovens pássaros a procurar um pelo outro, provocar-se, acasalar e construir um ninho. Não há dúvida de que esse ninho apresente, em cada espécie, um conjunto de condições fundamentais, mas a experiência dá lições aos indivíduos, pois é certo que o ninho de um pássaro mais velho é sempre superior. Entre as precauções tomadas para evitar os inconvenientes, é fácil reconhecer o progresso relativo aos conhecimentos adquiridos. O naturalista de Nuremberg observou muito bem que ocorreria a mesma coisa – e mais ou menos da mesma maneira – a duas crianças abandonadas numa ilha deserta, reunidas pelo acaso. A atração maquinal que aproxima os sexos acabaria se manifestando, e seguramente essas crianças, uma vez adultos, descobririam a intenção da natureza. Então, podemos ter certeza de que um leito de musgos seria

271

preparado com antecedência para receber o filho por vir. Essa previdência deve-se a um tipo de inspiração ou *instinto* que é, sem dúvida, muito difícil de explicar, embora impossível de ignorar. Muitas semelhanças gerais, uma quantidade infinita de diferenças particulares, eis aí o que parece ser uma lei universal da natureza.

13. Perfectibilidade dos indivíduos e perfectibilidade das espécies

Para refutar as objeções que se acumulam contra a inteligência dos animais, é preciso expor uma parte delas, sendo que as principais serão repetidas até a exaustão. Incansavelmente, toma-se como fato aquilo que está em questão. Quando pretendem citar fatos, estes são examinados equivocadamente, são distorcidos e desprovidos das circunstâncias que os acompanham. Por isso, deixam de ser fatos reais dos quais se pode obter algum esclarecimento. Se isso não fosse indigno da filosofia, eu seria levado a crer que eles agem com frequência de má-fé, porque se ofendem – sem admitir – com qualquer tipo de paridade que possa haver entre os animais e nós, a qual estão decididos a rejeitar. Não entendo que mal nos faria compartilhar algumas ideias com seres que compartilham conosco a vantagem de serem formados de carne, osso e sangue; com os quais competimos para satisfazer os apetites, e muitas vezes rivalizamos para ter o que comer.

O argumento repetido sem cessar e apresentado sob as formas mais diversas consiste em que os animais adquirem, em muito pouco tempo, a maior parte do que é necessário para sua conservação e, em seguida, seus progressos parecem terminar.

Sobre a inteligência dos animais

Sem dúvida, certas operações dos animais revelam uma inteligência que aparenta ser precoce ou, pelo menos, que se forma prontamente. Para nós, é difícil reconhecer nessas operações todos os detalhes da instrução gradual da experiência. Mas, pior ainda, ignoramos tudo o que a experiência faz pelos animais. Como poderia ser diferente, já que somos condenados a ignorar uma parte dos elementos envolvidos na educação de nossos próprios filhos e, inclusive, no progresso constante de nossa própria educação? Sabemos muito bem que somos discípulos de nossas sensações. Mas se desejarmos remontar à origem de nossos hábitos, se tentarmos explicar aquelas ações que consideramos espontâneas, certamente nos perderemos nesses detalhes. É certo, todavia, que essas ações se devem a reflexões sobre aquilo que experimentamos no passado. Lede tudo o que diz o sr. abade de Condillac sobre o *eu* de hábito e o *eu* de reflexão, e vereis o quanto esta última assegura necessariamente o nascimento dos hábitos, e como o hábito, uma vez formado, adquire o caráter de *instinto*, fazendo perder de vista sua origem.

Mas por que, pergunta sr. Reimar, *entre todos os meios que poderiam conduzir a certos fins, os animais escolhem sempre o mais sensato e o melhor de todos*? Por quê? Porque é necessário que seres que dispõem de poucos meios para combinar cometam poucos erros. Se numa partida de xadrez restam-me apenas duas ou três peças, cometerei menos erros do que quando o tabuleiro está completo e há uma série de combinações possíveis. Esse é o caso dos animais. Sua organização e, sobretudo, suas carências tornam necessárias apenas um pequeno número de percepções. Uma vez formados os hábitos dos quais sua conservação depende, os animais não têm interesse algum em estendê-los. Logo, quase não resta espaço para se enganarem, a não ser que sejam ludibriados por alguém e, nesse caso, tornam-se sujeitos ao erro, como provou muito bem pelos fatos o naturalista de Nuremberg. Entre nós, aqueles que a natureza proveu de um espírito sensato e de pouca atividade de memória são menos sujeitos a erro do que aqueles cuja memória turbulenta e imaginação ardente apresentam, de uma só vez – ou ao menos muito depressa –, uma enxurrada de ideias.

O mesmo princípio vale para a uniformidade aparente das obras dos animais. Destinados pela natureza a certos fins e organizados em consequência, é impossível exceder os limites relativos à espécie em razão de suas carências e seus meios. Seria absurdo exigir que a perfectibilidade natural devesse ir além desses limites. Negar essa perfectibilidade porque eles não podem ir além do que comportam seu interesse e as faculdades admitidas por sua organização, seria como dizer que um bastão não tem quatro pés de comprimento porque não tem seis. Aliás, a uniformidade nas obras dos animais não é como aquela que costumam representar. No início, não percebemos mais do que uma semelhança generalizada entre as produções do mesmo gênero. Apenas depois de nos familiarizarmos com os objetos e, de alguma forma, ter vivido bastante entre os animais, é que começamos a descobrir a variação naquilo que julgávamos uniforme, não apenas à primeira vista, mas inclusive após um exame que, equivocadamente, julgávamos suficiente. Só o hábito é capaz de nos ensinar a julgar as diferenças, e confere o direito de nos pronunciar a esse respeito. É pelo hábito que o pastor de um vasto rebanho distingue cada uma de suas ovelhas. Entre cem ninhos de andorinhas examinados no detalhe, não há dois que se assemelham completamente. Aliás, é necessário que haja diferença, caso contrário as mães não teriam

Sobre a inteligência dos animais

como distinguir o seu daqueles de suas vizinhas. As obras dos homens, apesar de serem infinitamente mais variadas – pois seus meios ocasionam um número muito maior de combinações –, terão o mesmo defeito da uniformidade aparente aos olhos não treinados para considerá-las.

Um selvagem repentinamente transportado ao seio de nossas cidades ficaria revoltado com a falta de fecundidade de nossas invenções. "O quê?", pensaria ele, "Batentes idênticos dispostos sempre da mesma maneira na fachada das casas! Sempre a mesma distribuição no interior dos apartamentos! Sempre estas colunas na fachada dos grandes edifícios!" etc. E concluiria, no fundo de seu coração, que só existe diversidade nas cabanas dos selvagens às quais já está acostumado.

Nos espantamos que os animais executem quase desde o nascimento uma parte das ações necessárias à sua conservação, e concluímos que o princípio delas é inato e puramente mecânico. Ora, não é nada espantoso que a natureza, que adequa por toda parte os meios aos fins, tenha conferido mais facilidade e prontidão à educação dos seres animados em função da duração de sua vida e daquilo que precisam aprender para suprir suas carências. Vereis, pois, que essa regra é amplamente válida. Caso contrário, veríamos espécies inteiras desaparecerem, pois não teriam tido tempo suficiente para aprender os meios que as permitem se conservarem. O naturalista de Nuremberg tem razão ao observar que a mosca, efêmera, deve ter uma educação muito rápida, visto que, em um dia, ela percorre os principais estágios da vida mais longa: crescer, reproduzir, definhar e morrer. Não podemos concluir que sua educação seja nula só porque não podemos observar seus progressos. O tempo é tudo menos absoluto para os seres sensíveis. A verdadeira medida do tempo é a sucessão de nossas ideias, e o mesmo vale para todos os seres sensíveis. Quem teve o maior número de sensações ou ideias, viveu mais. Essa sucessão é tão rápida que 24 horas podem ser equivalentes à vida mais longa que conhecemos entre os homens.

Há mais uma observação a ser feita a respeito dessas disposições que encaramos como inatas e puramente maquinais: elas podem ser inteiramente dependentes dos hábitos adquiridos pelos antepassados destes indivíduos que vemos hoje. Já foi demonstrado por fatos incontestáveis que muitas das disposições adquiridas pela educação, quando se tornam habituais e são conservadas em duas ou três gerações, tornam-se quase sempre hereditárias.[20] Os descendentes carregam essas disposi-

---

20 Há muitos exemplos que provam que a perfeição dos sentidos adquirida pelo exercício é transmitida pelo nascimento. Conhecemos as vantagens que o lobo extrai da excelência de seu olfato, assim como a segurança que ele deposita nesse órgão. Vi essa qualidade ser comunicada à terceira geração da prole de um cão com uma loba. Dois animais dessa geração guardaram traços muito fortes da espécie do lobo no que diz respeito à forma geral e às inclinações. A domesticidade abrandou um pouco seu natural perverso: eles eram consideravelmente dóceis com aqueles que viam com frequência. Vinham quando chamávamos, mas não em linha reta, como fazem normalmente os cães. Seus passos revelavam uma desconfiança constante. Começavam farejando o vento e, quando o olfato lhes tivesse assegurado da pessoa que os chamava, dirigiam-se até ela e deixavam-na afagá-los. O mesmo vale para os outros sentidos. Como não desenvolveram seu nariz por gerações, os cães pastores raramente possuem o olfato apurado, mas sua audição e visão são excelentes. Apesar de sua inteligência, que aumenta graças à relação constante com o dono, e apesar de sua mansidão, que se tornou quase natural, é impossível convertê-los em bons cães de caça,

Sobre a inteligência dos animais

ções ao nascer de tal maneira que não se pode mais distingui-las das faculdades relacionadas mais diretamente à constituição do animal. Disso deve resultar que, nas espécies que tiveram liberdade para aperfeiçoar suas faculdades, os indivíduos podem transmitir a seus filhos disposições mais vantajosas do que as que receberam. Portanto, é possível que isso que vemos alguns animais executarem sem a necessidade do tateamento da experiência, seja fruto de um saber adquirido antigamente, e que mil tentativas mais ou menos infrutíferas tenham ocorrido para, enfim, conduzir as novas gerações ao grau de perfeição que hoje observamos em suas obras.

Não se pode duvidar que hábitos adquiridos possam ser transmitidos pelo nascimento e tornem-se espontâneos como todas as outras disposições naturais do animal. Essa observação não escapou ao naturalista de Nuremberg. Diz ele — e isso é certo — que as gerações dos cães que são constantemente treinados a capturar e trazer a caça acabam manifestando essas duas disposições desde o nascimento. Mas elas são tudo menos naturais; a inclinação desse animal carnívoro é lançar--se sobre a presa e devorá-la. Essas disposições transmitidas pelo nascimento dissipam-se e perdem-se caso não sejam cultivadas durante várias gerações, mas o mesmo vale para aquelas que procedem mais diretamente da natureza. Esse é o caso da disposição dos coelhos-bravos a cavar tocas. Tornai-os domésticos e, com o tempo, perderão esse tipo de indústria.

---

pois lhes falta o elemento mais importante de todos, a excelência do nariz. Sem dúvida, há exceções, mas são raras nos casos em que as gerações foram destinadas exclusivamente à guarda do rebanho; mas este não é sempre o caso.

Após algumas gerações, se quiserdes povoar uma coelheira com esses coelhos domésticos, eles não cavarão toca alguma, pois essa parte de seu instinto natural se dissipou. Só aprenderão a dedicar-se a esse tipo de trabalho quando sua utilidade seja sentida pelo animal pela reiteração constante das necessidades.

Então, podemos concluir[21] com o naturalista que é possível que as espécies tenham se aperfeiçoado, e que uma parte dos animais provavelmente tenha chegado ao ponto em que não há mais progresso a alcançar, a não ser que encontrem um canto da Terra ainda desconhecido aos homens, onde, sob um clima favorável, possam se entregar livremente ao exercício de suas faculdades.

Mas se a perfectibilidade é uma qualidade indefinida, se é difícil conhecer o seu limite, não é difícil entender que ela tenha um.

Carências e meios restritos não podem produzir combinações infinitas. Inclusive a inteligência dos homens possui limites que jamais ultrapassará, apesar de esses limites ainda serem desconhecidos.

A prontidão da educação dos animais, longe de provar que são autômatos ou algo parecido, desvela o proceder da natureza, que confere mais imediatez ao desenvolvimento da inteligência daquelas criaturas que desde cedo são abandonadas a si mesmas e forçadas a prover às suas necessidades. Aliás, comparamos a lentidão dos progressos de nossos filhos à celeridade dos pro-

---

21 Garantiram-me que as abelhas, levadas à América meridional, no primeiro ano trabalharam na construção de uma colmeia e na fabricação do mel que servirá de alimentação no inverno. Porém, vendo que a região proporcionava flores o ano inteiro, pararam de trabalhar e não se obteve mel algum. Não garanto o fato porque não vi, mas me parece bastante verossímil.

Sobre a inteligência dos animais

gressos da maioria dos animais, mas esquecemos que nossos cuidados prolongam a fragilidade de nossos filhos. No caso dos selvagens, seus filhos são quase abandonados à natureza e, por isso, aprendem todas as ações necessárias à conservação muito mais cedo do que os nossos. Entre os animais, aqueles que precisam ser aleitados inevitavelmente pereceriam sem os cuidados mais ou menos prolongados da mãe e sem a ajuda de uma educação bem específica. A loba ensina suas crias a atacar os animais que lhes servirão de alimento; a ave de rapina ensina as suas a voar, ensinamentos que são marcados por tentativas repetidas e graduais.

Sem recorrer ao automatismo, obscuro e perigoso, não seria mais natural e gratificante considerar que a sensibilidade se estende ao reino animal como um todo, exercendo-se em diferentes graus e sob um número infinito de formas, em função das carências que colocam os indivíduos em movimento e da organização que contém as espécies nos limites que lhes são designados? Por acaso devemos preferir os argumentos de uma falsa filosofia que pretende que todos esses seres ajam sem motivos, meramente obedecendo a impulsos cegos? A atividade dos animais, a variedade das espécies que, destinadas na maioria dos casos a viver umas às custas das outras, estão num estado contínuo de esforço e os recíprocos e numerosos meios de ataque e defesa que conservam o equilíbrio no universo pelos interesses conflitantes de cada ser não passariam, então, de espetáculos ilusórios com base nos quais devo rejeitar reiteradamente o testemunho de meu sentimento íntimo? Em vez disso, prefiro observar no detalhe cada indivíduo colocado em movimento pela sensibilidade, obedecendo às suas afecções particulares e contribuindo assim à perfeição do conjunto e à justa proporção que deve reinar entre as espécies. Sou acometido pelo mesmo espetáculo na ordem da sociedade, e me parece que a persuasão de uma sensibilidade por todo lado presente e ativa torna esse espetáculo ainda mais grandioso. Entrego-me a essa ideia sem hesitação, pois vimos o quanto é necessário atormentar-se e recorrer a suposições obscuras e gratuitas quando queremos defender a opinião contrária.

14. Refutação de Buffon

Sou leitor assíduo das excelentes histórias do sr. Buffon sobre os mais diversos animais. Admiro a eloquência desse grande naturalista, sua sagacidade em desvendar as características que diferenciam as espécies, bem como a verdade e o brilhante colorido de suas pinturas. Ao tratar dos costumes dos animais que ele mesmo observou, ou dos quais obteve relatos confiáveis, representa os detalhes das inclinações e ações, da sagacidade e da indústria, com tal exatidão e charme que ele supera em muito todos os naturalistas que o precederam. Enquanto é conduzido pelo fio da observação, seu caminho é seguro, penetra nas intenções dos animais e, pela maneira como descreve suas ações, expõe seus movimentos aos olhos do leitor como um grande mestre.

Mas quem acreditaria nele? O autor da história do cervo, do cão, da raposa, do castor, do elefante, parece esquecer os fatos quando não faz mais do que argumentar, tornando-se um dos maiores detratores da inteligência dos animais. Sem dúvida, ele tem, mais do que qualquer outro, o direito de considerar a sua espécie como uma espécie à parte. Mas, porque é um homem, não está livre do erro, e por isso temos o direito de examinar

Sobre a inteligência dos animais

suas opiniões, desde que não faltemos com o respeito que merecem sua pessoa e seus grandes talentos.

No *Discurso sobre a natureza dos animais*, página 23, tomo 4 da edição *in-4º*, sr. Buffon exprime-se da seguinte maneira: "Ao contrário, o animal é um ser puramente material, que não pensa nem reflete, e todavia age e parece ser determinado, não podemos duvidar de que o princípio da determinação do movimento no animal seja um efeito puramente mecânico e absolutamente dependente de sua organização."[22]

E na página 24, ele escreve: "O sentido interno do animal é, da mesma maneira que seus sentidos externos, um órgão, um resultado de mecânica, um sentido puramente material."[23]

O quê? Somos testemunhas de uma série de ações que revelam visivelmente a sensação atual de um objeto, outra sensação recordada pela memória, a comparação entre elas, um impulso alternativo que é o signo evidente dessa comparação, uma hesitação sensível e, por fim, uma determinação, pois se segue uma ação que, caso contrário, não teria como ocorrer. Para explicar isso, que é simples e conforme ao que nós mesmos experimentamos, devemos recorrer a incompreensíveis perturbações mecânicas? Certamente ignoramos aquilo que produz a sensação, seja em nós mesmos seja em todos os seres animados. Há muitas outras coisas que somos obrigados a ignorar, mas dado o fenômeno, conhecemos seus produtos, e parece-me impossível confundi-los com *resultados de mecânica*, não importa quão numerosos supomos que sejam.

---

22 Página 443 da edição da Editora Unesp. (N. T.)
23 Ibid. (N. T.)

Mediante quais perturbações sucessivas iremos explicar a instrução gradual de um animal, tantas vezes ao alcance de nossa observação? Vereis que um objeto que ele percebe pela primeira vez proporciona uma sensação abstrata geral que é muitas vezes falsa, mas que, em seguida, a atenção a particulariza e retifica. Aliás, é necessário observar que essa retificação não ocorre toda de uma única vez, e que a instrução não se realiza de maneira uniforme, como ocorreria necessariamente a uma máquina.

Com frequência, há passos retrógrados, certamente impossíveis em qualquer mecanismo, mas que se prestam muito bem a uma reflexão interessada que procura assegurar-se da verdade e procede por tentativa e erro.

Roupas velhas dispostas a fim de representar mais ou menos a forma humana afastam os pássaros — ou ao menos fazem-nos hesitar — aos quais essa disposição suscita uma ideia abstrata de homem.

Movidos pelo interesse de aproximar-se para apanhar a comida que procuramos defender, eles dão alguns passos em direção ao objeto, mas a primeira impressão recebida torna-os tímidos e precavidos. Embora se sintam encorajados pelo silêncio e pela imobilidade do espantalho, a menor brisa capaz de balançar os trapos incita seu pavor inicial e os distancia. Ainda assim se aproximam, mas por intervalos, até que a comida que veem, ou que suspeitam existir, atiça sua atenção e leva-os a olhar mais de perto. Então, a sensação particulariza-se, o erro retifica-se gradualmente e, quando estão seguros de que esta é uma forma ilusória, o espantalho não faz mais efeito, pois deixa de ser um homem para eles.

Além das ideias gerais abstratas sujeitas à retificação, os animais também possuem ideias das relações que certos fenôme-

Sobre a inteligência dos animais

nos têm entre si e, muitas vezes, a partir do que veem, julgam o que se seguirá. Um cão *setter* que mantém a presa acuada e vê o fuzil do caçador apontado para ela fixa sua atenção no efeito que o tiro do fuzil vai produzir. Ele tem, então, uma ideia abstrata desse efeito, mesmo que este ainda não exista. Como ousaríamos atribuir às perturbações mecânicas a impressão recebida de um efeito que só existirá após alguns instantes?

Qualquer ação dos animais minimante complicada pode fornecer exemplos semelhantes, sobretudo nos carnívoros. Está claro que o sr. Buffon foi induzido a referir todos esses atos a um mecanismo cego pelo receio de que um excesso de paridade entre animais e homem pudesse acarretar consequências perigosas. Tal receio é digno de respeito, inclusive quando conduz ao erro. Todavia, já provamos que, neste caso, é o erro, ao contrário, que dá lugar a consequências funestas, que não se pode conceber relação alguma entre, de um lado, a sensação e a memória que somos obrigados a atribuir aos animais e, de outro, nossa ideia das propriedades da matéria; enfim, que atribuir os produtos dessas faculdades a perturbações mecânicas significa favorecer as ideias de automatismo contra as quais depõe a evidência dos fatos.

Para deteriorar a inteligência dos animais, sr. Buffon é obrigado a pressupor fatos que estão longe de ser constatados.

"O olfato", diz ele, página 31, "o sentido mais relacionado ao instinto, ao apetite; o animal tem esse sentido infinitamente mais desenvolvido do que o homem. Por conseguinte, o homem deve conhecer mais do que *apetecer*, e o animal, mais *apetecer* do que conhecer."[24]

---

24 Página 448 da edição da Editora Unesp. (N. T.)

283

Aqui, ao menos, a diferença é apenas de grau; esta é uma das ocasiões, muito frequentes, aliás, em que o sr. Buffon se entrega à observação e à evidência e debilita o argumento que ele mesmo procura defender. Mas, além disso, não é sempre verdadeiro que os animais tenham o olfato melhor do que o homem. Os que possuem esse privilégio são principalmente os quadrúpedes carnívoros, e o olfato para eles é, no mínimo, *tão relacionado ao conhecimento quanto ao apetite.*

O lobo, a raposa e os outros carnívoros, como observou o naturalista de Nuremberg, empregam seus narizes para instruir-se a respeito de tudo o que lhes interessa conhecer.

Quando caçados, fogem sempre com nariz ao vento, e assim são advertidos acerca das emboscadas pelo caminho. Se um homem aguarda sua passagem, farejam-no, reconhecem-no e desviam-se. Se uma armadilha foi montada, mesmo que tenha sido escondida com o maior cuidado possível e esteja munida da isca mais sedutora, basta que seja possível sentir o cheiro do ferro ou do homem que a manejou, e então *o conhecimento* supere *o apetite.* Só é possível enganar o animal quando o caçador tiver tomado o cuidado de eliminar, por meio de fricções, esse cheiro que desperta as ideias de perigo e lança suspeição sobre as iscas mais tentadoras.

"O sentido da visão", diz ainda o sr. Buffon, página 3 1, "só pode ter segurança ou servir ao conhecimento com o auxílio do tato; por conseguinte, o sentido da visão é mais imperfeito, ou antes, adquire menos perfeição no animal do que no homem."[25]

Não acredito que essa asserção seja sempre verdadeira, pois sei que a observação depõe muitas vezes contra ela. É certo que

---

25 Página 448 da edição da Editora Unesp. (N. T.)

Sobre a inteligência dos animais

a ave de rapina possui uma visão extremamente aguçada, tão confiável quanto a do homem. Do mais alto dos céus, onde não podemos avistá-la, ela distingue sua presa. Quando jovem, é possível que se engane algumas vezes, mas após instruída por experiências repetidas, sabe muito bem julgar as formas e os costumes das vítimas. Um falcão que foi selvagem durante um ano antes de ser capturado distingue perfeitamente um abibe[26] de uma perdiz, ataca esta e deixa aquele em paz. Ele sabe que se cansará em vão ao perseguir o abibe, e tenta capturá-lo apenas quando as circunstâncias particulares se mostrem vantajosas, ou quando uma fome opressora torna necessária toda sorte de tentativa.

Parece-me que o sr. Buffon não distinguiu bem o tato e o *manusear*, que não é mais do que uma forma particular do tato. O exercício de manusear pertence exclusivamente aos animais que possuem mãos. Graças a ele, esses animais asseguram-se prontamente da forma dos corpos e, além disso, retificam com maior facilidade os erros aos quais está sujeito o sentido da visão. Mas seu auxílio é absolutamente inútil para julgar as distâncias, pois apenas o tato já é suficiente, e todos os animais experientes aprendem a avaliá-las com precisão. O falcão, como disse o naturalista de Nuremberg, avalia com a maior das precisões a distância entre ele e a perdiz que é caçada em pleno voo; avalia também o tempo necessário para chegar até ela e a distância que ele deve percorrer durante esse tempo. Na falta de uma dessa avaliações o falcão jamais seria capaz de mergulhar exatamente sobre a presa. Desafio a explicarem essa ação de maneira razoável por meio de perturbações mecânicas. Um lobo

---

26 Ave eurasiática da família do quero-quero. (N. T.)

ou uma raposa que já tenham sido caçados e alvejados jamais passarão ao alcance de um homem munido de fuzil. O mesmo vale para os patos, as gralhas e todas as aves desde que tenham experiência suficiente, pois os que carecem de experiência normalmente podem ser surpreendidos com facilidade. Às vezes enganamos os mais velhos com ardis que eles não têm motivo para desconfiar. Mas, uma vez conhecidas essas alternativas, elas deixam de ser exitosas, a menos que uma fome excessiva force o animal a encarar o perigo. Todos esses animais sabem que podemos atingi-los à distância; sabem disso porque aprenderam, e aprenderam inclusive a julgar a distância que os coloca fora de perigo. A confiança que demonstram quando alcançam essa distância prova que estavam perfeitamente certos dela.

De maneira alguma o sentido da visão adquire menos perfeição no animal. Parece-me, ao contrário, que todos os animais aos quais interessa o exercício desse sentido possuem-no mais fino e aguçado do que o homem.

Mas, diz sr. Buffon, "essa excelência dos sentidos e a perfeição mesma que lhes pode ser dada têm efeitos sensíveis apenas no animal. Ele nos parecerá tanto mais ativo e inteligente quanto melhores ou mais aperfeiçoados forem seus sentidos. O homem, ao contrário, não é mais racional, espiritual, por ter exercitado muito seu ouvido e seus olhos. Observa-se apenas as pessoas que têm os sentidos obtusos, a vista curta, o ouvido duro, o olfato destruído ou insensível, tendo menos espírito do que os outros", página 33.[27]

Sem dúvida, não basta ter sentidos excelentes e bem treinados para ter espírito. Aliás, quem se restringe ao exercício constante

---

27 Página 449 da edição da Editora Unesp. (N. T.)

Sobre a inteligência dos animais

de seus sentidos, elevando a excelência destes, usualmente carece disto que chamamos de espírito. É necessário refletir sobre suas sensações, combiná-las e ampliar seus resultados pela atenção; eis o que aumenta a esfera da inteligência e eis por que os animais jamais expandirão muito os limites da sua. Eles possuem, de fato, o poder de refletir sobre os seus atos, visto que sua conduta é muitas vezes modificada pelos inconvenientes experimentados no passado e em seguida previstos. Mas, além de seus meios serem infinitamente mais limitados, suas carências não são variadas e eles não possuem lazer. Ora, como provamos, essas duas condições são necessárias para o exercício habitual da reflexão, única fonte de progresso. É preciso convir, porém, que sentidos obtusos não são favoráveis à inteligência relativa às ideias que dependem diretamente deles. É verossímil que os srs. Piccinni, Grétry e Gluck não teriam produzido suas obras-primas se tivessem o sentido da audição obtuso. É verdade que o mesmo não se aplica à vista curta, pois apesar disso ela pode ser muito nítida; basta se aproximar dos objetos para considerá-los e conhecê-los bem. O sr. Bernard de Jussieu tinha a vista curtíssima, mas que se apurava ao aproximar-se dos objetos, e tornou-se um dos maiores botânicos da Europa. A vista curta do sr. Buffon não o impediu de fazer excelentes observações microscópicas, todavia, se tivesse sido completamente destituído desse sentido, seu gênio jamais teria alcançado grandes resultados. Quanto a esse sentido, nota-se que aqueles que têm a vista curta possuem vantagem sobre os outros no exercício da inteligência. A mente, apesar de si mesma, quase nunca é passiva. Jamais será distraída por objetos que não tem a intenção de observar. Uma pessoa de vista curta em geral é encontrada no caso de quem medita, pois sua atenção profunda o separa dos objetos ao redor.

Charles-Georges Le Roy

Para que a analogia tivesse de fato fundamento, diz o sr. Buffon, "seria necessária alguma coisa a mais, ao menos que nada pudesse desmentir que os animais pudessem fazer, e fizessem em algumas ocasiões, tudo o que fazemos? Ora, o contrário é evidentemente demonstrado".[28]

Seria preciso dizer também que, para fundarmos a analogia entre a classe de camponeses limitados às necessidades básicas e a classe de pessoas ocupadas com grandes especulações, seria necessário que, em algumas ocasiões, os primeiros pudessem fazer, e de fato fizessem, aquilo que fizeram Newton e o sr. Buffon. Ora, o contrário é demonstrado com evidência etc.

Não pretendo citar toda a doutrina do sr. Buffon a respeito das *perturbações* de diferentes gêneros que, compensando-se umas às outras, ocasionam as determinações e ações do animal, as quais parecem muito semelhantes às nossas, mas que, segundo ele, seriam muito diferentes. O leitor pode consultar a própria obra, se quiser ver um modelo de eloquência, de perspicácia e dos esforços mais engenhosos que a argumentação pode fazer contra a verdade. Mas confesso que estou aquém desse complicado mecanismo. Se examino os fatos, não posso admiti-lo, e estou certo que se o sr. Buffon fosse um caçador tão grande quanto é um grande filósofo, concordaria que as mais numerosas *perturbações* e compensações de todo tipo são insuficientes para explicar as ações cotidianas da maioria dos animais.

"Se bem me expliquei", continua na página 41, "deve estar claro que, longe de tudo subtrair dos animais, eu lhes concedi tudo com exceção do pensamento e da reflexão. Eles têm o sentimento, e o têm ainda em um grau mais alto do que o nosso;

---

28 Página 452 da edição da Editora Unesp. (N. T.)

Sobre a inteligência dos animais

têm também a consciência de sua existência atual, mas não têm a de sua existência passada; têm sensações, mas falta-lhes a faculdade de compará-las, isto é, a potência que produz as ideias; pois as ideias não são mais do que sensações comparadas ou, melhor dito, associações de sensações."[29]

Essa passagem contém a síntese da doutrina do sr. Buffon sobre as faculdades dos animais, todo o resto não passa do desenvolvimento disto. Logo, basta examinar essas asserções no detalhe e indicar fatos que as contradigam, e teremos respondido a tudo o que pode ser dito de mais razoável para defender essa opinião.

Os animais, afirma, *têm também a consciência de sua existência atual, mas não têm a de sua existência passada*. Não obstante, uma raposa que foi capturada por uma armadilha e, para escapar, viu-se obrigada a cortar o pé — o que ocorre com frequência — conserva tão bem a recordação *de sua existência passada* que, durante anos inteiros, evita constantemente todas as armadilhas que montamos contra ela. Quando descobrem que estão atrás de uma dessas raposas mancas, cuja enfermidade anuncia experiência, os caçadores inteligentes renunciam a empregar meios ordinários para surpreendê-las. Sabem muito bem que elas se habituaram a refletir sobre *sua existência passada* e por isso estão precavidas contra todo tipo de embuste, sem jamais se distraírem. Nesse caso, é preciso adotar outras alternativas que põem em xeque o saber da raposa ou, pelo menos, torna-o inútil. De nada serviria acumular exemplos, mas pergunto como seria possível que, sem *reflexão*, sem *consciência de sua existência passada*, os inconvenientes experimentados anteriormente pudessem

---

29 Página 454 da edição da Editora Unesp. (N. T.)

produzir um sistema de precauções, que se modifica com frequência pelas circunstâncias, ainda que fielmente aplicado em seu conjunto. Ora, é isso que notamos com evidência na conduta cotidiana dos animais, sobretudo daqueles com os quais estamos em estado de guerra, por conta da rivalidade por comida que existe entre eles e nós.

Eles têm sensações, mas não a faculdade de compará-las.

Não precisamos ir muito longe para encontrar exemplos que provem que os animais têm a faculdade de comparar. Um camundongo quer passar por um buraco, tenta e não consegue; julga, então, que é preciso alargar o buraco a fim de estabelecer uma proporção conveniente entre a abertura e o tamanho de seu corpo. Penso, com efeito, que ele não tenha uma ideia abstrata geral de proporção, mas certamente tem uma noção particular, ao menos aproximada, de seu corpo e da dimensão que o buraco deve ter para que consiga passar. Da comparação entre essas duas noções, resulta a iniciativa de alargar a abertura. Trabalha nisso com seus dentes sem interrupção, esforçando-se bastante até que alcance o ponto desejado e então passa. É verdade que, cumprido o objetivo, suas reflexões não vão muito longe, e ele não se ocupará com outra coisa além de tirar proveito do bem-estar que acaba de proporcionar a si mesmo. Caso encontre uma abundância de alimentos, engordará e, como aquele camundongo da história contada por Horácio, destruirá a proporção entre seu corpo e o buraco que fora suficiente para sua primeira passagem; um tipo de imprudência que não é tão estranha à espécie humana para que não possamos perdoar a um camundongo.

Os animais, diz ainda o sr. Buffon, *não podem ter nenhuma ideia do tempo, nenhum conhecimento do passado, nenhuma noção do porvir.*

Sobre a inteligência dos animais

Para nós, a medida do tempo é a sucessão de ideias e sensações que nos afetam, e deixam algum vestígio em nossa memória. Como os animais possuem menos ideias do que nós, deve haver menos graus marcados em sua escala de tempo. Mas é preciso que tenham a ideia deste último, haja vista que podem prevê-lo e dão sinais de periodicidade em seus costumes.

Todos os animais que se levantam num horário determinado para comer, e são muitos, são fiéis a esse horário; não como um relógio que soa as horas, mas conforme às modificações que as circunstâncias da estação, ou do dia mesmo, ocasionam na vontade de um ser sensível. Não pensamos nos carnívoros, forçados por nós a limitar sua busca por alimento ao período da noite e a exercer sua atividade apenas sob a proteção da escuridão. Tomemos, por exemplo, uma espécie inocente qualquer, que dispõe da tranquilidade necessária para o exercício regular da liberdade.

Quando a terra, descoberta pela colheita, tiver forçado os faisões a se reunirem nas reservas onde os mantemos, isto é, por volta do início de setembro, eles viverão em bando e sairão do mato duas vezes por dia para procurar alimento. É o que chamamos ir ao pasto [*aller au gagnage*]. Todos saem mais ou menos juntos ao nascer do sol e, como os alimentos são abundantes, logo terminam a refeição. Quando o sol começa a levantar sobre o horizonte, o calor convida-os a voltar ao mato. Saem outra vez entre cinco e seis horas, e o jantar dura até a noite, quando retornam para se empoleirar. Pergunto como essas aves executariam esses procedimentos regulares se não medissem os intervalos de tempo. Que não se tire vantagem da regularidade para dizer que são movimentos mecânicos, pois embora conservem uma ordem, são subordinados às circunstâncias. Se o calor é menor, a partida acontece um pouco mais cedo. O mesmo ocorre caso os alimentos sejam menos abundantes. Quando estes se tornam escassos e os dias, mais curtos, em meados de outubro, os faisões não saem mais do que uma vez por dia, em torno de nove ou dez horas da manhã, e a refeição dura até o pôr do sol. Seria possível acreditar, de boa-fé, que essa mudança de procedimento conforme as carências e as circunstâncias possa ser conciliada à ideia que temos do mecanicismo?

Quando os costumes são simples, a hora das refeições e o intervalo entre elas são a medida natural do tempo. Homero indica os períodos do dia pela referência à hora do jantar. As refeições são atos cotidianos de maior interesse aos animais, portanto, é de se esperar que os momentos de fazê-las fiquem gravados em sua memória. Mas o sentimento de suas carências e o conhecimento da maior ou menor facilidade a satisfazê-las alteram a maneira como medem os intervalos de tempo de tal forma que não podemos ignorar que haja aí um exercício de liberdade. Essa variação não é exclusiva aos faisões, ela pertence à maior parte das espécies que não são perturbadas no desempenho de suas inclinações naturais.

O mesmo ocorre com as perdizes-vermelhas, embora sejam menos afeitas à sociedade: os caçadores inteligentes sabem, segundo a hora do dia, se devem procurá-las nas florestas ou nos campos. Quanto a isso, os coelhos são notáveis: a experiência do passado lhes dá, sob diversos aspectos, um conhecimento muito seguro do porvir. Durante o verão, usualmente saem de suas tocas pouco antes do pôr do sol, permanecem fora por uma parte da noite e, geralmente, saem de novo às oito ou nove horas da manhã, quando ainda não faz muito calor. Mas, se saem, quase todos, às duas ou três horas da tarde, se comem com avidez e se a atenção que dedicam à comida torna-os mais audaciosos e menos precavidos do que o usual, podemos ter certeza de que choverá à noite ou na madrugada. Este é prova-

Sobre a inteligência dos animais

velmente o mais preciso de todos os barômetros. É impossível atribuir esse pressentimento da chuva a um sentimento imediato do apetite que faria os coelhos comerem com maior avidez e mais cedo. Sabemos, ao contrário, que o tempo chuvoso quase sempre relaxa as fibras e reduz a atividade de todos os movimentos mecânicos do animal. A avidez tão marcada dos coelhos é, portanto, um ato de previsão; em consequência de uma sensação que experimentaram antes e que voltam a experimentar no presente, julgam o futuro a partir do passado; essa é a única maneira razoável de se fazer uma previsão.

Sem dúvida, os animais domésticos medem o tempo tão bem quanto os selvagens. O conhecimento do passado lhes permite conjecturar sobre o futuro. As horas que os cavalos recebem sua aveia são marcadas por um relinchar impaciente. Os fracos ou de mau-caráter impõem muita dificuldade para ultrapassar os locais onde têm o costume de parar para descansar. *Eles possuem, então, a consciência de sua existência passada.*

Os cães, sobretudo aqueles que costumamos levar à caça a uma hora determinada do dia, anunciam esse momento com ganidos de impaciência sempre que atrasamos. A hora da partida se faz notar pelos signos da maior alegria. É comum que isso incomode o caçador, que tem bastante trabalho para reprimi-los, sobretudo quando está armado de um fuzil, o que anuncia aos cães o retorno próximo do prazer de que guardam a lembrança. Essa lembrança interessada *de sua existência passada* é tão forte que supera, inclusive, a ameaça dos castigos que visa moderar o excesso barulhento da alegria. Não vejo necessidade de citar mais fatos para demonstrar que os animais reúnem todas as marcas da inteligência – a bem da verdade num grau inferior a nós. É certo que nossa inteligência é incomparável a deles quanto à extensão e, sobretudo, quanto à facilidade de fazer progressos sem limi-

293

tes. Mas quem não pode dar mais do que vinte passos não possui menos a faculdade de andar do que quem é capaz de caminhar vinte léguas. Eu poderia aumentar consideravelmente as menções a fatos que corroboram a minha opinião e poderia muito bem ir buscá-los nas encantadoras histórias do sr. Buffon, nas quais encontramos quase sempre tanta verdade nas observações quanto charme e magia na expressão. Mas o amo demais para atacá-lo em seu próprio lar e me servir de armas que ele mesmo teria fornecido. Seria desdenhar de todo o prazer que tive com suas obras, cuja leitura me proporcionou os momentos mais agradáveis. Combati sua opinião apenas pelo interesse daquilo que, de boa-fé, acredito ser a verdade. Se fui bem-sucedido, a questão termina aqui. De toda forma, não há outro adversário que eu pretenda enfrentar depois deste.

De tudo o que foi dito, parece-me que estamos no direito de concluir, com o naturalista de Nuremberg, que os animais sentem, pois manifestam os signos evidentes da dor e do prazer; que os animais se recordam, pois evitam o que lhes prejudicou e buscam o que lhes agradou; que comparam e julgam, pois hesitam e escolhem; que refletem sobre seus atos, pois aprendem com a experiência e, por meio de reiteradas tentativas, retificam seus primeiros juízos.

Nota do editor [1794][30]

Este excelente artigo é de autoria do sr. Le Roy, intendente de caça do parque de Versailles. Foi a meu pedido que este

---

30 Nota de Jacques-André Naigeon (1738-1810), editor da *Encyclopédie méthodique*, executor do testamento do Barão de Holbach e responsável por uma edição de quinze volumes (1798) de suas obras. (N. T.)

Sobre a inteligência dos animais

trabalho, há muito prometido, foi realizado, havendo o autor, enfim, cedido aos apelos e pedidos da amizade. Acrescentaria aqui, inclusive, que esta análise apurada e detida de suas *Cartas sobre os animais* é muito superior a essa obra, pois o autor, mantendo-se fiel aos limites de sua investigação, teve o cuidado de suprimir tudo aquilo que havia sido forçado a pronunciar em favor de dogmas absurdos, temendo chocar preconceitos e comprometer-se com os padres. Logo, não encontramos, no presente texto extraído de um livro repleto de observações finas e judiciosas, nenhuma daquelas passagens que revelam os inúmeros sacrifícios que uma razão tímida e circunspecta deve fazer às mentiras e ao erro; sacrifícios que um filósofo, por excelência defensor da verdade, realiza sempre com uma repugnância extrema, mas que podem, de alguma maneira, justificar-se pelo apreço à paz, à liberdade, à vida, e outros motivos igualmente significantes. É triste, sem dúvida, ser obrigado a dizer o que não pensa e a calar o que pensa. Todavia, cedo ou tarde, até mesmo num governo sacerdotal e militar, a verdade vem à tona. Após ter sido cativa, durante muito tempo, sob o jugo dos padres e dos executores de suas vinganças, ela rompe as correntes e brilha com uma luz ainda mais intensa. Tudo se passa como numa mola comprimida há muito tempo, que retorna a seu estado original com uma força tão grande quanto a resistência que o obstáculo exercia até então.

SOBRE O LIVRO

Formato: 13,7 x 21 cm
Mancha: 23 x 44 paicas
Tipologia: Venetian 301 12,5/16
Papel: Off-white 80 g/m² (miolo)
Cartão Supremo 250 g/m² (capa)

1ª edição Editora Unesp: 2022

EQUIPE DE REALIZAÇÃO

Edição de texto
Maria Elaine Andreoti (Copidesque)
Maísa Kawata (Revisão)

Capa
Vicente Pimenta

Editoração eletrônica
Eduardo Seiji Seki

Assistência editorial
Alberto Bononi
Gabriel Joppert

Coleção Clássicos

A arte de roubar: Explicada em benefício dos que não são ladrões
D. Dimas Camándula

A construção do mundo histórico nas ciências humanas
Wilhelm Dilthey

A escola da infância
Jan Amos Comenius

A evolução criadora
Henri Bergson

A fábula das abelhas: ou vícios privados, benefícios públicos
Bernard Mandeville

Cartas de Claudio Monteverdi: (1601-1643)
Claudio Monteverdi

Cartas escritas da montanha
Jean-Jacques Rousseau

Categorias
Aristóteles

Ciência e fé — 2ª edição: Cartas de Galileu sobre o acordo
do sistema copernicano com a Bíblia
Galileu Galilei

Cinco memórias sobre a instrução pública
Condorcet

Começo conjectural da história humana
Immanuel Kant

Contra os astrólogos
Sexto Empírico

Contra os gramáticos
Sexto Empírico

Contra os retóricos
Sexto Empírico

Conversações com Goethe nos últimos anos de sua vida: 1823-1832
Johann Peter Eckermann

Da Alemanha
Madame de Staël

Da Interpretação
Aristóteles

Da palavra: Livro I — Suma da tradição
Bhartrhari

Dao De Jing: Escritura do Caminho e Escritura da Virtude com os
comentários
do Senhor às Margens do Rio
Laozi

De minha vida: Poesia e verdade
Johann Wolfgang von Goethe

Diálogo ciceroniano
Erasmo de Roterdã

Discurso do método & Ensaios
René Descartes

Draft A do Ensaio sobre o entendimento humano
John Locke

Enciclopédia, ou Dicionário razoado das ciências, das artes e dos ofícios –
Vol. 1: Discurso preliminar e outros textos
Denis Diderot, Jean le Rond d'Alembert

Enciclopédia, ou Dicionário razoado das ciências, das artes e dos ofícios –
Vol. 2: O sistema dos conhecimentos
Denis Diderot, Jean le Rond d'Alembert

Enciclopédia, ou Dicionário razoado das ciências, das artes e dos ofícios –
Vol. 3: Ciências da natureza
Denis Diderot, Jean le Rond d'Alembert

Enciclopédia, ou Dicionário razoado das ciências, das artes e dos ofícios –
Vol. 4: Política
Denis Diderot, Jean le Rond d'Alembert

Enciclopédia, ou Dicionário razoado das ciências, das artes e dos ofícios –
Vol. 5: Sociedade e artes
Denis Diderot, Jean le Rond d'Alembert

Enciclopédia, ou Dicionário razoado das ciências, das artes e dos ofícios –
Vol. 6: Metafísica
Denis Diderot, Jean le Rond d'Alembert

Ensaio sobre a história da sociedade civil / Instituições de filosofia moral
Adam Ferguson

Ensaio sobre a origem dos conhecimentos humanos / Arte de escrever
Étienne Bonnot de Condillac

Ensaios sobre o ensino em geral e o de Matemática em particular
Sylvestre-François Lacroix

Escritos pré-críticos
Immanuel Kant

Exercícios (Askhmata)
Shaftesbury (Anthony Ashley Cooper)

Fisiocracia: Textos selecionados
François Quesnay, Victor Riqueti de Mirabeau, Nicolas
Badeau, Pierre-Paul Le Mercier de la Rivière, Pierre Samuel
Dupont de Nemours

Fragmentos sobre poesia e literatura (1797-1803) / Conversa sobre poesia
Friedrich Schlegel

Hinos homéricos: Tradução, notas e estudo
Wilson A. Ribeiro Jr. (Org.)

História da Inglaterra — 2ª edição: Da invasão de Júlio César à Revolução de 1688
David Hume

História natural
Buffon

História natural da religião
David Hume

Investigações sobre o entendimento humano e sobre os princípios da moral
David Hume

Lições de ética
Immanuel Kant

Lógica para principiantes — 2ª edição
Pedro Abelardo

Metafísica do belo
Arthur Schopenhauer

Monadologia e sociologia: E outros ensaios
Gabriel Tarde

O desespero humano: Doença até a morte
Søren Kierkegaard

O mundo como vontade e como representação — Tomo I - 2ª edição
Arthur Schopenhauer

O mundo como vontade e como representação — Tomo II
Arthur Schopenhauer

O progresso do conhecimento
Francis Bacon

O Sobrinho de Rameau
Denis Diderot

Obras filosóficas
George Berkeley

Os analectos
Confúcio

Os elementos
Euclides

Os judeus e a vida econômica
Werner Sombart

Poesia completa de Yu Xuanji
Yu Xuanji

Rubáiyát: Memória de Omar Khayyám
Omar Khayyám

Tratado da esfera — 2ª edição
Johannes de Sacrobosco

Tratado da natureza humana — 2ª edição: Uma tentativa de introduzir o método experimental de raciocínio nos assuntos morais
David Hume

Verbetes políticos da Enciclopédia
Denis Diderot, Jean le Rond d'Alembert

Rua Xavier Curado, 388 • Ipiranga - SP • 04210 100
Tel.: (11) 2063 7000 • Fax: (11) 2061 8709
rettec@rettec.com.br • www.rettec.com.br